史良法学文库 贰拾玖　　法学国家级一流专业建设点重点成果

主编◎曹义孙

企业反腐败合规机制研究

秦开炎　著

中国政法大学出版社

2024·北京

图书在版编目（CIP）数据

企业反腐败合规机制研究/秦开炎著.—北京：中国政法大学出版社，2024.3
ISBN 978-7-5764-1442-4

Ⅰ.①企… Ⅱ.①秦… Ⅲ.①企业法－研究－中国 Ⅳ.①D922.291.914

中国国家版本馆 CIP 数据核字(2024)第 077511 号

出　版　者	中国政法大学出版社
地　　　址	北京市海淀区西土城路 25 号
邮寄地址	北京 100088 信箱 8034 分箱　邮编 100088
网　　　址	http://www.cuplpress.com (网络实名：中国政法大学出版社)
电　　　话	010－58908586(编辑部) 58908334(邮购部)
编辑邮箱	zhengfadch@126.com
承　　　印	固安华明印业有限公司
开　　　本	720mm×960mm　　1/16
印　　　张	14.75
字　　　数	250 千字
版　　　次	2024 年 3 月第 1 版
印　　　次	2024 年 3 月第 1 次印刷
定　　　价	56.00 元

前　言

　　与企业相关的腐败犯罪已成为腐败问题的重要组成部分。由于企业不同于自然人的特性，其腐败问题的治理也不能照搬应对自然人犯罪的措施。经过各国多年的理论研究和实践探索，合规已经开始被普遍运用于企业腐败犯罪的治理，由于各国的国情不同，对企业反腐败合规的要求也不相同。如何从众多国家相似又有差别的规定中寻找公约数，从理论上构建一个动态的、完整的反腐败合规机制，并能够结合中国当前的实际情况，为中国企业反腐败合规实践提供指导，具有重大的理论和现实意义。本书所提倡的反腐败合规机制是一个综合了反腐败、合规以及机制三个概念而形成的合成概念，其定义为企业使用合规的方式预防和发现腐败犯罪的过程。

　　本书认为企业反腐败合规机制的目标定位表述应当是：减少和消除企业一切腐败犯罪的内生性因素。从预防犯罪的角度上看，反腐败合规机制本质上应当是具体而现实的动态场景而非禁止性规范的简单叠加。这一目标定位具有刑事政策和理论研究的双重基础。从刑事政策角度看，反腐败合规既是全球刑事政策发展到当今的必然产物，也是中国一体推进"三不"反腐败政策的应有之义。从理论研究的角度看，反腐败合规机制集合了制度理论、便利理论和情境理论在腐败犯罪研究问题中的最新理论成果。

　　综合分析实际发生的案例，腐败犯罪的内生性因素共分为制度构建、常态运行、危机应对和组织文化四重维度，因此反腐败合规机制的设计也分别从这四重维度展开。

　　企业构建反腐败合规机制的三大制度基础分别是反腐败合规行为准则、反腐败合规内部治理机构和内部举报制度。企业的反腐败合规行为准则是一份由企业制定、用于指导全体成员当下和未来行为的文件。反腐败合规准则应当具有正式性、全面性、内容特定性和稳定性，承担着指引、纠偏、激励和宣誓四种功能。因此，准则的内容包括了应对腐败问题上的目标、反腐败合规工作相关原则以及适用于领导层和一般员工的行为规范，其篇幅、文字表述和例证使用都有讲究。内部治理机构是指在企业内部负责合规工作的专门人员的权能安排，包括合规委员会、首席合规官和合规部门的其他工作人员。合规委员会在整个合规人事制度中居于最高层，由不同专业的人员组成，职能范围涵盖了所有的重大合规问题。首席合规官领导整个合规部门，起到管理和协调中枢的作用。合规部门的其他工作人员负责完成首席合规官下达的指令，应当具备开放性、责任感、耐心和创新能力等诸多品质。内部举报机制是其他非合规部门的企业成员参与企业反腐败合规工作最主要的方式，而通过发动每一个成员对腐败行为进行举报，企业才更深入地将全体组织成员纳入合规机制。良好的举报人保护制度应当包含举报人和举报行为的界定、方便举报信息的传达、保护举报人隐私、防止举报人被报复以及防止恶意举报的特性。

反腐败合规机制在企业常态运行中包括三项主要内容，分别是合规培训、合规监控和第三方管控。反腐败合规培训既要消除因无知而产生的腐败，也要尽可能减少明知故犯的腐败行为。培训的主要内容包括现行的国际反腐败标准及其在不同国家的适用情况、本单位的反腐败政策以及其他相关的内部合规规章制度，以及公司的合规组织架构和整体合规计划。培训的形式包括现场培训、网络授课和在线平台自主学习，其效果都需要被衡量评价。反腐败合规与企业经营最为紧密的结合方式就是实现对经营过程的监督，从而保证其全程处于合规状态。监控内容包括了数据监控和实体监控。第三方管控中的第三方包括了与企业进行合作的自然人与企业。对第三方的管控包括选择合作对象、对拟定人选进行尽职调查、签订合同确立其反腐败相关职责以及在合同履行的过程中通过审计等方式实施监督。

反腐败合规机制在危机应对方面主要由外和内两个部分组成。对外的部分是自我报告，主要内容是与执法部门相互配合，而对内的部分则是自我补救，主要内容是针对性弥补现有机制的不足。自我报告是一种在执法活动中双方的博弈里作出的合理应对。具有可操作性的合理机制应当有四个特征，分别是权衡风险与收益、具有及时性、提交的材料应当具有全面性和完成企业与个体的责任切割。自我补救的直接目的在于获得执法部门的认可，根本目的在于切实提升合规机制的有效性，避免问题再次出现。基于补救工作的特性，企业应当设立临时的合规补救工作领导小组。自我补救需要逐步筛查问题，所依据的程序框架就是前面提到的构建和运行的合规内容模型。常见的补救措施包括对应当承担责任的企业成员进行纪律处分、处理与第三方合作者的关系和加大合规投入。

随着合规制度在全球的深入发展，各国对企业合规的要求普遍上升为构建合规文化。从实践角度出发，合规文化与企业犯罪的内在规律密切相关。作为组织文化的一种形式，合规文化通过对外部信息的过滤和对内部成员行为的指引影响企业行为。总结国内外重大合规案例可知，组织体中与腐败犯罪相关的文化主要有唯利文化、威权文化、沉默文化、投机文化、战争文化和诿责文化。构建有效的合规文化，应当立足于消除以上的不良文化。

除了普适性内容以外，中国的企业反腐败合规机制还需要充分考虑到当下实际情况，以尽快完成本土化的过程。首先，反腐败合规机制的建设应当与党的领导相结合。从必要性角度出发，二者结合既是基于中国特殊的国家和社会关系，也符合党领导下反腐败工作的整体趋势。从可行性角度出发，二者具有功能上的互补性和人员上的互通性。二者的结合方式在国有企业与非国有企业各不相同。其次，企业反腐败合规机制要充分吸取本土的治理经验，包括巡视制度、"枫桥经验"和监督执纪的"四种形态"。最后，反腐败合规机制的本土化还要充分考虑到文化传统对组织文化的影响，包括圈子文化、特权文化和潜规则文化。

目　录

第一章

绪　论

　　如果要为我们身处的时代做一个简要概括，最贴切的表述莫过于"世界百年未有之大变局"。当下，新一轮科技革命以前所未有的力量重塑着既定的生产、生活方式，人类文明的发展遇到了层出不穷的新挑战，各种制度、体制和机制也都在不断蜕变中呈现出新的面貌。按照正向良性的发展逻辑，每一位生活在现代国家中的公民不仅应当充分享受到科技进步的成果，还理应享受到制度进步的成果，而后者在很大程度上表现为现代国家治理体系的构建与完善。衡量一个国家的治理体系现代化最重要的标准之一就是公共权力运行的制度化和规范化，它要求政府治理、企业治理和社会治理有完善的制度安排和规范的公共秩序。[1] 理想状态的"善治"应当是充分利用科技进步的成果，实现公共利益的最大化，同时达到国家和社会关系的和谐状态。

　　然而，通往美好愿景的路程从来都不是简单通畅的，实现治理能力现代化的改革必然意味着我们能更有效地应对横亘在社会治理中的障碍。在这众多有待解决的难题之中，腐败问题恐怕是无法绕过的一个。为了应对这个存续时间几乎和人类文明同样漫长的社会问题，不同时期和地域的人们可谓殚精竭虑，孜孜不倦。随着工业革命和由此而来的产业变革，以公司制为代表的现代企业制度逐渐在全球建立，这种迄今为止最为广泛、高效的经济组织形式以前所未有的形式整合资源、分散风险并创造效益。人类历史 97% 的财富创造于近 250 年之内，而这场造富运动的主角正是公司。同时，公司制定了无数大大小小的标准和规则，为人们提供了全新的"效忠"对象，也在事

---

　　[1]　俞可平：《衡量国家治理体系现代化的基本标准——关于推进"国家治理体系和治理能力的现代化"的思考》，载《党政干部参考》2014 年第 1 期，第 3 页。

实上掌握了巨大的权力，与其相伴而生的则是包括腐败在内的严重问题。在金钱和权力的交织下，以公司为主体的企业腐败所带来的破坏性要远远大于个人的腐败。相应地，对企业腐败的治理可能是反腐败在现代社会中最重要、最迫切的任务。

长期以来，中国的学术和实务界对于企业腐败问题的治理思路并没有本质上创新，因此针对企业的反腐败工作也很难言有根本性的突破，而中美贸易对峙中的一个里程碑事件，却意外扩展了一种全新的反腐败视角。2018年4月16日晚，"中兴通讯事件"[1]一夜成为全国舆论关注的热点议题，同时经过媒体的大力宣传，作为经济学和法学领域中相对小众概念的"合规"在极短时间内成了学术圈和社会舆论关注的热词。作为现代企业治理中的重要概念，合规在国际上被广泛应用于出口管制、数据保护和反腐败等企业治理领域已有数十年。尤其是在反腐败领域，各国制定了众多与合规相关的法律条文，也产生了大量执法案例。通过梳理这些立法与执法层面的材料，我们不难发现，各国尽管在文化和法治传统方面有所不同，但在市场经济条件下应对企业腐败行为的方式却存在显著共性。除了处以罚金，执法部门无不要求企业以各种方式构建一套能够预防、发现和制止内部腐败行为的机制。

与其说这套机制是哪一国独创，不如说是现代市场经济国家的普遍选择。而中国目前在这一领域并不处于领先地位。从本书确定至截稿时，中国的合规建设尚处于试点探索阶段，"反腐败合规""合规"等概念对大多数的中国企业来说也仅仅是听说，并未有深入的了解。我国的决策层对此有深刻的认识，因此对包括合规在内的企业治理相关问题采取了非常积极的学习态度。因此，本书将围绕"企业如何构建有效的反腐败合规机制"这一核心问题，总结各国已有的理论研究成果和实践经验，以期为我国企业腐败犯罪的治理提供帮助。

第一节　概念界定

任何研究与讨论的基础都是明确概念，尤其是对合规这样一个论者众多

---

〔1〕《美国封杀中兴事件》，载维基百科：https://zh. wikipedia. org/wiki/%E7%BE%8E%E5%9B%BD%E5%B0%81%E6%9D%80%E4%B8%AD%E5%85%B4%E4%BA%8B%E4%BB%B6，访问日期：2020年12月20日。

的课题而言更是如此。作为一种与实践关系密切且容易被泛化与误解的概念，我们在开始论述前必须清楚地说明"合规"的外延到底有多大。而作为合规研究中的一个下位概念，本书所要论述的反腐败合规机制更是如此。字面上，本书所提的反腐败合规机制是一个组合概念，是由合规、反腐败和机制三个概念组合而成。如果要进行恰当的界定，即需要对这三个概念进行分别阐释。由于"反腐败"是对应腐败而存的概念，因此本书真正需要界定的其实是合规、腐败和机制。虽然在"反腐败合规机制"的语序排列上，腐败在合规之前，但从重要性上来说，合规更有资格作为反腐败合规机制这一概念的核心。正是在"合规"这一新的语境之下，由若干内容构成的反腐败机制才有了与过去相异的特性，反腐败合规机制才可能成为一个新的、有意义的独立概念。因此，下文将按照合规、腐败和机制的先后顺序，分别对这三个概念进行阐述。值得一提的是，本书所说的企业就是从事生产、运输、贸易等经济活动的营利性部门，包括但不限于公司。

一、合规

首先需要界定清晰的概念便是"合规"。对于"合规"这样一个概念，我们在国内外的资料中找到了各种不尽相同的解释，甚至会让人感到有些眼花缭乱。其实，这些解释可以被大致分为三类：辞典释义、法规释义和学理释义。辞典释义是指比较权威的辞典或者百科全书对合规作出的解释；法规释义可用作比较宽泛的解释，包括各主权国家的法律法规对合规的定义，以及重要国际组织的文件对合规的定义；学理释义主要是各国学者对合规进行的界定。通过分析辞典释义，我们有可能发现这个概念的核心与变迁；通过分析法规释义，我们能对立法者的意图和这个概念在实务中的使用有准确的把握；由于学理释义通常是学者根据这两种释义加上自身的理解扩展而成，因此研究学理释义有助于我们更好地把握这个概念的外沿。

从辞典释义上看，合规是英文"compliance"的译文，除了"合规"这个专有概念以外，这个词的本义是遵守或者服从。《柯林斯辞典》对"compliance"的界定为"遵守某事，例如法律、条约或协议意味着做被要求或期望做的事情"[1]，

---

[1]　"Compliance Definition and Meaning | Collins English Dictionary", https://www.collinsdictionary.com/dictionary/english/compliance [2020-10-11].

而《剑桥辞典》的定义则是"遵守特定法律或规则，或按照协议行事的事实"[1]。从词义上来说，合规可以被解释为遵守一个愿望、命令或一套规则的行为或事实。而这既可以是一套外部规则（如法律、法规或第三方合同义务），也可以是一套内部规则（如组织体本身所制定的行为准则和内部政策）。无论是国内还是国外的文献，在阐述合规时，都经常会强调其意义不止于"遵守规则"，和常人理解的遵守法律也不完全等同。但值得注意的是，目前我们能见到的所有解释都是在"遵守"这个概念的基础上进行增添，或是强调由国家强制力推动合规制度的构建，或是强调企业不合规将导致的风险，又或者明确企业不合规将承担怎样的责任等，但是无论哪一种都没有减少或者背离按规行事、依规而为的基本意义。例如，全球最权威的金融教育网站Investopedia百科对合规的解释是：公司为遵守法律、法规和规章或维护商业信誉而制定的一套内部政策和程序。合规团队检查政府机构制定的规则，制定合规计划，在整个公司实施，并强制遵守该计划[2]，这种解释的核心仍然是"遵守"。如果我们对"遵守"进行更深入的拆分，便能得出"认可"和"执行"这两重意义。任何主体要遵守任何规范都必须完成以上两个步骤，首先认可某项规范，然后将其付诸行动。而围绕合规所展开的制度制定、执行和裁判行为，无论是国家层面的还是企业层面的，都不会脱离这两重概念。

但有意思的是，目前被使用得最广泛的维基百科并没有独立的"合规"词条，而是选择将公司治理、风险管控及企业合规（Governance, risk management and compliance，GRC）作为一个伞式术语（Umbrella term，表示此术语是涵盖几个术语而成的术语）呈现。其理由是现代公司或者组织的公司治理、风险管控及企业合规包含了很多彼此关联而又互相交叉的行为，常需要被作为一个综合的整体来看待。[3]这种释义虽然和其他不同，但是却从另一个侧面表达了合规的基本属性——与企业治理密切相关。

第二类对合规概念的释义是法规释义。这类释义也是三类释义中最重要、最值得关注的释义。因为无论是辞典还是学者的解释，本质上都没有强制执行力，对公民生活也没有直接影响，而法规释义与社会成员的利益存在直接

---

〔1〕 "COMPLIANCE ｜ Meaning in the Cambridge English Dictionary"，https://dictionary. cambridge. org/dictionary/english/compliance〔2020-10-11〕.

〔2〕 See https://www. investopedia. com/terms/c/compliance-program. asp〔2020-10-11〕.

〔3〕 See https://en. wikipedia. org/wiki/Compliance〔2020-10-11〕.

且密切的联系。和其他很多法律制度一样，合规制度的世界发展呈现出了一种不平衡的状态，少数几个大国所制定的法律以及一些重要的国际组织所出台的文件在其中发挥主要作用。因此，我们通过选取世界主要国家和国际组织所颁布文件中的合规释义，能够基本归纳出各国立法者对于合规的态度。

作为全世界最早提出合规的国家，美国长期以来致力于在全世界范围内推广其制定的合规制度，因此美国在合规领域占据相当重要的地位。对于合规的概念界定，美国的不少法规文件都有提到。例如，《美国法典》（United States Code，USC）第 42 部分"公共卫生与福利"对"合规和道德计划"作出的界定是：运营组织的计划，该计划①合理地设计、实施和执行，以便能够有效地预防和发现该法规定的刑事、民事和行政违法行为，并提高护理质量；以及②至少包括本节第（c）段规定的所需部件。[1]美国司法部出台的《司法手册》（Justice Manual）9-28.800"公司合规计划"（Corporate Compliance Programs）对于合规的定义是：合规计划由公司管理层制定，以防止和发现不当行为，并确保公司活动符合适用的刑事和民事法律、法规和规则。[2]由上可见，无论是哪一种定义都将预防和发现公司的不当行为作为合规的重点，这种定义方式展现出了浓厚的犯罪预防意味。如果说合规的内在是遵守，那么遵守的外化表现就是不出现、少出现违法行为，以及在出现违法行为之后作出反应，美国法律对合规的定义明确反映出了立法者推动合规制度的目的——预防企业犯罪。

相比于美国式的直接定义，日本法律对于合规的定义要稍微模糊一些。在日本的商业法律中，等同于"合规"或者"compliance"的表述是"确保业务适当性的系统"。例如，其《会社法施行规则》解释了所谓的确保业务适当性的系统：①用于存储和管理与董事履行职责有关的信息的系统；②管理损失风险的法规和其他系统；③确保董事有效履行职责的制度；④确保员工履行职责符合法律法规和公司章程的制度；⑤确保由股份公司及其母公司和子公司组成的企业集团的业务适当性。[3]

域外的规定虽然为我们提供了参考，但我国法律法规对合规的定义才是

---

〔1〕 42 CFR § 483.85-Compliance and ethics program.
〔2〕 9-28.800-Corporate Compliance programs.
〔3〕 《会社法施行规则》（平成 18 年法务省令第 12 号）第 100 条。

最值得关注的内容。虽然起步较晚，但由于外部环境和内生需求的双重压力，合规制度近年来在我国发展迅速。为了给国内的企业合规作出指引，国家质量监督检验检疫总局、国家标准化管理委员会共同发布《GB/T 35770-2017 合规管理体系指南》，这也是目前国内合规领域最权威的文件之一。在引言中，该指南将合规描述为"组织遵守了适用的法律法规及监管规定，也遵守了相关标准、合同、有效治理原则或道德准则"。在"术语和定义"部分，该指南将合规定义为"履行组织的全部合规义务"，这里的义务包括合规承诺和合规要求，即明示的、隐含的或必须履行的需求或期望。[1]

在我国的所有行业中，金融业是最早开始重视合规工作的。早在2006年，当时的银行业监督管理委员会就比照巴塞尔银行监管委员会制定的《合规与银行内部合规部门》出台了我国的《商业银行合规风险管理指引》。该指引所称合规，是指使商业银行的经营活动与法律、规则和准则相一致。而其所称法律、规则和准则，是指适用于银行业经营活动的法律、行政法规、部门规章及其他规范性文件、经营规则、自律性组织的行业准则、行为守则和职业操守。[2]而中国证券监督管理委员会发布的《证券公司和证券投资基金管理公司合规管理办法》则将合规定义为"证券基金经营机构及其工作人员的经营管理和执业行为符合法律、法规、规章及规范性文件、行业规范和自律规则、公司内部规章制度，以及行业普遍遵守的职业道德和行为准则（以下统称法律法规和准则）"。[3]

为了应对国企在走出去过程中所遭遇的合规风险，国务院国有资产监督管理委员会在2018年底发布《中央企业合规管理指引（试行）》，这也是迄今为止国内最新的关于合规的重要文件。该指引的第2条将合规界定为"中央企业及其员工的经营管理行为符合法律法规、监管规定、行业准则和企业章程、规章制度以及国际条约、规则等要求"。[4]相比于金融业中的合规定义，该文件对合规须遵守的内容作了更为具体的定义，明确将国际条约纳入其中。这样的定义也充分体现出了立法者对央企提升国际化程度的期待。

相比于前两种释义，各国研究合规的学者对这个概念的释义则更加灵活，

---

[1]《GB/T 35770-2017 合规管理体系指南》。

[2]《商业银行合规风险管理指引》第3条。

[3]《证券公司和证券投资基金管理公司合规管理办法》第2条。

[4]《中央企业合规管理指引（试行）》第2条。

往往和自己的学术理念和旨趣密切相关。例如，卡塔琳娜·伍尔夫（Katharina Wulf）认为，合规一词是指了解并遵守所有相关法律、法规、政策和标准，并确保组织遵守所有其适用的法律要求。与组织关联的所有个人均必须了解在任何特定情况下可能适用的法律和法规。组织环境中的合规性意味着确保所有个人都事先了解规则，并帮助他们确保始终遵守这些规则。[1]这种解释方式显然意在强调"了解"的重要性。本尼迪克特·金斯伯里（Benedict Kingsbury）则认为，合规虽然是指行为与规则相符合，但本身不能被孤立地赋予意义，只有根据有关法律的性质和运作的先验理论，才能赋予其完整的意义。[2]世界上最著名的合规组织企业合规与道德协会（Society of Corporate Compliance and Ethics，SCCE）对于什么是合规作出了这样的解释：合规计划有许多定义。在一个非常基本的层面上，它是关于教育、范围、预防、检测、协作和执行的。它是一个由个人、过程、政策和程序所组成的系统，旨在确保遵守管理组织行为中适用的所有法律、行业法规和私人合同。合规计划不仅仅是架子上的"活页夹"，也不是最新风险领域的快速解决方案。一个有效的合规计划必须融入企业文化，成为组织结构的一部分持续产生作用。合规计划必须致力于以合乎道德的方式开展业务，并建立一个帮助个人做正确事情的制度。在实践层面上，合规计划通过在组织内有效地实施教育与培训、审计与监控、调查与纪律等防止不合规的政策和程序来预防、检测和解决道德和监管合规风险。[3]这个解释可以说是对合规相对最为完整的阐述。

在合规进入学术界的研究视野后，我国学者也对合规进行了各有侧重的释义。李本灿援引亚历山大（Alexander）的观点，将合规区分为企业视角和国家视角。企业视角下的合规是指，企业为了保证所有职员行为合法的整体性组织措施。而国家层面的合规是指，保证企业守法的、促进法益保护的法制度工具。[4]陈瑞华也基于国家的视角对合规作出了定义。他认为，合规的表现形式是企业遵守法律法规、商业行为守则和企业伦理规范以及自身

〔1〕　Katharina Wulf, *Ethics and Compliance Programs in Multinational Organizations*, Gabler Verlag, 2012, p. 9.

〔2〕　Benedict Kingsbury, "The Concept of Compliance as a Function of Competing Conceptions of International Law", *Michigan Journal of International Law*, 1997, Vol. 19.

〔3〕　"Chapter 1: What Is a Compliance Program ｜ COSMOS Compliance Universe", https://compliancecosmos. org/chapter-1-what-compliance-program［2020-10-11］.

〔4〕　李本灿：《企业视角下的合规计划建构方法》，载《法学杂志》2020年第7期，第76~83页。

所制定的规章制度，但本质是国家"迫使企业在被剥夺资格与建立风险防控体系之间做出选择"。[1]

综合以上三种释义，本书也不妨对合规作出释义。首先，合规的执行主体是企业。在概念层面区分企业视角和国家视角并无特别大的必要性，我们不能因为合规制度的发展源自国家强制力的推动，就把国家作为合规的主体。毕竟，从决策能力的角度看，企业完全可以选择不合规。以"compliance"作为医学术语的解释——"谨遵医嘱"——为喻，无论医生如何力劝病人遵守医嘱，或者违背的后果有多么严重，遵守医嘱都是病人的事情，而不可能变成医生、疾病或者客观规律等任何其他主体的事情。其次，无论是法律、法规还是相关标准、合同，抑或是某些道德准则，无论是否有强制执行力，都是由某些主体确立、以某种形式存在的规范，而合规就是企业对这些规范的认可和执行。最后，作为一种企业治理方式，合规能够发现和预防企业内部发生的不当行为。因此，本书界定的合规是企业通过对一系列规范的认可与执行，预防和发现内部的不当行为。

二、腐败

对腐败这个概念进行定义并非易事。倘若以"definition of corruption"为关键词在 Google Scholar 中进行检索，截至 2020 年的相关研究成果大约有将近二百万条，这当然表明了学界对腐败问题的持续关注。但从另一方面来说，这也是中外学术界尚未对腐败概念形成统一定义的表现。巴塞尔（Bussell）的研究结论或许可以在一定程度上终结这个问题。他认为，虽然有许多办法可以详细定义何为腐败，但是没有哪一种定义可以适用于所有研究目的。[2]换言之，不存在任何一种适用于所有研究的腐败释义。因此，在认识到腐败所包含内容的多样性的基础上，研究者应当从研究目的出发选择合适自己研究的腐败概念。只有这种方法才更适合当前的研究，其目的是给出腐败的定义，以便在学术研究中做得更好。简言之，研究者选择对自己研究最有利的概念即可。

按照这个逻辑，目前最受西方学术界认可的腐败概念分类依旧是海登海默

---

[1] 陈瑞华:《企业合规基本理论》，法律出版社 2020 年版，第 1 页。

[2] Bussell & J. Greed, *Corruption, and the Modern State Essays in Political Economy*, London: Edward Elgar 2015, pp. 22~32.

（Heidenheimer）提出的"三种取向"理论，即以公职人员为中心的定义、以市场为中心的定义和以公共利益为中心的定义。[1]其中，以公职人员为中心的腐败概念排除了所有非公职的违法行为，对行为的后果也不予考虑，是范围最小的定义。其典型代表为约瑟夫·奈（Joseph Nye）。他认为，腐败是指由于私人（个人、家族、小团体）的金钱或地位获得而偏离了公共角色的正式职责的行为，或者违背某些规则而以权谋私的行为。这些行为包括贿赂、裙带关系和不正当的占有。[2]以市场为中心的定义强调权力被收买本身遵循着一定的规律，权力对应的价格由一个隐性的市场所决定。其典型代表人物为范·克拉维伦（Van Klaveren）。他认为，腐败的官员将其公职视为一种业务，其将寻求最大限度地提高其收入。因此，其收入规模不取决于其对公共利益的实用性进行道德评估，而是仅取决于市场状况和其在公共需求曲线上找到最大收益点的才能。[3]此外，以公共利益为中心的定义以卡尔·弗里德里克（Carl Friedrich）为代表。他认为，一位当权者在负责某项工作或担任某项职务的时候，受到金钱或其他形式的好处（比如在未来得到某项工作）的诱惑，做出有利于提供报酬者同时损害公众和公众利益的行为时，腐败就产生了。[4]这种定义强调腐败行为的后果。

随着实际情况的变化，腐败对应的范围继续扩大，腐败主体不再局限于传统意义上的公权力机关。例如，近年来经常被热议的"学术腐败"是指大学和研究机构中的腐败。腐败的形式也不仅包括公职人员的个人收益行为，还包括彼此间的利益交换，例如裙带关系、不作为和对公共资源的不当处置。[5]由于我们要在合规问题的语境下解释腐败这个概念，因而有必要寻找相关的材料作为论述依据，其中直接而权威的文献之一便是经济合作与发展组织（Organ-

---

〔1〕 Arnold J. Heidenheimer & Micheal Johnston, *Political Corruption: Concepts & Contexts*, Piscataway: Transaction Publishers, 2007, pp. 3~15, 83.

〔2〕 Joseph Nye, "Corruption and Political Development: A Cost-Benefit Analysis", *American Political Science Review*, 1967, Vol. 61, pp. 417~427.

〔3〕 Arnold J. Heidenheimer & Micheal Johnston, *Political Corruption: Concepts & Contexts*, Piscataway: Transaction Publishers, 2007, pp. 3~15, 83.

〔4〕 Carl J. Friedrich, *The Pathology of Politics: Violence, Betrayal Corruption, Secrecy and Propaganda*, New York: Harper & Row, 1972, pp. 127~141.

〔5〕 O. J. Otusany, "Corruption as an Obstacle to Development in Developing Countries: A Review of Literature", *Journal of Money Laundering Control*, 2011, Vol. 14, pp. 391~393.

ization for Economic Co-operation and Development，OECD）专为腐败发布的《国际刑事标准词汇表》（Corruption：Glossary of International Criminal Standards）。按照这份文件的解释，无论是 OECD、欧洲委员会还是联合国公约都未对"腐败"进行定义。这些公约通过规定具体罪行而不是通过一般性定义来界定有关腐败的国际标准。譬如，《经济合作与发展组织公约》将贿赂外国公职人员定为犯罪，而《欧洲委员会公约》则将贿赂行为、贿赂国内外公职人员定为犯罪。除了这些行为之外，《联合国公约》的强制性规定还包括贪污，挪用公职人员的财产或以其他方式挪用财产以及妨碍司法公正。[1]

在研究合规问题的语境下，违法行为发生在和企业相关的场合，既可能是企业内部也可能是传统的"文官办公室"，而实施违法行为的人既可能是掌握公权力的公务员，也很可能是企业职员、企业高管或者第三方承包商。这些主体已经超越了公权和非公权的边界，甚至泛化到了每一个社会成员。因此，以主体来界定腐败显然不是合适的选择。而倘若以权力的可收买性来定义腐败，虽然从逻辑上可以自圆其说，但是在合规的语境中未免过于理论化、抽象化，对反腐败没有明显的指导意义。故而，以公共利益为核心的解释路径是比较合适的。沿着逐渐扩大的腐败概念，相对于企业中某个个体的利益或者小团体的利益来说，企业的利益就是相对的公共利益。而一个人在担任某个职务或者从事某项工作时之所以有腐败的可能，根本原因在于其掌握了一定的权力。而权力的实质在于特定的社会资源调动能力，即其可以在不同范畴内调动相应的社会资源以达成某个具体目标。也只有在这种能力的使用与职务要求不相匹配的时候，才会产生公众认知的腐败。早在 20 世纪 80 年代，王沪宁等学者就将腐败定义为对公共权力的非公共使用（包括权力的滥用和不当交换）[2]，将其用在合规的研究上依然非常贴切。而按照社会资源调动能力进行解释的话，腐败可以被表述为：基于特定职务而掌握社会资源调动能力的主体对该能力的不当使用，并对公共利益造成损害。这样的表述可以涵盖企业管理中可能出现的贿赂、舞弊、欺诈、滥用权力等多种不当行为。

还有一个必须提到的问题是"腐败"和"贿赂"的关系。在研究合规的

---

〔1〕　"Corruption：Glossary of International Criminal Standards-OECD"，https：//www. oecd. org/corruption/corruptionglossaryofinternationalcriminalstandards. htm［2021-2-7］.

〔2〕　李燕凌、吴松江、胡扬名：《我国近年来反腐败问题研究综述》，载《中国行政管理》2011年第 11 期，第 115~119 页。

文献中，腐败和贿赂常常被作为等同的概念替换使用，最典型的莫过于美国的 FCPA 法案（Foreign Corrupt Practices Act）既可以翻译成《反海外腐败法》，又可以被译为《反海外贿赂法》。[1]虽然贿赂是腐败最重要的表现形式，但严格说来其只是众多腐败形式的一种，腐败还包括许多其他不诚实的做法，例如贪污、欺诈、裙带关系、串通和滥用权力。[2]这些不当行为的产生具有本质共性，因此从预防的角度上说，一个能良好预防贿赂的机制对类似的行为也有比较好的预防功能。况且，以社会生活的常识来看，也不会存在一个有效预防贿赂，但对其他腐败行为束手无策的机制。基于腐败的概念显然要比贿赂更广泛这一点，本书使用反腐败合规这一表述。

三、机制

根据《辞海》（第7版）的解释，所谓机制是指有机体的构造、功能和相互关系（如生理机制），或者指一个工作系统的组织或部分之间相互作用的过程和方式（如竞争机制、市场机制）。[3]机制（mechanism）这个词来源于拉丁语，从一个理工类学科中的术语逐渐变为了人文社会科学中的常见概念。在物理、工程等领域，机制一般指的是某种机械运动的过程，包括组成部分、内在结构和相互作用的方式。而经济学、管理学、社会学乃至哲学等人文社会科学领域内也常见带有机制的词语，仅《辞海》收录的专门概念就有价格机制、动力机制、风险机制、约束机制和竞争机制等。有学者对机制的含义做了较为完整的阐述："由多个结构部分或变量组成，遵循一定方式对作用对象运行产生影响，并随时间发生变化的相互联动过程及其运行体系，而其要素包括相互衔接的结构部分；特定的指向性（作用客体）；变化的时效性；外界的影响或相互联动各部分的影响大小、程度。"[4]人文社会科学语境下的"结构部分"对应的是抽象的制度体系和具象的实施方法，因此用于这些领域

---

〔1〕 例如，2006 年中国财经出版社出版的《美国反海外贿赂行为法》和 2007 年中国方正出版社出版的《美国反海外腐败法解读》分别采用了这两种译名。

〔2〕 See "Difference Between Bribery and Corruption ｜ Compare the Difference Between Similar Terms", https://www. differencebetween. com/difference-between-bribery-and-corruption〔2021-2-7〕.

〔3〕 参见辞海：https://cihai. com. cn/yuci/detail? docLibId = 1107&docId = 5688650，访问日期：2021 年 2 月 7 日。

〔4〕 周家明：《乡村治理中村规民约的作用机制研究——基于非正式制度的视角》，重庆大学出版社 2016 年版，第 138 页。

内的机制可以被阐述为由不同层次的制度、规范和方法构成，遵循一定的规律对行为对象产生影响同时受到其反作用，并随着时间的推移而变化的运行体系。

因此，企业反腐败合规机制的定义可以被简要归纳为：企业使用合规的方式预防和发现腐败犯罪的过程。尤其需要注意的是，本书使用的"犯罪"概念是犯罪学意义上的广义概念，既包括各国刑法所规定的腐败犯罪，也包括因情节轻微而未被认为是刑法上的犯罪的越轨行为。相比于作为办事规程的、静态的"制度"，机制是一个动态的、处于运行中的过程，或者从某种意义上说，机制是动起来的制度。一旦进入运动状态，任何系统所要面临的复杂性均是静止状态所不可比拟的。作为反腐败合规机制所针对的对象，每一个企业内部或者第三方机构的成员都是具有自主意识的人，而不是完全遵照指令办事的机械构件。对自身行为动机和行为方式的研究几乎伴随着人类文明的发展，而且至今也远未达到令我们高枕无忧的水平。在种种不同的行为逻辑之下，反腐败合规制度对个体权利义务的规定可能带来截然不同的反应，而这些主体之间还会相互影响，并在实践中以各种方式反向影响制度本身，最终合力塑造这个制度在实践中的运行。其结果可能是基本完成了机制设计者的目的，也可能是已经偏离了最初的方向。正如恩格斯曾对公权力的影响所作的判断一样："国家权力对于经济发展的反作用可以有三种：它可以沿着同一方向起作用，在这种情况下就会发展得比较快；它可以沿着相反方向起作用，在这种情况下，像现在每个大民族的情况那样，它经过一定的时期都要崩溃；或者是它可以阻碍经济发展沿着既定的方向走……在第二和第三种情况下，政治权力会给经济发展带来巨大的损害，并造成人力和物力的大量浪费。"[1]在制定、执行和评价一套制度的过程中，我们应当对现实的复杂性保持相当程度的敬畏，充分尊重既有的经验并合理地使用。在面对错综复杂的企业反腐败合规问题时，务实应当是一个合适的机制所具备的重要品质。

第二节　研究现状

一、国外研究现状及评析

作为一项学科交叉的论题，反腐败合规机制与多个领域的研究密切相关，

---

〔1〕《马克思恩格斯选集》（第4卷），人民出版社1995年版，第701页。

例如公司犯罪治理、腐败问题研究、情境预防理论和博弈论等。由于美国是国际上合规制度的起源地，欧美国家的社会学研究水平又处于领先地位，因此大多数与以上研究相关的文献都有英文版本。此外，合规研究的学科边际被模糊甚至打破，研究者从社会学、犯罪学、经济学、行为学、组织科学和管理学等多学科交叉的角度分析和解决问题成了常态。

欧美国家反腐败合规制度的建立和完善在很大程度上有赖于犯罪学对于白领犯罪和公司犯罪等领域研究的深入。对法人腐败犯罪的研究首先在"白领犯罪"的概念中被提及。美国学者萨瑟兰（Sutherland），在 1949 年基于对 70 家大公司的调查出版了《白领犯罪》（*White Collar Crime*）一书，首次揭露了公司为牟取暴利实施欺诈、商业贿赂以及与官员勾结的不法行径，使人们开始关注公司及管理层的犯罪现象，开辟了犯罪研究与刑事规制的新领域。但在此后的近半个多世纪里，犯罪学与"白领犯罪"相关的研究重心主要集中于概念完善、类型划分与原因探究，对公司企业的贿赂缺乏专门关注。例如，惠勒（Wheeler）的 *White Collar Crime：History of an Idea*（1983），以及苏珊（Susan）的 *Collaring the Crime，Not the Criminal：Liberating the Concept of White-Collar Crime*（1990）。

这种情况从 21 世纪开始逐渐得到改变，白领犯罪的各个议题都得到了更深入、细致的研究。与本书相关的组织犯罪（或称公司犯罪）研究在近二十年已取得重要发展。首先，组织犯罪逐渐从白领犯罪中独立出来，相比于弗里德希斯（Friedrichs）在 *Trusted Criminals：White-Collar Crime in Contemporary Society*（2010）中对白领犯罪的定义"一个有声望和高社会地位的人在职业生涯中犯下的罪行"，格雷夫（Greve）在 *Organizations Gone Wild：The Causes，Processes，and Consequences of Organizational Misconduct*（2010）中将组织犯罪界定为"社会控制机构判断某一组织内或由该组织实施的违反是非界限的行为"。白领犯罪主要是为了个人利益，组织犯罪也可能会带来个人利益，但其已居于次要动机。对于发生在组织内部的犯罪行为，虽然仍有学者倾向于从个人主义的角度来看待发生在组织中的不当行为［例如（Linstead）］，但更多的研究已经转向探究组织的结构性原因。例如，佩尔蒂埃（Pelletier）在 *Leader toxicity：An Empirical Investigation of Toxic Behavior and Rhetoric*（2011）中提出的"有害领导"论，林斯特德（Linstead）等学者在 *Theorizing and Researching the Dark Side of Organization*（2014）中提出的"组织的黑暗面"论，以及斯科尔腾（Scholten）和埃勒莫斯（Ellemers）在 *Bad Apples or Corrupting Barrels? Preventing Traders' Misconduct* （2016）中提出的"烂桶"和"烂果园"论。随着组织犯罪的研究越来越专注于解释组织的功能失调、不当行为和越轨行为，其与个人犯罪的关联也被着重研究。惠星（Huising）和希尔比（Silbey）在 *From Nudge to Culture and Back Again: Coalface Governance in the Regulated Organization* （2018）中认为，组织不仅仅是个体行动发生的环境，组织决策也不仅仅是个人选择和行为的集合，组织和组织决策对企业犯罪起到决定性的作用。虽然公司犯罪最终是由组织的个别成员实施，但公司内部特定的环境是犯罪的结构性根源所在。

除了宏观研究，学者对具体是组织中存在的哪些因素对犯罪有诱发作用也进行了探索。例如，阿格纽（Agnew）等在 *General Strain Theory and White-collar Crime* （2009）中发现，无法实现的目标通常容易造成压力，而企业将短期利润置于长期利润之上，并将不切实际的增长目标强加给员工会诱发其不当行为。哈斯曼（Huisman）在 *Criminogenic Organizational Properties and Bynamics* （2016）中进一步指出，当人们认为合法手段不足以实现经济目标时，非法手段是实现雄心勃勃目标的唯一选择，这也合理地解释了经济压力与公司犯罪之间存在正相关关系。范德邦特（Van De Bunt）在 *Walls of Secrecy and Silence: The Madoff Case and Cartels in the Construction Industry* （2010）中提出，组织的复杂性是导致不当行为的潜在因素。一般来说，复杂的组织更难控制并容易产生责任的分散，这可能会造成犯罪机会的模糊性。米尔斯（Mills）和科利巴（Koliba）在 *The Challenge of Accountability in Complex regulatory Networks: The Case of the Deepwater Horizon Oil Spill* （2015）中提出，组织结构以及决策程序可能以各种方式导致有缺陷的风险认知或不当行为被掩盖。朱迪斯·范·埃尔普（Judith van Erp）在 *The Organization of Corporate Crime: Introduction to Special Issue of Administrative Sciences* （2018）中认为，形式的复杂性为子单元提供了更多的自主权，并使控制复杂化，更容易导致组织犯罪。例如，分散在各国的跨国公司子公司可能会感到与母公司脱节，并认为有理由参与当地腐败，以满足当地的具体需要或适应当地的做法。哈斯拉姆（Haslam）和赖歇尔（Reicher）在 *50 Years of "Obedience to Authority": From Blind Conformity to Engaged Followership* （2017）中则认为，组织内的权威在影响个人参与组织犯罪方面也发挥着关键作用，因为它可能使人们脱离社会责任，并导致被视为服从罪或忠诚罪的行为。相当一部分组织越轨行为应被理解为"参与式跟风行为"，人们准备伤害他人因为他们认同领导者的事业，并相信自己的行为是道德的。

在罗纳德·克拉克（Ronald V. Clarke）在 *Situational Crime Prevention* （1995）中正式提出情境预防概念之前，人们对于犯罪预防的认识总是和消除根本性诱因相联系，但罗纳德·克拉克认为，通过改变潜在犯罪者可利用的各种机会结构，即使不能完全预防犯罪，也可以减少犯罪。在他的理论指导下，很多国家用低成本、易操作的方式大幅度降低了街头犯罪的数量。此后，学者逐渐开始尝试将该理论运用于惩治白领犯罪和对企业犯罪的预防。米歇尔·本森（Michael L. Benson）等人在 *Situational Crime Prevention and White-Collar Crime* （2007）中讨论了如何将情境犯罪预防应用于白领犯罪，由于白领犯罪与街头犯罪存在很大差异，因此企业内部的情境预防需要调整策略才能适用。皮尔-奥诺夫·威克斯特罗姆（Per-Olof H. Wikström）在 *Situational Action Theory* （2015）中提出，犯罪行为也是一种道德行为，即受道德规则指导的行为，因此罗纳德·克拉克的理论存在不足。为了克服这种弊端，他提出了改良版的理论，即情景行动理论（Situational Action Theory，SAT）。亚历山大·约达诺斯卡（Aleksandra Jordanoska）在 *The Social Ecology of White-Collar Crime：Applying Situational Action Theory to White-Collar Offending* （2018）中以 SAT 对白领犯罪的生成机制进行解释，为反腐败合规机制的实施提供了一种理论解释。查理德·沃特利（Richard Wortley）在 *Extending Situational Action Theory to White-Collar Crime* （2019）中尝试用情境犯罪的理论对包括腐败犯罪在内的白领犯罪进行预防，总结了反腐败合规机制的评价所涉及的多项要素。

同一时间，白领犯罪研究中与腐败犯罪直接相关的成果也日益增多，这些成果既有事实性研究，也有规范性研究。例如，凯利·斯特拉德（J. Kelly Strader）在 *Understanding White Collar Crime* （2002）中单独设置了"公司腐败犯罪"章节对腐败犯罪进行专门论述。而布鲁斯·扎加利斯（Bruce Zagaris）的专著 *International White Collar Crime：Cases and Material* （2010）设置了"跨国腐败"专章，对美国的《反海外腐败法》以及国际或地区组织处理公司跨境腐败犯罪的经验进行了比较分析。保罗·莱森（Paul Larsson）在 *Regulating Corporate Crime：From Punishment to Self-Regulation* （2012）中通过构建模型的方式论述了如何通过促进自我规制实现公司反腐败目标。格鲁纳（P. S. Gruner）的专著 *Corporate Criminal Liability and Its Prevention*（2013）对美国法人刑事责任的发展、法人犯罪预防（尤其是腐败犯罪预防）进行了系统论述。而马纳科达（S. Manacorda）和森顿泽（Centonze）出版的 *Preventing Corporate Corruption*（2014）则以跨国学术合作的方式集中展现了美、英、意、德等国家的学者对于公司腐败犯罪的最新研究成果，对各国法人腐败犯罪的立法模式、定罪量刑原则、刑事政策趋势等进行了介绍与论述。这些文献对反腐败合规机制的实施都具有一定的指导性意义。

另一类值得关注的研究是由博弈论延伸出的相关成果。博弈论主要关注根据自身利益行事的参与者之间的行动动态和战略互动。在制定公司合规计划或犯罪预防计划的过程中，通过对可能的行为、战略和犯罪相关风险进行建模，应用这些工具可以有效预测和预防可能的犯罪行为，由此产生的公司犯罪预防计划将更好地适应企业的组织现实。21 世纪初影响力较大的文章有如下几篇。塔鲁罗（D. K. Tarullo）的 *The Limits of Institutional Design：Implementing the OECD Anti-Bribery Convention*（2003）以博弈论视角分析了为何原本只有美国独自推动的反腐败国际公约在短时间内成了诸国的共识。本谢克（L. Dusek）的 *Understanding Corruption and Corruptibility Through Experiments：A Primer*（2005）尝试用实验对腐败和腐败性进行调查，并提出了有效的反腐败措施。莫吉利亚斯基（A. Mogiliansky）的 *Petty Corruption：A Game - theoretic Approach*（2008）则以众多企业和官僚为主体设计了一种独特的腐败模型。近年来比较重要的还有戴维斯（K. E. Davis）的 *Multijurisdictional Enforcement Games：the Case of Anti-bribery Law*（2018），通过将多司法辖区的执法问题简化为多人博弈的模型，其预测了企业和监管者可能出现的各种行为。查普曼（T. L. Chapman）的 *"Leakage" in International Regulatory Regimes：Did the OECD Anti-Bribery Convention Increase Bribery？*（2019）则研究了 OECD 反贿赂公约实施中涉及的行为主体的监管漏洞问题。事实上，与其说有专门文献研究博弈论和反腐败或者合规的关系，不如说其作为方法已经被广泛运用于这个领域。

综上，国外相关问题的研究经历了由浅入深，理论化程度逐步提升的过程。随着重要的国际组织与有关国家相继出台相关的反腐败规定，如美国的《反海外腐败法》、OECD 的《反行贿条例》、《联合国反腐败公约》、英国的《2010 年反腐败法》等等，企业合规在腐败犯罪的治理中占据重要地位已经成为普遍共识。相比于传统刑法研究体现出的思辨传统和逻辑演绎，反腐败合规问题的研究成果普遍具有"三实"的特征，即多运用实证研究的方式，紧密联系犯罪预防实践，追求立竿见影的实效。研究者往往围绕一个明确的具体问题，通过设计实验或者结合案例的方式进行研究，最终得出与合规实践紧密相关的结论。在这种科学化的研究范式下，学者个人的倾向和立场让位于数据和事实，即使某项措施最初的根源是研究者的思考，其有效或无效的判定标准也不是基于理论的推导，而是基于实验得出的结论或者实际发生的案例，这在很大程度上体现了事实胜于雄辩的原则。换言之，与反腐败合规相关的学术成果更多不是来自推理，而是来自发现。但是，以机制的动态视角研究反腐败合规尚没有成为研究的热点，其成果也有待发现。

二、国内研究现状及评析

多年来，国内对于包括企业腐败在内的腐败犯罪及其治理的各种相关研究一直在持续，总体上取得了丰硕成果。其中，从法学领域来看，研究者更多还是基于国家视角（即刑事立法或者规范刑法学的角度）进行探讨，例如赵秉志的《中国反腐败刑事法治的若干重大现实问题研究》。此外，国内学者还对其他国家或者国际组织的相关法规进行研究，例如张卫彬在《跨国公司商业贿赂法律规制的实践模式及借鉴》中对以英国和德国为代表的、以强制执行和自我规制为特征的实践模式和以美国和阿根廷为典型的严刑峻法和反腐败合规刚柔相济模式进行了对比分析。余高能在《各国贿赂犯罪立法分类比较研究》中从比较法的角度对世界各主要国家的腐败犯罪立法分类进行了系统的梳理和研究。

而随着合规制度在中国的逐渐普及，从合规角度研究犯罪（尤其是腐败犯罪）的成果逐步显现。比较有代表性的有：李本灿等编译的《合规与刑法：全球视野的考察》通过对近年来各国学者有代表性的合规论文进行汇总翻译，集中引入了前沿的国际研究成果。黎宏的论文《合规计划与企业刑事责任》分析了美国的合规减免其刑的做法存在的不足，并认为应该将包括企业合规建设在内的企业文化建设作为判断企业刑事责任的依据。时延安的论文《合规计划实施与单位的刑事归责》尝试为单位的刑事责任与合规的正当性寻找合理基础。李本灿的论文《公共机构腐败治理合规路径的构建———以〈刑法〉第 397 条的解释为中心》通过对我国《刑法》[1]第 397 条的解释，区分纪律责任与刑事责任，客观上构建了公共机构腐败犯罪治理的刑事合规路径。孙国祥的论文《刑事合规的理念、机能和中国的构建》探讨了刑事合规的基础理论，并尝试构建我国的刑事合规制度。周振杰的《企业合规的刑法立法问题研究》提出将有效合规治理规定为单位刑事责任的基础，并建议增设单位缓刑制度。

还有一部分相关研究的内容集中于对域外国家反腐败立法（例如美国《反海外腐败法》《联邦量刑指南》以及英国的《2010 年反腐败法》）和重要国际公约（如《联合国反腐败公约》）的具体内容和适用开展相关研究，或者是对各国反海外腐败法做比较研究，进而在合规计划的视角下对企业腐败犯罪问题进行研究。万方的博士论文《非公企业反腐败合规研究》对各国的反腐败合规制度进行了对比和要素分析。陈瑞华以《法国〈萨宾第二法案〉与刑事合规问题》和《美国〈反海外腐败法〉与刑事合规问题》两篇论文，从刑事合规的角度对美国和法国的反腐败立法进行了分析。这些研究主要还是进行规范刑法学研究，从犯罪学角度进行的分析和研究相对较少。其中，针对合规计划预防企业腐败犯罪的成效分析和域外介绍，主要集中于对域外商业贿赂预防模式的肯定性描述和借鉴。

企业腐败问题的治理既需要国家层面的立法推动，也需要企业内部的机制运行，二者缺一不可。对后者的研究相对于前者而言较少。例如，韩轶的论文《企业刑事合规的风险防控与建构路径》以企业为视角，从企业内部人员和机构的刑事合规风险、企业整体的单位犯罪刑事合规风险、企业被害主体的刑事合规风险三方面探讨了合规体系的内容和步骤。杜方正的著作《国有企业刑事合规制度研究》虽然涉及犯罪学和刑事政策学层面的相关论述，但主要还是以国家层面的刑事立法完善为主要内容。

此外，国内学者在反腐败实证研究方面取得的理论成果更多地集中于公权力部门的腐败问题，关注公司腐败的代表性文献相比之下并不太多。其中，王茂斌、孔东民的《反腐败与中国公司治理优化：一个准自然实验》利用中国的准自然实验来识别反腐败与微观企业行为之间的因果关系。杨理强、陈

---

　　[1]　《刑法》，即《中华人民共和国刑法》。为表述方便，本书中涉及我国法律文件，直接使用简称，省去"中华人民共和国"字样，全书统一，后不赘述。

爱华、陈菡的《反腐倡廉与企业经营绩效——基于业务招待费的研究》在反腐倡廉背景下考察了国有企业和非国有企业业务招待费用变化以及对企业经营绩效的影响。刘建秋、盛开的《反腐败、高管责任基调与企业价值》构建了高管责任基调的中介效应模型，并验证了反腐败政策对企业价值的影响机理。随着裁判文书网等数据库的普及，很多学者通过对裁判文书进行整理分析，在获取实证数据的基础上进一步深化了对腐败犯罪的研究。例如，张远煌领导的中国企业家犯罪预防研究中心基于对企业家犯罪裁判文书的研究，连续发布了《企业家刑事风险报告》和《企业家腐败犯罪报告》。

反腐败合规机制的实施本身是一项源于对抗企业犯罪的综合性实践，应该涉及犯罪学、管理学、刑事政策学、刑法学等交叉领域的理论知识，因此本书亟待完成跨学科的知识整合，借鉴多种研究方法，尤其是犯罪学中对犯罪产生原因和犯罪预防措施的最新理论和经验。从研究方法上说，当前对反腐败合规的研究主要是从规范刑法学的角度展开，具有一定的理论深度。但是，以企业主体为视角、以反腐败合规机制的实施为主题的成果尚未出现。

第三节　研究意义

一、理论意义

第一，弥补我国腐败治理研究中的不足。我国理论界对于腐败治理的研究主要集中在腐败犯罪的规范分析与适用方面，相对缺乏从犯罪学、刑事政策学、刑法学等多视角进行的综合性研究。而从合规角度开展的反腐败研究处于吸收、引入的阶段，主要研究都是围绕某个国家或者某个国际组织的反腐败规定展开，例如对欧美地区某部法规进行介绍，更多是在论述"某国的反腐败合规是什么样"而非"反腐败合规是什么样"。本书以"预防犯罪"为切入点和主线，对相关的合规要素进行提炼并进行类型化总结，推动反腐败合规理论问题从表象性的介绍延伸至犯罪预防的探讨。

第二，阐析反腐败合规机制实施的理论基础。反腐败合规机制的实施是诸多因素合力作用的结果，其中既有国家刑事政策的发展也有犯罪学理论的支持，还有特定的保障性条件。通过对域外反腐败合规立法相关刑事政策演变、行为理论和保障性条件的分析，能把现有的合规制度从实践经验累积阶段提升至理论总结并指导实际的更高层次。

第三，对反腐败合规的中国适用问题进行探索。任何一项制度在某个国家想要成功实践，不仅要有强大的理论生命力，更要考虑到该国的国情。本书结合我国的政治实践、反腐败经验和文化传统，探讨这种源自西方的反腐败实践如何匹配中国当前的现实情况，同时可能面临什么样的独特困境。

二、实践意义

第一，推动国家腐败犯罪有效治理体系的完善。在数年全面反腐的高压态势下，腐败犯罪的势头得到了有效遏制，"不敢腐"的目标正在稳步实现。下一步要营造"不能腐"的制度环境，就必须完善有效的企业反腐败合规机制，从源头上遏制企业腐败犯罪发生的可能性。本书的研究能为我国建立自己的反腐败合规机制提供必要的理论参考，满足国家推进惩治和预防腐败犯罪全面治理体系的健全与完善的现实需要。

第二，构建公平、正当的经济竞争环境，促进市场经济持续健康发展。实施腐败行为的企业获得了不正当的优势，不仅会对经济的健康发展产生直接破坏，还会造成恶劣的示范效应。在探讨如何有效应对腐败犯罪的过程中，必然涉及对其腐败犯罪发生的内在机理和原因进行分析，本书的研究也有利于从理论上营建公平的市场竞争环境，促进经济持续健康发展。

第三，推动国内企业反腐败内控机制完善。本书通过对反腐败合规实施机制的研究，提出推进企业腐败预防机制建立的具体方案，并有助于不同类型企业基于自身特点推动反腐败内控机制，构建反腐败合规计划。

第四，有助于执法部门对企业反腐败合规整改的验收。在检察机关推动合规不起诉改革的过程中，确认合规整改的有效性是最根本性的问题之一。只有确认整改到位，企业才可能因为合规机制而获得执法的宽宥。本书有助于执法部门判断企业的合规整改是否真实有效，避免某些违规企业借助纸面合规逃避应有的制裁。

第四节　研究计划

一、研究方法

本书综合运用了文献分析法、调查研究法、比较研究法和历史研究法等研究方法。通过查阅国内外相关的代表性研究成果掌握研究现状，梳理并确认本书的主要研究内容，明确研究中需要着重关注的理论难点和对现实有重大影响的问题。立足于本书核心研究对象"企业反腐败合规机制"，通过整合腐败、合规机制等概念，准确界定相关概念的内涵和外延。通过比较域外各国企业反腐败合规的立法、司法和政策，归纳其共性要素，以流程框架的方式构建企业反腐败合规机制的普遍性理论模型。最后，立足于对我国企业合规问题的实地调研，提出构建适应中国现实的反腐败合规机制需注意的问题。

二、创新之处

本书的特色与创新之处主要体现为以下三点：

（1）选题上以动态化的机制为视角探讨企业反腐败合规。企业运营处于不断发展的实践中，内生的腐败现象也会随之不断变化，只有不断调整的反腐败合规措施才能适应这样的形势，实现防治企业腐败的目的。相较于静态的制度设计视角，动态机制的视角源于变化的实际，融于变化的过程，且旨在应对变化的结果，故而能更有效地应对企业腐败这一现实问题。

（2）构建企业反腐败合规的犯罪预防模型。域外各国对企业反腐败合规的指南各有特点，但有的过于抽象，难以直接运用到实际工作，有的则罗列各项具体工作，使企业难免有千头万绪、无从下手之感。本书通过犯罪行为所依附的流程框架，将反腐败合规机制的构建、运行和应急完善串联成一个连贯的程序链条，并对每一个环节的工作进行类型化归纳，使得众多细碎的工作得以在一个整体中找到自身合适的位置。无论是想要构建反腐败合规机制的企业，还是要对企业合规进行检查的执法部门，都可以通过本书所构建的预防模型按流程、逐模块地审视，对犯罪风险藏于何处能有直观的把握。

（3）对合规文化进行阐释，使其更具有落实的可能性。鉴于单纯的合规制度存在明显的局限性，各国都普遍强调企业须构建合规文化。然而由于文化的抽象性，合规文化很容易流于纸面，难以落到实处。本书深挖合规文化的内涵，以反向视角归纳引发企业内部违规的文化因素，并有针对性地提出预防和整改办法，使企业在建构合规文化上更具有可操作性。

第二章

反腐败合规机制目标定位、政策意蕴与学理基础

对于企业合规这股在全球范围内蓬勃发展的潮流来说，无论是进行学理上的探究还是实务中的引入，我们都必须保持一种积极而审慎的态度。一方面，合规已经在各方面展现出了治理企业犯罪的效用性，我们有理由对其发展给予足够的支持，并对探索中可能出现的问题保有必要的宽容。另一方面，方兴未艾的浪潮往往夹杂着泥沙，许多原本行之无效的措施换上了合规的新装便又能招摇过市，所以我们同样需要保持足够的审慎，避免"合规是个筐，都能往里装"。反腐败合规机制能获得如此迅速的发展，可谓"应运而生"，而所谓的"运"可以被认为是国家（以政府为代表的）和社会（以企业为代表的）彼此间的互动关系发展到了一个新的阶段。在宏观的二者关系中，反腐败合规机制找到了自己恰当的定位，确立了自身存在的意义。以此为出发点，反腐败合规机制一方面响应了国家刑事政策层面的要求，另一方面契合了犯罪治理的发展规律，因此在实践和理论两个层面都具有坚实的基础。

第一节　反腐败合规机制的目标定位

反腐败合规机制作为一种存在于企业日常经营中的活动和过程，其与理论研究中的其他过程的最大区别之一是对实践的重大影响。与其他所有的企业合规领域一样，反腐败合规不是单一主体的事情，而是公权力部门与企业两个主体共同参与的。作为构建和实施机制的主体，企业要投入人力和物力，而作为评价机制实行效果的主体，公权力部门也要投入人力和物力。从一个国家尤其是大国的规模来估算，这两方的总计投入很可能是一个天文数字。

如此体量的资源投入必定要匹配相应的意义。类比可视性更强的其他重大项目，例如修建三峡大坝、南水北调工程抑或"一带一路"倡议，这些耗资甚巨的工程之所以能够上马是基于本身重要的目标定位。反腐败合规机制面临同样的问题：为何值得这么大的投入？值得大投入的根本原因在于腐败所造成的损失更大。根据国际货币基金组织（International Monetary fund，IMF）的统计，仅公共部门的腐败造成的直接损失就高达 1.5 万亿~2 万亿美元，[1]而这个数据既未估算私营部门腐败产生的损失，也没有估算税收减少、企业增长降低等带来的间接损失，也就是实际因腐败产生的损失可能远大于此。相比之下，个人基于非商业用途产生的腐败（例如谋求更高的教育或医疗机会）当然占据了一定比重，但大量腐败旨在谋求相关的商业利益。人类一直在与腐败作斗争，但无论是基于 IMF 等机构的报告，还是基于个体的生活经验，大多数国家对腐败的预防和治理效果不佳依然是显而易见的事实。反腐败合规机制的出现显然是为了减少与企业相关的腐败所产生的损失。

从各国立法例表述中我们能明确国家层面的要求和期待。例如，英国《2010 年反腐败法》（Bribery Act 2010）第 7 条"商业组织预防贿赂失职罪"第 2 款规定："但是其可以证明已经制定了适当的程序，防止与其有关联的人从事这种行为，这是一种辩护事由。"[2] 2010 年修订的《西班牙刑法典》（Código Penal Español）"刑法"第 31 条之二规定：在以下情况下，法人实体可被追究刑事责任：由其（法律上或事实上的）董事犯下刑事罪行（"董事犯罪"）。由于缺乏适当的控制，该实体的雇员犯了刑事罪（"雇员犯罪"）。[3]而法人实体在业务过程中可能存在预防犯罪的有效措施被认为是该实体本身的刑事责任的缓解因素。意大利第 231/2001 法令（The Italian Legislative Decree 231 of 2001）第 6 条"企业高管与合规方案"规定，如果企业能够证明以下内容，则不用承担责任：在犯罪实施前，企业管理层采用并有效实施了合适的合规管理方案（modelli di organizzazione e di gestione），且该合规方案能够预防此类犯罪的发生。[4]《美国联邦商业组织起诉原则》（Principles of Federal

---

〔1〕 International Monetary Fund. Fiscal Affairs Dept & Legal Dept，"Corruption：Costs and Mitigating Strategies"，May 11，2016，p. 1.

〔2〕 Bribery Act 2010.

〔3〕 Artículo 31 del Código Penal.

〔4〕 Italian Legislative Decree No. 231/2001.

Prosecution of Business Organizations，2018 年 11 月版本）9-28.300 "需要考量的与合规相关的因素"包括"公司是否具有现成的合规计划及其有效性"。[1] 综合这几个国家的表述我们可以发现，只有当合规体系能"预防特定行为出现"的时候才能获得立法者给予的宽宥。因此，针对企业反腐败合规，"有效预防腐败行为发生"应当是国家认可的目标定位。

确定了国家视角的目标定位，我们再把视角转向企业。相当数量的大型跨国公司都会公布自己的合规政策，其中有很多单独发布了反腐败政策。通过对这些文件的分析，我们能总结企业主体对反腐败合规的目标定位。例如，可口可乐公司自述其反腐败政策的目的为"概述与贿赂和腐败相关的风险，强调员工在相关反腐败法律和公司政策下的责任，并为其提供识别和打击这些反腐败风险所需的工具和支持"[2]；嘉士伯集团的表述则是"概述和解释嘉士伯集团所有业务中的反贿赂和腐败禁令，强调与这些禁令相关的具体合规要求，以及加强集团在全球范围内以最高诚信水平开展业务的承诺"[3]；信诺集团则表述为"概述了被禁止的行为，并详细说明了遵守法律和维护信诺诚信和透明使命所需的账簿和记录会计要求"[4]。这三家跨国巨头虽然所处的行业和国家不同，但对反腐败合规政策的表述却具有一致性，即列明法律禁止的腐败行为。接下来，这三家企业的反腐败合规政策都阐述了腐败行为可能给公司带来的损失，包括名誉损害、刑事和民事处罚以及巨额罚款。因此，虽然这些企业都把列明法律规定作为反腐败政策的"目的"，但使员工"明确"规范本身并不能解释这个机制的目标定位。相比之下，对违反后果的表述才更本质地反映出了企业对反腐败合规的认识：尽可能避免因腐败造成损失。故而可以说，企业对反腐败合规的目标定位是"避免腐败造成损失"。

对比二者的表述，我们可以发现其有很大的重合性，从逻辑上说没有腐败也自然没有腐败引发的损失。但事实上，"发生"和"损失"的重点毕竟还是有所区别的。如果只从文本的角度看，对于反腐败合规目标定位的探究

---

〔1〕　Principles of Federal Prosecution of Business Organizations，9~28，300.

〔2〕　"Anti-Bribery Policy | The Coca-Cola Company"，https://www.coca-colacompany.com/policies-and-practices/anti-bribery-policy［2021-3-11］.

〔3〕　"Policy_ Ethics"，https://www.coca-colacompany.com/policies-and-practices/anti-bribery-policy［2021-3-11］.

〔4〕　"Anti-corruption-policy.pdf"，https://www.cigna.com/static/www-cigna-com/docs/about-us/corporate-responsibility/report/ungc-index/anti-corruption-policy.pdf［2021-3-11］.

也就到此为止。但正如钱穆先生在《中国历代政治得失》中强调的，"离开人事而单看制度，则制度只是一条条的条文"[1]。当我们对条文背后的更多内容进行挖掘时，就能发现一些潜藏着的矛盾。

在笔者与合规实务有关人士进行访谈的过程中，一位大型金融机构的资深业务经理在谈及他们公司的风控合规部门时说出了如下的内容："我最讨厌有些中后台的人，看到项目想都不想，多一点脑筋也不肯动，就两个字'不行'，各种各样的理由，这也不行那也不行。我百分之百反呛他，你说不行对吧，可以，没问题，不做！我们一年五个亿，这个项目就六千万，包括你的奖金都从里面来，有缺口你去想办法，找不到跟我没关系，领导，还有你们自己部门，谁不高兴你去摆平！我们公司我了解的，没有哪个人说是就想违法犯罪，故意去违规。除了打枪啥也不会，就知道不行、不行、不行，然后按月领工资，那这钱也太好拿了。"这位业务经理的抱怨具体描述了业务人员和合规人员是如何对立了，在对业务员一"不"了之以后，合规人员的工作看似顺利完成，即使将来出现问题也与其无关，而公司业务发展的需求并不在他们的考虑范围之内。但对于业务人员来说，业务拓展的压力并未消除，一条原有的路径被堵死了，新的路径也不知在何处。通过检索可知这并非孤例，华为集团创始人兼总裁任正非对类似问题有过相同的表态："绝不允许为了风控，为了个人业绩，把业务逼上梁山！"[2]由此可见，在合规机制运行的过程中，合规部门与业务部门之间可能发生冲突，严重的甚至会威胁到企业的重大利益。

在很大程度上，这些矛盾冲突的源头既不是合规要求的不合理，也不是公司治理结构存在根本性缺失，而是包括合规工作人员在内的某些工作人员不负责的工作方式。这种方式在很大程度上表现为尽一切可能推诿卸责，其行为逻辑是只要自己或本部门没有责任，那其他部门的工作也好、困境也罢，一概与我无关，企业的整体效益也不在自己的考虑范畴之内。在这种工作作风之下，无论制度规定成什么样，都会在执行中被扭曲，因此需要坚决克服。但是，这种工作方式背后同样体现着"本本主义"的行为逻辑，即采用一种

---

[1]　钱穆：《中国历代政治得失》，生活·读书·新知三联书店 2001 年版，第 4 页。
[2]　参见《任正非在伦敦 FRCC 听取贸易合规和金融合规汇报的讲话》，华为电邮讲话［2017］112 号。

拉清单式的方法简单画定若干条红线，然后一旦有人撞线便进行阻止，如果能阻止成功便等待下一次类似情况的出现，如果阻止不成功就默认隐患被埋下。由此，合规监管很容易陷入一种僵硬的对立关系，企业合规监管部门与业务部门的同事仿佛变成了敌人，最后导致彼此的工作关系紧张。设身处地地思考之下，我们也很难认为这是一种良性状态。从本质上说，如果只停留在广义上的"守法"，无论是行政法还是刑法，最后都必然会让企业中的某些自然人对着充满了数百条禁忌的操作规程进行逐条核查。而当这样的核查陷入一种机械运用的状态时，上述矛盾就自然而然被孕育出来了。这种状态恰如硬币的两个面，而另一面正是各国执法部门深恶痛绝的纸面合规，同样也是满足了表面要求却背离了合规的初衷。

在明确了国家和企业各自诉求的实际内涵之后，本书希望从更本质的角度提出反腐败合规机制的目标定位。一方面，这种界定要能集合国家与企业在反腐败问题上的诉求的最大公约数；另一方面，这种界定要具备强烈的可操作性，以便所有其他的制度设计、衍生规则和执行方式都能自然而然地由其生发出来，尽可能避免纸面合规或者机械合规这样的偏离。基于上述要求，本书认为，企业反腐败合规机制的目标定位表述应当是：消除和减少企业一切腐败犯罪的内生性因素。企业反腐败合规机制所要防范的不仅是刑法意义上的腐败犯罪或者行政法意义上的违法，而是犯罪学意义上的犯罪，即广义的犯罪，其外延包括但不限于刑法和行政法规定的行为。一切违反人类对于腐败问题的一般道德情感的行为（包括违规或者越轨行为）都属于犯罪学意义上的腐败犯罪，也都是企业反腐败合规机制预防和发现的对象。虽然外延更广泛，但犯罪学意义上的犯罪与相关刑事和行政的法律规定紧密相连，并以其为主体。虽然具体的犯罪行为认定在不同的司法辖区有所不同，但针对腐败行为的治理态度总体都保持一致。内生性因素则是与外部性因素相对应的概念。

关于外部性因素，有这样一个经典的问题：在一种腐败成风的社会环境中要求企业构建反腐败合规机制是否具有可行性？对于这个问题，答案毫无疑问，在这样一种环境下不可能出现普遍性的企业反腐败合规，甚至即使有个别道德水平高的企业自觉追求合规，也可能因为成本过高而遭遇竞争失败。企业腐败由多种因素导致，财富分配机制的缺陷、社会改革带来的漏洞和拜金逐利的不良思想等宏观外部性因素也都能诱发腐败行为，但企业个体并没有办法解决这些问题。各国合规的发展历程也证明，当一个国家陷入普遍性腐败的氛围之中时，不可能从决策上有动力推行企业的反腐败。只有当政治文明和法治文明发展到一定的高度时，决策精英和普通大众对腐败问题有了更深刻的共识，治理企业腐败的社会基础才能存在。想从根本上治理企业腐败，需要从国家和企业两个层面入手，以政府为代表的国家力量必须能积极推动宏观环境的反腐运动，尤其是加强政治领域的反腐败。只要掌握公权力的人存在腐败的意愿，在源头上就存在腐败的可能性。

但是，对于企业来说，构建反腐败合规只能着眼于力所能及的范畴之内，通过解决好企业内部可能引发腐败犯罪的因素来遏制腐败犯罪。事实上，企业作为一种组织体，其内部的不良因素也的确有诱发犯罪的可能，即使外部环境再清朗，也很难抵消这种内部因素的影响力。因此，除了治理外部环境，优化企业的内部环境对于治理腐败同样必要且紧迫。相比于更抽象的"遵守相关法律"或者"预防腐败犯罪"，消除和减少企业一切腐败犯罪的内生性因素的定位表述将反腐败合规机制的目标转化为了一个具体而现实的动态场景。以此为核心，数以十计乃至百计的条文规范和行为禁忌也就有了出发点，单独的某条或者数条条文规范的组合本质上都是为了消除某种情况下的腐败因素，而这个因素亦有其因果和背景。如果应用某些条文是消除犯罪因素的最佳选择，那么其实施自然没有疑问，而如果应用条文会带来严重的后果，那么企业要考虑的问题就将转化为是否有其他的方式既能达到同样的效果又能避免现有选项的副作用。这样，生搬硬套条文的本本主义至少从逻辑上就没有了存在空间，因为合规机制追求的是避免由既定规则所确立的恶性结果出现，而非只能选择某个特定的行为方式。从这个意义上说，消除和减少企业一切腐败犯罪的内生性因素的定位追求的是一种严格与灵活的平衡。一方面，应对腐败犯罪的态度是不可动摇的红线，即所有的行为都是为了实现消除和减少的目的。而另一方面，消除和减少的手段应当是灵活多样的，追求因时、因地和因势制宜。

目标定位同样决定了本书的研究范围。目前大多数从刑法学角度研究企业合规或者反腐败合规的成果都将绝大多数的关注重心放在了刑事实体法对于相关行为的规定上。按照逻辑，基于此开展的研究基本被分成两个路径：其一，在现有法条规定的表述下提出更好的解释框架，以便把实践中发生的问题置于现有法律体系之内解决。其二，认为现有的法律已经不能适应现实需求，故而寻求法条的修改。刑事实体法所规定的行为必然具有严重的社会危害性，但从行为本身的性质而言，其和一些未被纳入刑法的行为可能完全一致。例如，企业的某个员工私自将为内部会议准备的食物截留一部分，从本质上说，该行为和虚列开支套取公司经费没有区别。二者都违反了人类共同认可的良善价值，也对作为共同体的企业产生了不利影响。诱发行为人做出两种行为的内外因素可能并无不同，只是因为后者的危害性大到被立法者认为应该用刑法进行规制，故而使两种行为被区别对待。从道德判断的角度出发，"大错"和"小错"本质上都是错误，而从行为预防的角度出发，这些错误行为可能会被同一套诱因消除机制所阻却。或许，从规范刑法的角度来看，这些行为的危害性轻重差异巨大，甚至有些庞杂纷乱，但基于广义的犯罪预防需要，这些行为都应当被纳入研究范围。

消除和减少企业一切腐败犯罪的内生性因素的表述并非没有根据，而是与目前国际、国内的刑事政策趋势相匹配，并有深厚的犯罪学等研究作为基础，以下两节将分别从刑事政策和学理基础出发，对企业反腐败合规机制进行阐述。

第二节　反腐败合规机制的政策意蕴

在之前的文献以及本书所界定的合规概念中，我们能够看到的都是作为行动主体的企业做出了何种举动，采取了哪些措施。这固然有其正确性，但我们如果仅将视线停留在这个层面，那么反腐败合规就只能被作为公司治理的一种方式。事实上，从全球企业的行为和各国立法与执法的实践对照来看，企业的反腐败合规早已不是单纯的公司治理问题，反腐败合规的发展在很大程度上也不是企业内部力量自发推动的产物，而是国家引导和强制的结果。尤其是 21 世纪以来，各主要国家相继密集地将合规引入刑事立法，并针对企业腐败犯罪进行持续性打击，而对于大型跨国企业的腐败犯罪则进行了多国联合执法。正是在这样的背景之下，全球范围内的企业反腐败合规建设才得以蓬勃开展，至今方兴未艾。从这个意义上说，无国家推动即无普遍合规。众所周知，刑事立法是一国刑事政策的最核心体现，各国对企业合规的倡导本质上是针对治理公司犯罪问题而采取的具体对策，而这意味着一种全球普遍性的刑事政策调整。从这个意义上说，无刑事政策则无现在的反腐败合规。

因此，我们不仅要从公司治理的视角看待反腐败合规，更应当从刑事政策的视角看待反腐败合规。通过挖掘反腐败合规的刑事政策意蕴，我们才能从本质上把握企业反腐败合规机制的现实基础。

一、国际刑事政策发展历程中的反腐败合规

刑事政策是国家基于预防犯罪、控制犯罪以保障自由、维持秩序、实现正义的目的而制定、实施的准则、策略、方针、计划及具体措施的总称。[1]现代刑事社会学派的创始人、刑事政策学的杰出代表李斯特将之简述为"国家和社会据以与犯罪作斗争的原则的总和"。[2]现代刑事法语境下的刑事政策是一个存在时间并不很长的概念。对于国家来说，虽然采取各种措施应对犯罪自古便有，几乎是伴随着犯罪问题的产生而产生，但这种对抗犯罪的举措不过是自发的社会现象。大谷实认为："这种最初的反应是本能的，未经分析的，它时而服从于某种神学上的需要，时而服从于某种神权政治的需要，或突然又服从于赎罪的需要。"[3]而这些意味着此时还不存在真正的刑事政策。真正的刑事政策源于对刑法的反省，这种对刑法的理性思考与批判是启蒙运动时才逐渐展开的。启蒙思想家反对擅断与酷刑，在源头上为刑事政策注入了人道主义的高尚品质和永恒追求。由此开始的刑事政策不是一种价值无涉的纯工具，而是具有了保护人类正当权利、倡导公平正义和维护人类价值的道德诉求。但由于当时的思想家只能从哲学、历史等角度对刑法进行形而上的论述，而缺乏犯罪学等科学实证研究基础，因此还不具备科学内涵，还不能真正深入发展。

19 世纪中后期，以龙勃罗梭和菲利为主要代表的犯罪学研究者首次将实证主义方法应用于对犯罪问题的研究，这也标志着刑事政策学真正具备了科学基础。基于《犯罪人论》所提出的"犯罪是返祖现象"这一发现，龙勃罗梭提出了两大刑事政策主张。第一，犯罪存在具有必然性，因此刑罚也好，其他应对策略也好都要与犯罪的性质相当。第二，犯罪应对的重点应该在犯

---

〔1〕 何秉松主编：《刑事政策学》，群众出版社 2002 年版，第 23 页。

〔2〕 ［德］克劳斯·罗克辛：《刑事政策与刑法体系》（第 2 版），蔡桂生译，中国人民大学出版社 2011 年版，第 4 页。

〔3〕 ［日］大谷实：《刑事政策学》，黎宏译，法律出版社 2000 年版，第 7 页。

罪人及其所处的环境，而不是犯罪行为和结果。[1]菲利则在龙勃罗梭的研究基础上更进一步提出了"犯罪饱和法则"，既然犯罪是人类社会中不可避免的客观存在，刑法就不应当是对犯罪的报应，而应当是用以防卫罪犯威胁的手段。相比之下，刑罚也不是预防犯罪的最有效措施，刑罚替代措施应当成为社会防卫的主要手段。只有推动有针对性的社会改良，才能事先消除或者减少犯罪的社会因素，达到有效的社会防卫这一目的。[2]也正是从意大利学派开始，"消除或者减少犯罪的社会因素"成了刑事政策的核心要求和目的，所有的措施也正是围绕着这一核心而展开。至此，刑事政策真正能够以科学方式承载人道主义，并向着特定的目标不断前进。

在以李斯特为代表的德国刑事社会学派的不断努力之下，刑事政策真正成了社会科学领域的一项专门学科。作为学科的刑事政策（Kriminalpolitik）被认为是刑事法学、犯罪学、犯罪社会学、犯罪心理学与政治学的交叉学科。主要探讨：政府如何在不侵犯人权底线及公帑成本效益的考量下，运用刑事司法部门的各种政策，例如警力配置、追诉效率、起诉率、刑罚、转向处遇、心理治疗、精神治疗、戒瘾等等，来达成最有效率的降低犯罪率、再犯率之效果。[3]同时，刑事政策学对各国的刑事政策产生了持久而深刻的影响。在李斯特的刑事政策观念中，社会性原因是犯罪的主要原因，因此最好的社会政策自然就是最好的刑事政策。他认为："社会政策的使命是消除或限制产生犯罪的社会条件，而刑事政策首先是通过对犯罪人个体的影响来与犯罪作斗争的。一般说来，刑事政策要求，社会防卫尤其是作为目的刑的刑罚在刑种和刑度上均应适应犯罪人的特点，这样才能防卫其将来实施犯罪行为。"[4]李斯特提出的"消除或限制产生犯罪的社会条件"显然与菲利提出的"消除或者减少犯罪的社会因素"如出一辙。在这一主张之下，李斯特提出了一整套具体措施建议，包括限制短期自由刑、缓刑制度的设置、罚金刑的合理化、

---

〔1〕 ［意］切萨雷·龙勃罗梭：《犯罪人论》，黄风译，中国法制出版社 2000 年版。

〔2〕 ［意］恩里科·菲利：《犯罪社会学》，郭建安译，陈中天校，中国人民公安大学出版社 1990 年版，第 142 页。

〔3〕 参见《刑事政策》，载维基百科：https://zh. wikipedia. org/wiki/%E5%88%91%E4%BA%8B%E6%94%BF%E7%AD%96，访问日期：2021 年 3 月 25 日。

〔4〕 ［德］弗兰茨·冯·李斯特：《德国刑法教科书》，［德］埃贝哈德·施密特修订，徐久生译，何秉松校订，法律出版社 2000 年版，第 13 页。

保安处分制度构建等。时至今日，这些制度中的大多数仍然被各国普遍使用。

第二次世界大战以后，刑事政策运动在马克·安塞尔"新社会防卫论"的影响下掀起了一轮高潮。他将刑事政策界定为"集体对犯罪的、越轨的或者反社会活动的有组织的果敢的反应"[1]，并以"社会防卫论"为切入，倡导刑事制度的改革。对此，安塞尔认为，法律（尤其是刑法）的意图不是惩罚罪犯，而是根据犯罪行为本身对社会的危害性对其进行控制，而构建有利于理性、对社会有益的行为的社会氛围也是社会防御概念的重点。[2]根据日本学者泽登俊雄的总结，安塞尔的基本立场有四点：①刑事政策的基础在于保护个人，尤其是表现为犯罪人具有"再社会化的权利"；②承认刑法这种法律制度的必要性并加以维持，同时力求使其内容更适合社会保护的客体（个人）和主体（社会）相互配合的要求；③责任的实际存在；④必要的刑事程序改革。[3]虽然安塞尔的具体观点与李斯特、菲利等人不尽相同，但其在两个核心问题上却毫不动摇地继承了刑事政策思想的传统。第一，他积极地将人类不同学科的最新研究成果纳入预防犯罪的刑事政策的实践活动。第二，他非常强调人道主义和保障人权，正是在此基础上，他提出使陷入犯罪的人复归社会是国家的义务。

通过梳理现代刑事政策的演进，我们可以很明晰地发现刑事政策学的历史既是一部不断融合最新科学研究成果的发展史，也是一部弘扬人道主义的道德史，而人类法治文明在刑事上的进步也正是由这两点体现出来。反之，缺乏科学支撑的刑事政策缺少了实践的可能性，而缺少道德内涵的刑事政策则缺少了存在的正当性。正是在这两个伟大的传统之下，一代代研究者和政策制定者针对所处时代的犯罪问题，提出了有针对性的解决方案。

从历史的逻辑看，全球范围内的反腐败合规浪潮正是新一次的、以企业犯罪为主要治理对象的刑事政策变革。20世纪后期以来，以腐败犯罪为代表的企业犯罪和白领犯罪逐渐成为现代社会面临的最严重的犯罪问题之一，给各国带来的直接和间接损失甚至可以万亿来计算。由于现代公司制度起源时

---

[1]　[法]米海依尔·戴尔玛斯-马蒂：《刑事政策的主要体系》，卢建平译，法律出版社2000版，第1页。

[2]　Marc Ancel, *Social Defence: A Modern Approach to Criminal Problems*, Vol. 199, Psychology Press, 1998.

[3]　[法]泽登俊雄：《新社会防卫论》，冯筠译，载《环球法律评论》1987年第3期，第47~51页。

间不长，人类对公司犯罪问题的处理经验远远少于自然人犯罪，以往的应对思路往往是参考甚至照搬对自然人犯罪的处置思路，但这种思路在应对有效性和人道主义两个方面均存在本质性的缺陷。

从应对有效性来说，虽然公司犯罪和白领犯罪的犯罪黑数难以统计，但很多研究者都认为该数字十分庞大。[1]在传统的治理路径之下，往往是由于十分偶然的因素（例如重大事故的发生、内部人矛盾导致的举报等）才使得企业的犯罪情况被披露出来，而无论采取多么严厉的应对措施，本质上都很难说是在"消除或者减少犯罪的因素"。如果将犯罪的企业比作房屋起火燃烧，传统的对企业犯罪的治理思路既不是增加消防能力也不是减少消防隐患，同样不是在灾难发生时进行扑救，从某种意义上说甚至算不上收拾残局，而只是等到重大的破坏结果成为既定事实后对部分责任人进行清算。而对于某些关乎国计民生的大型企业来说，（大而不倒）（Too big to fail）成了其有恃无恐的靠山。例如，英国航空航天系统公司曾为了获得数百亿的订单而向沙特一些王室成员提供大量豪车与豪宅等，其总价值高达 6000 万英镑。在开始调查并获得明显进展以后，英国政府却因为沙特以中断外交关系和终止反恐情报合作相威胁而最终中止调查。[2]这样的举动无疑是对公平正义赤裸裸的破坏，也令身为经济合作与发展组织成员的英国大为蒙羞，而如果没有其他制约措施的话，那么这家公司在今后的经营中依然可以故技重施。

从人道主义来说，企业合规代表着珍视人的价值、保护人的权益的刑事政策理念。与之相对，传统的事后处罚思路也一直面临着质疑和诘难。现代化的企业（尤其是跨国企业）可能有数十万的成员和股东，与之利益相关的企业和自然人可能更多，相当比例的企业犯罪只是企业中极少数人实施的犯罪行为。因为少数人的行为而导致企业受到严重伤害至破产，即使从报应的角度说来说实现了正义，但对于占人数比重绝大多数的利益相关者来说，其权益并没有得到应有的保护。况且，大多数犯罪的自然人尚且需要国家采取措施来帮助其改过自新回归社会，国家在面对具有相同情况的企业时不应当袖手旁观。但在现实的执法过程中，对企业采用传统的刑事程序很容易导致

〔1〕 Martin Tunley, *Mandating the Measurement of Fraud: Legislating against Loss*, Palgrave Pivot, 2014, pp. 28~62.

〔2〕《英国调查"黑金"，沙特威胁断交》，载央视网：http://news.cctv.com/world/20061120/100181.shtml，访问日期：2006 年 11 月 20 日。

破产关门的结果，所谓的回归社会根本无从谈起。以企业犯罪史上非常有代表性意义的"安然公司案"为例，对安然公司的追究产生了超越所有人预期的严重负面后果。首先，大量普通的安然公司职工和持股者损失了价值数亿美金的养老金和股票。其次，投资者对美股的信心受到重挫，两大美股指数一路下跌。投资者在美国股市的投资资产缩水了 2.5 万亿美元，相当于当年美国 GDP 的 1/4。最后，欧洲、日本等金融市场均遭到波及，各大股市均大幅下跌。[1]美国的联邦检察官面对刑罚如此严重的"水波效应"也进行了深刻的反思，认为必须"积极寻找处理法人犯罪的第三条道路"，而这也是整个美国社会达成的共识。[2]"安然公司案"虽然发生在美国，但在传统的企业犯罪治理模式下，每一个建立了现代市场经济和企业制度的国家都可能发生类似的悲剧，寻找第三条道路不仅是美国的共识，更是所有现代国家的集体共识。也正因此，以反腐败为主要内容的企业合规运动就是应对企业犯罪问题的"第三条道路"，也是秉持科学基础和人道主义追求的刑事政策改革。

与历史上的刑事政策改革运动一样，反腐败合规并不是要否定各国的现行刑法，而是要在维持基本价值观念的同时将新的理念和方法纳入刑法，并完成体系化。不同于传统的自然人，实施了犯罪的企业不仅是犯罪的主体，也是众多犯罪因素的发源地和集中地，而且这两重角色常常是密不可分的。在应对自然人犯罪的语境下，消除或减少犯罪的社会因素主要是指自然人以外的因素，但在企业犯罪语境下，要消除或减少的因素更侧重于企业本身。这些因素可以有其他的表述方式，例如组织缺陷、制度漏洞、内控失灵等，但实质上都是一些容易引发或纵容犯罪行为产生的企业内生性因素。这些因素分布在企业运营过程之中，其具体形式可能表现为日常经营、财务管理、产品生产、工程承揽、人事管理等不同领域的问题。因此，消除或减少企业犯罪的内生性因素也需要多重学科的知识相配合。有效的合规机制必然是在吸收了来自犯罪学、管理学、经济学等学科最新的研究成果之后才能产生，而这也正契合了刑事政策历史中的伟大传统。

〔1〕　"Enron Scandal: The Fall of a Wall Street Darling"，https://www.investopedia.com/updates/enron-scandal-summary〔2022-4-20〕.

〔2〕　陈瑞华：《安然和安达信事件》，载《中国律师》2020 年第 4 期，第 87~89 页。

二、一体推进"三不"政策下的反腐败合规

"刑事政策"这个概念源于西方，前述刑事政策的几次历史改革，本质上都是由欧美国家主导。虽然这些改革和价值观的确在相当程度上代表了全人类的广泛共识和追求，但是这并不意味着其他文明的刑事政策只能照搬这些内容。尤其是对于历史悠久且刑事法传统发达的中国来说，数千年的治理所积累的、源于本土的经验和模式对当下的社会治理依然能提供重要的借鉴。而中国共产党人在继承这些经验的基础上结合从革命到建设再到改革的百年历程，逐步探索总结出了具有中国特色、适应中国实际的各项刑事政策。其中，既有统摄广义上犯罪预防的基本刑事政策（例如宽严相济），也有针对具体犯罪类型的刑事政策。反腐败合规正是中国现阶段一体推进"三不"反腐败政策在面对企业腐败犯罪这一问题之上的具体表现。

所谓一体推进"三不"，是指一体推进不敢腐、不能腐、不想腐反腐败策略的简称。在最近几年的多份重要政策性文件中，一体推进"三不"都是中央对反腐败工作的政策表述。例如，《中共中央关于全面推进依法治国若干重大问题的决定》要求"形成不敢腐、不能腐、不想腐的有效机制"。《中共中央关于坚持和完善中国特色社会主义制度　推进国家治理体系和治理能力现代化若干重大问题的决定》要求"构建一体推进不敢腐、不能腐、不想腐体制机制"。这两份中共中央的重要决定将一体推进"三不"确定为党和国家在新时期反腐败斗争的总体战略，也是当前和未来较长时间内各项反腐败工作的出发点和落脚点。为响应党中央关于一体推进"三不"的战略要求，司法部门也发布了关于具体落实一体推进"三不"的方案。例如，最高人民检察院出台意见积极推动反腐败国家立法，完善惩治和预防腐败体系，形成不敢腐、不能腐、不想腐的有效机制，推动完善惩治贪污贿赂犯罪法律制度。[1]由此，一体推进"三不"作为一种刑事政策理念将直接指导应对腐败犯罪的措施。

一体推进"三不"反腐败政策是以习近平同志为核心的党中央在总结我党我国多年的反腐败经验教训的基础上提炼而成的，是中国共产党人集体智

---

〔1〕《最高检将推动反腐败国家立法，形成不敢腐不能腐不想腐机制》。载澎湃新闻：https://www.thepaper.cn/newsDetail_forward_1304959，访问日期：2022年4月20日。

慧的结晶。早在于浙江主持工作的时候，习近平总书记就提出了强化"不能为"的制度建设、"不敢为"的惩治警示、"不想为"的素质教育，[1]这也是一体推进"三不"战略最早的雏形，包含了将威慑和预防相结合应对腐败的核心理念。2014年，习近平总书记在十八届中央纪委三次全会上要求，要"形成不想腐、不能腐、不敢腐的有效机制"。同年，这个提法出现在《中共中央关于全面推进依法治国若干重大问题的决定》中。2019年，习近平总书记在十九届中央纪委三次全会上指出："要深化标本兼治，夯实治本基础，一体推进不敢腐、不能腐、不想腐。"同年，这个提法出现在《中共中央关于坚持和完善中国特色社会主义制度、推进国家治理体系和治理能力现代化若干重大问题的决定》中。可见，一体推进"三不"战略的不断发展完善是党中央对反腐败斗争形势的思考不断深入、不断与时俱进的体现。

与一体推进"三不"相对应的是国家对提升企业竞争力的重大期许，不管是国有企业还是非国有企业，中央都明确提出过发展质量要求。对于国有企业的发展，习近平总书记提出要深化国有企业改革，提高竞争力和抗风险能力，完善企业治理结构。具体内容包括了抗风险能力强，能够抵御国际国内经营风险和腐败风险，以及企业公司治理优，法人治理结构健全。[2]而在民营企业座谈会上的讲话中，习近平则指出："民营企业家要讲正气、走正道，做到聚精会神办企业、遵纪守法搞经营，在合法合规中提高企业竞争能力。守法经营，这是任何企业都必须遵守的原则，也是长远发展之道。"[3]无论是哪种所有制形式的企业，无论其从事什么样的行业，提升企业核心竞争力都与遏制腐败不可分割。企业的逐利天性决定了其必然有冲动选择最简单的营利模式，相比于深入研发和拓展销售等正道，腐败门槛低、见效快，通过腐败获得不正当的竞争优势是众多"捷径"中的佼佼者。可一旦企业习惯了腐败等犯罪行为带来的超额暴利而忽视了研发、销售等本业本分，最多只能得到一时的繁荣，无法长久维持。如果一个企业将勾兑作为自己的核心竞争力，那么一旦对手提高勾兑的比例，企业的利润就要相应降低，最终结果就是陷入腐败的内卷。而当企业习惯以腐败手段作为开拓市场的工具，在海

---

〔1〕　参见习近平：《之江新语》，浙江人民出版社2007年版，第70页。

〔2〕　《习近平希望国有企业这样做》，载新华网：http://news.cri.cn/uc-eco/20170324/2deffd14-18df-20af-4aaa-20b733061f5f.html，访问日期：2022年4月20日。

〔3〕　习近平：《在民营企业座谈会上的讲话》，载《人民日报》2020年7月21日。

外竞争中就会面临很大风险，如果被其他反腐败执法力度较大的国家查处，轻则面临罚款和业务的丧失，重则大厦倾倒，再无重来之日。

对照一体推进"三不"的反腐败政策和企业高质量发展战略，我们不难发现，想要同时实现这两个目标，需要一种制度将二者有效黏合。中央决策层也认识到了这个问题。例如，中共中央纪律检查委员会、国家监察委员会同最高人民检察院等单位出台了《关于进一步推进受贿行贿一起查的意见》，指出了行贿人不择手段"围猎"党员干部是当前腐败增量仍有发生的重要原因，同时也把实施重大商业贿赂的行为纳入了重点查处的范围。但是，这样的查处方式无论其严厉程度如何，本质上都是以威慑的方式达到"不敢腐"的政策目的，而对"不能腐"和"不想腐"则缺乏直接的制度措施。相比之下，企业反腐败合规机制与"不能腐"和"不想腐"的要求高度契合，是目前多种政策路径中的最佳选择。从"不能腐"的层面出发，反腐败合规机制的内容就是在制度构建和运行的过程中消除和减少腐败犯罪的发生因素，即扎牢制度的笼子。如果将企业内部视为一个容纳各种行为的空间，反腐败合规机制的目的也在于创设出一种不利于犯罪生存的情境。在这样的情境之下，对于没有强烈动机的企业成员来说，不利于犯罪发生的环境本身就能帮助其从源头遏制犯罪冲动的产生，从本质上打消实施腐败犯罪的想法。而即使少数人员有较强的实施腐败犯罪的动机，有效的合规机制也能最大限度地消除其犯罪的机会。从"不想腐"的层面出发，反腐败合规机制与倡导合规文化紧密相关。对合规文化的倡导是在对组织文化的内涵、运行规律和对组织成员的影响方式深刻把握的基础上进行的，既不是空泛地喊口号、走形式，也不等同于具体的制度构建，而是一种虚实兼备的整体过程。

第三节　反腐败合规机制的学理基础

企业腐败犯罪的严峻形势和政府治理腐败的迫切需求共同构成了企业反腐败合规机制的现实基础，证成了这项机制的必要性。对于一种现实的治理措施而言，完整的正当性论述还必须包括可行性论述，即这项措施为什么能够应用于实践，而这就需要对相关的理论发展有清晰的把握。事实上，吸收同时代最先进的学科成果并为犯罪治理所用本身也是刑事政策理念的重要传统。作为一项应用性研究，本书所采用的"学理基础"或者"理论基础"应当是为研究的目的服务。由于中国特殊的学科分类，犯罪学被纳入刑法学类目，而两种学科的研究方式和理论传统实际上却存在较大差异。相比于与德国哲学关系密切、在中国影响深远的教义刑法学，犯罪学虽然在影响力上暂时难以与之比肩，但同样是一门有自身理论发展逻辑的独立学科。在本书撰写的过程中，笔者发现，对于某些研究者甚至是资深的研究者而言，仿佛只有教义学才可称得上理论，而犯罪学的理论基础则被排除在"理论"的殿堂之外，只能被称为"缺乏理论深度的浅薄想法"。坦白而言，这恐怕是一种误读。而且检索文献可知，以英文撰写的、国际目前研究合规的主要成果大多数都是使用犯罪学的研究方式，关注具体的犯罪原因和预防问题，如果斥之为缺乏厚度的浅薄想法，显然也不合适。刑法教义学或法理学固然具有伟大而深厚的理论基础，但也不能因为这些理论的伟大而否定犯罪学理论。从犯罪应对的逻辑链条来说，犯罪原因论关注的是国家权力介入之前的阶段，而刑法学主要关注的是国家权力介入的阶段。因此，不同研究所采用的理论不同只是因为关注的具体问题不同，不存在厚此薄彼的情形。

本书关注的问题是如何预防企业腐败犯罪的内生性因素，因此在犯罪治理的语境之下，需要被借鉴的学科成果主要是与犯罪原因和犯罪预防相关的研究。尤其是分析犯罪如何生成的研究，从源头上为预防指明了方向。随着20世纪后期以来学科的交叉融合发展，犯罪生成机制的研究通常会吸纳政治学、经济学、人类学和文化学等多学科的理论成果，体现出不囿门户的特点。就应对企业腐败问题而言，与反腐败合规机制关联度密切的理论有制度理论、便利理论和情境理论。这三种理论从不同的角度论述了企业内犯罪的生成，并对预防提出了相应建议。通过整合这些学说的观点，我们能够构建出反腐败合规机制的学理基础。

一、制度理论

制度理论在企业腐败领域的应用是基于对传统观念的批判性否定，尤其是在经济学和管理学中长期广泛应用的委托代理理论。委托代理理论认为，实施腐败行为的主体本质上是一种代理人，当代理人获得了垄断性权力并能在行使权力时拥有较大的自由裁量权时，委托人和代理人之间就形成了巨大的信息壁垒，这也就是腐败产生的根源。而如果代理人能够完全控制某项活动，在决策过程中拥有巨大的自由裁量权，并且几乎无需为后果承担责任，那么就更容易产生腐败。[1] 委托代理理论从逻辑上说具有自洽性，但是米桑吉（Misangyi）等学者通过研究发现，该理论在解释和开发应对腐败的工具方面成效十分有限，无法很好地指引反腐败实践。[2] 因此，一些学者在传统的委托代理理论基础上更进一步，他们认为，实施腐败行为的主体虽然依然扮演代理人角色，但其效忠对象已经改变，而这种转移得以实施的条件正是薄弱的制度环境，包括强大的垄断权力和控制、信息不对称、透明度缺乏和制度复杂性等。所有这些制度环境都是在某个组织当中存在，因此组织是腐败得以不受约束而发展的基本单位。[3] 通过制度视角，个体与制度环境之间的联系、由此产生的腐败行为、行为的可能结果以及组织可能用于反腐败的方法都可以重新得到理论解释。

制度理论的核心前提是一群人基于共同的身份认同（例如都是某一家公司的成员），通过特定的价值观、仪式和各种符号来逐步构建这个整体的合法性。[4] 根据卡莫什（Kamoche）和哈维（Harvey）在2006年的研究，制度理论的一个基本假设是：个人和群体愿意遵循社会所支持的、预期的可接受的行为模式。[5] 对于组织来说，非个别的腐败行为意味着腐败的制度化，即组织内部的环境允许腐败行为的发生，这种环境以不同方式的行为规则具体展现。斯科特（Scott）等人发现，组织中一定存在由监督和制裁支持的稳定规则，其中最主要的三项支柱分别是调控、规范性机构和认知。调控支柱是基于理性行为（符合个人的自身利益），通过构建结构来控制自己和他人的行为。第二个支柱将组织视为主要的规范性机构，但有些规范只适用于特定的个人或职位。第三个支柱是认知支柱，即文字、行为等符号被用来向物体和活动传达

〔1〕 S. P. Riley, "The Political Economy of Anti-corruption Strategies in Africa", in M. Robinson (ed.), *Corruption and Development*, London: Frank Cass, 1998.

〔2〕 V. Misangyi, "Ending Corruption: The Interplay AmongInstitutional Logics, Recources, and Institutional Entrepreneurs", *The Academy of Management Review*, 2008, Vol. 33, No. 3, pp. 750~770.

〔3〕 Y. Luo, "An Organisational Perspective on Corruption", *Management and Organisation Review*, 2005, Vol. 1, No. 1, pp. 119~154.

〔4〕 Glynn, "Institutional Identity: Symbolic Isomorphism and Organisational Names", *Academy of Management*, 2002, Vol. 45, No. 1, pp. 267~280.

〔5〕 K. Kamoche & H. Harvey, "Knowledge Diffusion in the African Context: AnInsitutional Theory Perspective", *Thunderbird International Business Review*, 2006, Vol. 48, No. 2, pp. 157~181.

意义，使个人能够解释它们。[1]这些规则可以被分为正式与非正式，相比之下，非正式规则可能对组织成员的影响更大。非正式规则与组织内的文化和亚文化直接相关，表明组织内环境中可接受的互动、规范、角色和行为，即"事情是如何完成的"。

在综合之前学者的研究基础上，罗（Luo）研究了引发商业组织中腐败行为的制度原因，并形成了制度理论在企业反腐败领域的主要理论成果。他认为，当不确定性、权力集中和制度压力（包括不透明、不公正和复杂性）一起发生时，企业腐败行为发生的可能性就会显著提高，但可能性是否会最终转化为真正的腐败在很大程度上取决于一个组织的道德意识和打击腐败的相关内部计划。制度因素、结构因素和文化因素相互作用构成了企业的组织架构，也共同影响着企业应对腐败的效果，如果缺乏完整的组织架构，则企业将面临腐败造成的组织缺陷、战略障碍、竞争劣势和进化风险等后果。对制度理论而言，罗最重要的研究成果是区分了组织内腐败的类型并根据不同类型提出不同的应对思路。他认为，从事腐败活动的组织在腐败的强度等级和层次等级上存在差异，这两类差异显示了所涉腐败的不同严重程度。具体而言，强度等级表显示了腐败事件发生的严重性，而层级等级表则显示了组织内部腐败的层级性参与，涉及的层级越多，表明整个公司的腐败问题就越严重。这两个维度相互关联但又截然不同。例如，大型企业中的大多数腐败和欺诈行为可能发生在较低的层次，这意味着组织结构底层的管理者应对组织腐败负责。相比之下，有些企业的腐败规模较小却可能涉及顶级高管。因此，以强度和层次作为两个坐标轴可以得出四种不同的企业腐败类型，分别是"疯狂狐狸型"（强度高、层次多）、"迷路兔子型"（强度低、层次少）、"病犬型"（强度低、层次多）和"幼年野犬型"（强度高、层次少）。

四种类型里最恶性的腐败类型是"疯狂狐狸型"。在这类企业中，许多层级和各个下属单位的大量管理人员和员工都在实施腐败行为，导致非常严重的违法行为，因此这个类型的腐败是整个组织的疾病，强度等级和等级参与都达到了非常高的水平。这些企业腐败的共同特点是腐败行为遍布整个组织，缺乏强有力的领导能力、文化和行为准则来减少腐败的发生，也缺乏一个反

---

[1]　M. T. Dacin, J. Goodstein & W. R. Scott, "Institutional Theory and Institutional Change: Introduction to the Special Research Forum", *Academy of Management Journal*, 2002, Vol. 45, No. 1, pp. 45~57.

腐败的良好榜样,甚至管理层的某些人通过种种行为为道德败坏、撒谎、欺骗和腐败大开方便之门。职能部门、业务部门和决策层面的人员都积极、广泛地参与腐败活动或与外部利益相关者勾结,以实现他们认为符合组织利益的某些目标。在"疯狂狐狸型"企业中,腐败行为已经被合理化,它们被认为是在合理的道德和法律限制范围内,符合组织的最佳利益,不可能被人发现或者即使被发现也能获得宽恕。与之相对应的"迷路兔子型"恶性最小,腐败的强度和层次规模都非常低,错误行为的数量更少,层级参与的范围更窄,腐败带来的影响也更弱。虽然这些行为依然是错误的,但这些行为在结构上不是系统性的,而是偶然的或自发的,通常由较低层级的少数员工执行。即使有了反腐败的内部计划,一些公司仍可能会因为种种原因而做出错误行为,除非内部执行反腐败政策的系统有效且持久地运作,否则越轨行为还是可能出现在企业内。

另外两种类型也各有特点,"病犬型"企业内的腐败活动强度不高,但却是许多不同级别的高管、经理或雇员都参与的行为。这种类型的组织处于"病态"之中,导致腐败行为蔓延到多个层级,最终使整个组织都受到污染。这一类型的核心是管理层无力或领导能力薄弱,无法遏制腐败行为并鼓励组织内的合规行为和文化规范。虽然这类企业没有产生大量的腐败事件,但腐败行为依然极大地损害了整个组织的道德。企业内的行为通常由两个相互关联的结构机制造成——企业结构(任务、规则、程序等)和公司文化(个人成员之间共享的想法、期望、价值观、愿景等),"病犬型"企业的根源在于两种结构机制出现了故障。"幼年野犬型"企业的大多数腐败行为都集中在一个或几个层级上,主要由一个或几个狭隘层级的员工实施。当一个组织将其复杂的业务分散并将分散的资源部署到下属单位时,责任自然也会越来越分散,因此一个能够独立工作以产生危害的子单位可能会对企业范围内的大部分不当行为负责。但是,如果企业决策层不努力通过行为准则来抑制和阻止下级单位的行为,那么"幼年野犬"可能会越长越大,最终对整个组织的健康造成严重破坏。

基于对企业内部腐败犯罪生成过程的分析,制度理论认为反腐败工作由三项相互关联的部分组成,分别是合规文化、组织结构和反腐败制度。

组织结构确定了反腐败的工作内容、监控的流程和完成任务的方式。由于许多腐败行为实际上是由员工个人代表组织实施的,而组织通常被定义为一个自主的道德实体，因此维护公司诚信至关重要，组织结构是保持完整性和以连贯方式实现道德期望的必要机制。尤其是当一个企业高度分散和全球化时，总部通过一体化结构控制反腐败政策和程序对于廉洁而言至关重要。其具体措施包括成立反腐败合规委员会和任命公司合规官等，反腐败合规委员会可在起草行为准则、教育和培训员工遵守程序方面发挥关键作用。鉴于组织结构的透明度是减少腐败可能性的必要条件，记录保存和报告是组织可用于记录其合规工作的关键方面，组织应制定明确、简明的会计政策，禁止账外账户或未充分确认的交易。组织架构还包括了举报机制，以便当一般渠道出现故障时实现开放式沟通。通过以上的组织结构，所有员工都应明确不遵守其反腐败政策和程序将导致从轻微制裁到包括终止雇佣在内的严厉惩罚。

抑制腐败的合规制度包括行为守则和道德方案，这些制度共同构成有效的组织控制，使有关法律和道德行为的信息和期望变得清晰。合规制度从与企业活动相关的反腐败书面承诺开始（即为员工提供一套法律和道德准则）。这些承诺旨在提高员工对反腐败政策的认识，并争取他们支持打击腐败行为，内容包含一般规则和具体做法。合规制度构成了一个组织控制系统，鼓励共同的道德愿望和遵守规则。定期的合规培训和开展尽职调查对于确保反腐败程序高效和有效而言至关重要，其他反腐败实践还包括评估道德和法律表现以及奖励或惩罚行为的机制，例如将道德纳入选拔和绩效评估以激励员工遵守法律和道德。

企业文化则是企业特有的、用于抵制腐败行为的声明、愿景、习俗、口号、价值观、榜样和社会仪式，这些都为组织设定了道德基调。反腐败组织架构的基石是详细的反腐败声明，该声明指导管理者作出日常决策，包括企业将不会参与以行贿为要求的竞争业务。企业领导层（如董事会、首席执行官、首席财务官、首席合规官、区域或地区经理）的愿景和承诺在遏制腐败方面发挥着重要作用。这些领导人应该是反腐败的倡导者和榜样，致力于营造积极的道德氛围。此外，组织还应采取合理措施，在开放的环境中传播其反腐败文化和价值观，以鼓励成员参与和反馈。

以上三种要素对于所有致力于消除腐败的企业来说都是共同的，而已经发生了腐败的企业需要以不同方式完成自我治疗。对于"疯狂狐狸型"企业来说，常规的行为准则、合规程序和控制系统已经不足以发挥作用，它需要进行一系列结构性改革，消除遍布全身的腐败毒素，包括解雇违规的各级高管、将反腐败程序和规范正式化并常规化到日常组织活动中、建立一个反腐败办公室以负责处理所有反腐败活动等。对于"幼年野犬型"企业来说，重点是治疗腐败严重且占整个组织腐败大部分的特定层级、下属单位或地点。该组织可以将大部分反腐败资源应用于抑制该地区的腐败。该组织可采取迅速影响的办法，并采取专门的权宜之计，迅速纠正这方面的不当行为，包括全体更换管理层、将反腐败纳入绩效考核机制等。对于"病犬型"企业来说，可以使用一系列在组织内部标准化并与其日常工作分离的反腐败政策和程序来遏制全系统的腐败行为。不同于将反腐败政策和流程与其他组织政策和计划（如人力资源管理）相结合，从而影响组织的日常决策和行动，这种方式通过独立的"一揽子"特殊规则和标准规定各级员工应遵守的规范和程序，以正式规则的形式最大限度地减少单位和雇员腐败行为的余地和机会。最后，对"迷路兔子"型企业来说，由于只存在少数员工的小规模腐败行为，组织可能需要提高员工对腐败的相关认识，尤其是对于什么是腐败行为及其与正常商业往来的区别，比如在何种情况下，某些文化上固有的行为（如送礼和娱乐）是合法的以及应办理哪些手续（批准、签字、手续等）。

二、便利理论

便利理论是另一种以综合视角解释白领犯罪的理论路径。支持该理论的学者尝试整合社会学、心理学、管理学、组织行为学和犯罪学中对白领犯罪的相关研究，认为白领罪犯具有强烈的便利导向。便利是一个相对概念，涉及时间和精力的使用效率以及减少痛苦和解决问题的效果，而便利导向是指一个人对行动的总体偏好，其特点是避免痛苦、节省时间和精力。一个以便利为导向的人是一个寻求在最短的时间内以最少的人力消耗完成一项任务的人。从本质上说，便利导向的人并非坏人或懒人，相反还经常被视为聪明和理性的人，因为他们总是试图将时间和精力集中在对个人或组织最重要的地方。[1]此外，便利性还体现在吸引力和可及性上，作为崇尚快速、简单和安全的行为模式，便利性行为不一定是坏的或非法的。例如，船东可以在方便

---

〔1〕 M. Sundström & A. Radon, "Utilizing the Concept of Convenience as a Business Opportunity in E-merging Markets", *Organizations and Markets in Emerging Economies*, 2015, Vol. 6, No. 2, pp. 7~21.

旗下注册他们的船只，也就是在假旗下航行以获得经济利益。同样，便利性行为也可以是在灰色地带利用手段为组织或个人获取利益和乐趣，但却没有鲜明的犯罪痕迹。总的来说，随着对法律行为的消极态度的增加，对非法行为的便利性倾向也会相应增加。具体到犯罪行为上，比克勒（Blickle）等学者发现，如果白领罪犯行为的合理预期效用明显超过了该行为产生的预期劣势，从而留下净物质优势，则该罪犯将犯下相关罪行。[1] 作为一种绝对结构，白领犯罪本身具有吸引力，而作为一种相对结构，犯罪比采取替代行动来解决问题或从机会中获益更加方便。无论是相对还是绝对，便利都是一种有利于特定行动而不利于替代行动的优势。通过对相关服刑人员的实证研究，学者发现具有强烈便利倾向的服刑人员喜欢节省时间和精力的行为。他们希望尽可能少地花时间处理监狱中可能发生的具有挑战性的情况，总体态度是需要的努力越少越好。这些人认为在一个问题上花费很长时间是浪费时间，因此宁愿避开问题也不愿处理它，同时希望避免不适和疼痛。对于便利导向的服刑人员而言，最好的度过监狱生活的方式就是能避免更多的问题、压力和挑战。[2] 而在组织的语境下，便利理论认为组织有机会实施和隐藏白领犯罪，有三个主要概念能解释白领犯罪的发生：经济动机、组织机会和个人意愿。这些概念相互关联，动机、机会和意愿之间的相互作用决定了潜在白领犯罪者感知到的便利程度。[3] 阿尔布莱希特（Albrecht）提出的欺诈三角模型其实就是便利理论框架下的产物，所谓的三角分别是动机、机会和合理化，当这三项要素齐备之时就会导致包括腐败在内的犯罪行为。[4]

　　失去财产而导致社会阶层下降是精英阶层普遍恐惧的情况，这种恐惧感会滋生出包括腐败在内的一系列白领犯罪行为。其原理在于人在感知到威胁时会产生自我保护防御，导致狭隘地关注自己的需求，从而干扰对道德原则

〔1〕　G. Blickle, "Some Personality Correlates of Business White-Collar Crime", *Applied Psychology: An International Review*, 2006, Vol. 55, No. 2, pp. 220~233.

〔2〕　P. Gottschalk & L. Gunnesdal, "White-Collar Crime in the Shadow Economy", in P. Gottschalk & L. Gunnesdal, *Theory of Crime Convenience*, Springer Nature, 2018, p. 17.

〔3〕　N. M. Ashkanasy, "Why We Need Theory in the Organization Sciences", *Journal of Organizational Behavior*, 2016, Vol. 37, No. 8, pp. 1126~1131.

〔4〕　J. Dorminey, "The Evolution of Fraud Theory", *Issues in Accounting Education*, 2012, Vol. 27, No. 2, pp. 555~579.

的遵守并促进不道德行为的发生。[1]经历焦虑、紧张和担忧的人可能会参与到自利的不道德行为中，以努力恢复受到威胁的自我情绪。面临威胁的个人则倾向于向内关注，并获取各种资源作为补偿威胁的手段，在面临威胁的情况下，人的大脑倾向于进入一种有利于调动防御机制的状态。威胁的典型特征是损失风险显著，而为了应对威胁，人们依靠各种潜在的机制来保护自己不受负面经历和不愉快情绪的影响，并最终保护自己的自尊。查托帕德耶（Chattopadhyay）等学者在研究了应对威胁的组织行动后发现，威胁与紧迫性、困难和高风险有关，涉及一种消极的情况。在这种情况下损失很可能发生，而人们对这种情况的控制相对较少。[2]

机会是白领犯罪的另一个必要因素，正是组织层面让白领罪犯有机会实施经济犯罪，并将其隐藏在看似合法的商业活动中。阿奎莱拉（Aguilera）和瓦德拉（Vadera）将犯罪机会界定为"使可能的行动方案具有相关性的有利环境组合的存在"，[3]当个人和团体能够从事非法和不道德的行为并满怀信心地期待时，犯罪机会就会出现。白领犯罪的机会可能出现在行业层面、企业层面和个人层面。事实上，如果缺乏有效的控制制度，整个行业可能都会进行某种犯罪，例如如果税务机关无法追踪和控制企业的会计数据，那么普遍性的逃税行为就可能发生。而豪氏威马（Huisman）和埃尔普（Erp）认为，犯罪机会具有以下五个特征：①实施犯罪所需的努力；②可察觉的侦查风险；③犯罪所得收益；④可能鼓励犯罪行为的情况；⑤犯罪的借口。[4]腐败犯罪发生在工作中，企业就是犯罪的场所，不同岗位的腐败与其工作环境密切关联，行为人可以凭借地位、关系、知识探索和利用与该组织的联系实施相关犯罪。例如，作为销售主管可以行贿，作为采购主管可以收受贿赂，作为财务主管可以通过会计技巧进行贪污，作为首席执行官可以

---

〔1〕 M. Kouchaki & S. D. Desai, "Anxious, Threatened, and Also Unethical: How Anxiety Makes Individuals Feel Threatened and Commit Unethical Acts", *Journal of Applied Psychology*, 2015, Vol. 100, No. 2, pp. 360~375.

〔2〕 P. Chattopadhyay, W. H. Glick & G. P. Huber, "Organizational Actions in Response to Threats and Opportunities", *Academy of Management Journal*, 2001, Vol. 44, No. 5, pp. 937~955.

〔3〕 R. V. Aguilera & A. K. Vadera, "The Dark Side of Authority: Antecedents, Mechanisms, and Outcomes of Organizational Corruption", *Journal of Business Ethics*, 2008, Vol. 77, p. 434.

〔4〕 W. Huisman & J. Erp, "Opportunities for Environmental Crime", *British Journal of Criminology*, 2013, Vol. 53, pp. 1178~1200.

签署虚假合同。腐败犯罪的组织机会取决于潜在罪犯可利用的智力和社会资本，智力资本是理解、洞察力、反思、能力和技能方面的知识，而社会资本是等级和交易交换中的关系。如果解决问题的合法机会萎缩，而非法机会蓬勃发展并被认为是便利的，那么个体将变得不容易守法。如果欺诈、盗窃、操纵和腐败很容易在企业中发生，而守法的替代方案却看不见或很难实施，那么机会就会引发各种犯罪。

个人意愿是影响组织内犯罪的第三项要素。在组织中存在着特定的文化，而个人可以通过与他人的交往受到这种文化的影响。文化传播可以解释为什么不愿意采取犯罪行为的个人可能会从事不当行为和犯罪以及不当行为如何在人与人之间传递。传播模型解释了文化规范、价值观和信仰体系的转移，这些内容在几代人之间的个人或群体之间传播。随着时间的推移，一些组织发展出了不良的文化，不法行为在这种文化中被合理化和制度化。这些企业通常由容忍不道德行为和隐瞒腐败行为的领导人领导，这些人甚至可能鼓励把投机取巧作为取得成功的手段。利普（Leap）认为，腐败的组织文化是重大企业丑闻的根源，造成这种腐败的最重要原因之一是管理人员未能成为道德榜样，并为他人树立了坏榜样。[1]

便利理论以动态视角考察企业犯罪，因此当上述三项因素不断累积时，组织就会陷入导致不当行为的恶性循环，白领犯罪的倾向也随之增加。这就是组织内的消极动力，也是组织内犯罪便利性的集中体现。正如阿什卡纳西（Ashkanasy）等人所言，组织本质上是人类实体，驱动人类思维和行为的过程也会驱动组织。在组织环境中，不存在不受人类思想和行为驱动的组织或公司犯罪。如果犯罪行为被一些人偏爱并被其他人接受，那么这种行为便可能会驱动一个组织。当领导者含蓄或明确地将不当行为和犯罪定义为可接受时，追随者也会这样做。[2]因此，便利理论视角下的企业腐败犯罪预防本质上就是要增加腐败行为的困难程度，从动机、机会和意愿三个层面消除组织内部的消极动力，防止企业从一个正常的组织变为充满犯罪动力的组织。

---

〔1〕　See T. L. Leap, *Dishonest Dollars: The Dynamics of White-collar Crime*, Cornell University Press, 2007.

〔2〕　N. M. Ashkanasy, "Why we Need Theory in the Organization Sciences", *Journal of Organizational Behavior*, 2016, Vol. 37, No. 8, pp. 1126~1131.

三、情境理论

白领犯罪的因果关系是最持久的犯罪学难题之一，而几乎所有传统的反腐败措施都基于刑事司法模式对因果关系的理解，即增加被抓获后的惩罚将成为阻止个人腐败行为的充分机制。但是，由此衍生出的更严厉的制裁、更严格的法律等体制改革并没有实现遏制犯罪的期望。因此，越来越多学者不再把重点放到引发腐败犯罪的"遥远"原因上，而是尝试使用替代性预防框架应对腐败犯罪。[1]克拉克（Clarke）提出的情境预防理论成了一种被普遍关注的选项。该理论的核心思想是：犯罪与情境因素带来的机会增加有关，因此可以通过"设计"机会转移潜在犯罪者的注意力，提高被抓获的感知风险，这样能减少其犯罪机会。[2]情境理论本来被应用于对街头犯罪的治理，但随着时间的推移，其在一系列其他犯罪中都得到了有效运用，包括恐怖主义犯罪、性犯罪、有组织犯罪和电子商务领域的犯罪。[3]目前，学界对于直接环境中的机会如何成为犯罪事件的影响因素以及将犯罪机会而不是犯罪动机作为分析目标已经达成相当程度的共识，故而研究者们自然而然地开始将其运用于以腐败犯罪为代表的白领犯罪的治理。

情境理论虽然和传统犯罪学关注的焦点有所区别，但也有完整的理论假设。其中第一个是理性选择理论，这一观点认为，当参与犯罪的预期收益超过了所感知的被捕或失败风险时，个人才会选择参与犯罪。这使得犯罪成了一系列选择的结果，其方式与关于非犯罪行为的选择大致相同。这并不是说罪犯总是作出正确的选择。选择不仅取决于直接的情境影响，还取决于罪犯根深蒂固的态度和先前的经历。这个前提也假设理性的行为者会选择在难以或有风险的情况下不犯罪，情况变化会导致个人及其犯罪动机的变化。对于心理和认知能力受到药物滥用或病态等因素影响的罪犯，情境理论并不适合，但腐败犯罪的特性决定了这种情况出现的概率较低。第二个理论假设是犯罪模式理论，即犯罪是有空间模式的，而这种空间分布是由日常工作、家庭和

---

〔1〕 A. Graycar & T. Prenzler, *Understanding and Preventing Corruption*, Basingstoke：Palgrave MacMillan, 2013, p. 71.

〔2〕 R. Clarke & D. Cornish, "Modelling Offenders' Decisions", In M. Tonry and N. Morris （eds.）, *Crime and Justice*, Chicago：University of Chicago Press, 1985.

〔3〕 K. Bullock, *Situational Prevention of Organised Crimes*, Cullompton：Willan, 2010.

休闲活动的模式决定的，这些模式与连接它们的路径一起，形成了个人的意识空间。罪犯在他们的意识空间内犯罪，在识别有吸引力的犯罪机会时，表现出在他们熟悉的领域犯罪的倾向。[1]第三个理论假设是日常活动理论，该理论认为犯罪取决于三个在空间和时间上趋同的因素：可能的罪犯（有动机犯罪的人）、合适的被害人或目标（可能的罪犯会被吸引去犯罪的人或物）以及缺乏有能力的监护人（有能力并有权保护被害人或目标的人）。犯罪事件的三个要素提供了一个框架，用以描绘社会进步和日常生活模式的变化如何与犯罪相互作用。[2]

　　基于以上的理论假设，情境理论的预防模型确定了四个基本要素：类型、活动、部门和场所（type, activities, sectors and places，TASP）。这个模型的基本理念有四个，分别是基于对影响腐败行为决策的风险与回报的合理评估的基本假设、认识到机会的核心作用并注重减少机会、将监护视为一种保护因素并注重加强监护以及利用数据分析确定热点，以针对执法和预防工作。基于这个框架，研究者在实证中进一步提出了关于腐败犯罪的几项假设：①机会在导致所有腐败方面发挥着作用。机会构成了包括腐败在内的所有犯罪的基础。②腐败机会非常具体。与任何财产犯罪一样，如因不同原因（如切割零件、通勤、驾驶游乐等）盗窃汽车等，腐败案件在不同情况下有不同的模式。③腐败机会集中在时间和空间上。④一种腐败行为给另一种带来机会。特别是在腐败方面，犯罪者参与一项腐败行为可能先于同一代理人之间未来参与类似或不同的腐败活动或者组织中对腐败行为的遵守可能会鼓励其他可能的犯罪者参与类似的腐败行为。⑤社会和技术变革带来了新的腐败机会。具体而言，组织或职能的变化可能会产生新的腐败机会。对这些变化的定期评估至关重要，因为每次变化都可能在系统内产生新的机会。社会和技术变革应被视为其他腐败机会的一个因素。同样，我们也可以利用社会和技术变革来更好地控制腐败。⑥减少机会可以防止腐败。与任何其他犯罪一样，增加感知的犯罪努力，增加感知的风险，减少预期的回报，消除犯罪的借口，

　　〔1〕　P. J. Brantingham & P. L. Brantingham，"Crime Pattern Theory"，in R. Wortley and L. Mazerolle（eds.），*Environmental Criminology and Crime Analysis*，Willan：Cullompton，2008.

　　〔2〕　M. Felson，*Crime and Everyday Life*，Thousand Oaks，CA：Sage，2002.

腐败的机会可能被消除或减少。这一关键特性需要仔细分析。[1]

情境理论的犯罪行为论决定了其应对犯罪的关键特征是没有"一刀切"式的解决方案的。情境理论认为,需要围绕具体问题进行仔细分析和数据收集,并根据总体框架制定策略。而一个综合性的预防框架应当利用监管和情境方法以及高度选择性和有针对性的执法反应。总体来说,在企业腐败犯罪上可以使用的具体措施应当包括:①加大实施腐败行为所需的努力,例如改进管理控制;加大现金和对其他资产的保护措施;提升保密信息的能力,实施更严格的招聘筛选计划。②增加发现和惩罚的风险,例如定期监测活动或职能领域、计划外审计、完整性测试、数据分析、改进举报流程。③减少奖励,例如施加合同或费用权限限制。④减少刺激,例如确保公平、择优的就业条件、员工援助计划,包括针对财务或实体问题的咨询。⑤消除借口,例如宣传标准和规则,提供清晰、明确的道德行为指南。[2]

四、三种理论在本节中的交集

相比于纯粹的犯罪学基础理论探讨,本书的研究与反腐败实践的关联度更高。因此,本书采用一种实用主义的态度看待现有的研究成果,即凡可为实践所用者皆采纳,寻求不同理论对实践指导的最大公约数。实用主义最大的优点就在于因足择履而不削足适履,虽然以上三种理论对白领犯罪生成原因的解释并不相同,但是从内生性因素的角度看,这三种理论的解释有相当程度的交集。如果说实施犯罪行为是不同路径的终点,那么无论其始于何处,在到达终点的过程中都会路过一些重要的标志点。如果在这些标志点上缺乏必要的拦截措施,那么犯罪行为就会畅通无阻地发生,而当这些标志点具有恰当的阻拦措施时,犯罪就不会发生。本书所谓的反腐败合规机制正是在企业内部腐败犯罪生成的道路上设置必要的拦截,而不同的理论则为设置于何处提供参考。

比较三种理论的内容,我们可以发现,引发犯罪的内生性原因大致可以被归入三个不同的维度,分别是制度构建、运行实践和组织文化,无论是哪

---

〔1〕 Adam Graycar & Aiden Sidebottom, "Corruption and Control: a Corruption Reduction Approach", *Journal of Financial Crime*, 2012, Vol. 19, No. 4, pp. 384~399.

〔2〕 Tunley et al., "Preventing Occupational Corruption: Utilising Situational Crime Prevention Techniques and Theory to Enhance Organisational Resilience", *Security Journal*, 2018.

一个出现了严重问题，都可能引发腐败犯罪。从制度构建的维度来说，如果企业没有合理地分配内部的权力和义务，就会在某些方面造成失衡和漏洞，为不同职位的人实施犯罪提供条件。或者，如果企业缺乏合理的反腐败合规规定，导致组织成员连行为边际都无从知晓，那么实施腐败行为就将拥有充分理由。从运营实践的维度来说，对日常行为的监管、对员工进行的反腐败培训以及出现问题之后的应对等都属于其内容，其中也包含着引发腐败风险的关键点，如果不能有针对性地预防就可能引起腐败行为。而从组织文化的维度来说，某些非制度性的原因虽然比较抽象，但却能对组织的行为产生切实而持久的影响力。一个企业想要长期健康地运营下去，反腐败合规机制必须对组织文化进行特定方向的塑造，以从更源头的方面遏制腐败犯罪的发生。

不同理论在内生性原因问题上的交集实际上也为反腐败合规机制的构建提供了逻辑框架。本书的以下几章内容将分别从上述的三个维度展开，详细探讨如何消除和减少企业的内生性腐败因素。

第三章

反腐败合规机制的制度构建之维

2021年6月，最高人民检察院发布了首批四个企业合规改革试点典型案例，其中第三个为"王某某、林某某、刘某乙对非国家工作人员行贿案"。涉案人员分别是深圳 Y 科技股份有限公司的业务员、财务总监和副总裁，为了在某公司的设备选型中获得照顾，三人合谋向目标公司的采购员和技术总监行贿数十万元。Y 公司属于深圳市南山区拟上市的重点企业，且在专业领域处于国内领先地位，但在制度建设和日常管理中存在较大漏洞。鉴于此情况，办案机关围绕与商业贿赂犯罪有密切联系的企业内部治理结构、规章制度、人员管理等方面存在的问题，制定可行的合规管理规范，构建有效的合规组织体系，健全合规风险防范报告机制，弥补企业制度建设和监督管理漏洞，防止再次发生相同或者类似的违法犯罪。Y 公司对内部架构和人员进行了重整，着手制定企业内部反舞弊和防止商业贿赂指引等一系列规章制度，增加了企业合规的专门人员。[1]

从这个典型案例中，我们可以窥见目前企业反腐败合规面临的基本情况。作为地处深圳市南山区、拥有行业先进地位的拟上市企业，Y 科技股份有限公司的区位、行业和规模已经领先了中国绝大多数企业，但是内部治理结构却缺乏基本的反腐败合规的设置，那么其他各方面不如它的企业情况可想而知。而在全球的领域内，相当数量的企业也同样面临着反腐败合规的制度之困：缺乏基本的反腐败合规制度。反腐败合规制度是合规机制的基础，如果

---

[1] 参见《最高检发布企业合规改革试点典型案例》，载中华人民共和国最高人民检察院官网：https://www.spp.gov.cn/spp/xwfbh/wsfbh/202106/t20210603_520232.shtml，访问日期：2022年4月20日。

连制度都不具备则遑论运行效果，所谓的合规文化也多半是空中楼阁。而从消除和减少一切内生性要素的角度看，制度的存在为组织成员确立了各自基本的行为范畴，具体的行动、场景都与这个范畴有密切关联，因此反腐败合规制度在机制中也起到基础性的作用。

如果以企业管理的视角为一项制度列明具体的组成部分，我们可能得出数十种乃至数百种要件，反腐败合规亦不例外。但是，这些要件之间也存在主要和次要，或者说核心和延伸的区别。根据奥卡姆剃刀原则"如无必要，勿增实体"的要求，我们有必要找到其中最核心、最主要的存在，然后根据其安置其他次要要件的位置。从反腐败合规机制的定位出发，只有最能抑制内生性犯罪因素的要件才能被称为核心，或者从反面来说，这些核心也是所有腐败犯罪风险集中的所在。正如色彩学所阐释的世界上纷繁复杂、变幻无穷的颜色都是由少数几种颜色混合而得出，只有找到这些无法被调配的"原色"才能掌握色彩变化的规律。同样，只有找到最主要的制度核心，我们才能有层次地展开预防和消除犯罪因素的活动。通过对比分析，本书认为企业反腐败合规机制在制度层面最核心的问题主要是以下三项：①反腐败行为规范的缺失（与准则文本相关）；②缺乏制度层面的合理制衡（与内部治理结构相关）；③缺乏有效的普遍监督机制（与组织成员参与相关）。相对应地，预防和消除犯罪因素的最核心举措应当从制定有效的反腐败合规行为准则、改进相关的合规治理结构以及促进更广泛的组织成员参与入手。

第一节　反腐败合规行为准则

对于不同的企业而言，"准则"有很多种别称，例如信条、规范、政策或者声明，但究其本质来说都是由一系列目标和要求组成的条文组合。反腐败合规的行为准则是企业应对腐败行为的基本法。无论是合规官还是其他公司成员，他们在决策、执行和监督工作中对涉嫌腐败行为的态度和应对举措都源自行为准则的规定。目前，一本言辞考究的反腐败合规手册似乎已然成为大型跨国企业的标准配置，但其存在的历史却非常短暂。仅在21世纪初，如世界通信这样的美国一流公司甚至都没有一份单独成文的合规文件。根据世界通信公司董事会的调查报告，当时世界通信的《员工手册》只是有一句简单的"欺诈和不诚实是不能容忍的"，而当下属提交了一份合规与道德准则草案给时任 CEO 伯尼·埃伯斯审批时，他竟然直斥其为"对时间的巨大浪费"。[1] 二十多年以来，这种情况随着多起大型企业丑闻的爆发和监管的逐步严格而改变，合规准则在全球范围内逐渐普及开来。但是，到现在为止，反腐败行为准则在企业整体的普及度也不高，而即使一些企业已经制定了名义上的准则，可能对其内容和效果也没有明确的认识。

归根到底，使用者的多寡只是具备有效性的一种结果而非原因，作为研究有必要从效用的角度对反腐败合规准则进行探讨。其中至少包含两个问题，分别是反腐败合规准则本身的效用何在以及准则中的哪些要素能对效用起到实际的影响。只有在解决这两个问题的基础上，准则的制定才可能做到有针对性，对于潜在腐败行为的遏制作用才能得到体现。

一、准则的犯罪预防原理

概括而言，企业的反腐败合规行为准则是一份由企业制定的、用于指导全体成员当下和未来行为的文件。这份文件之所以能对内部人员的违规行为产生影响，有其内在的原理。

首先，明确的规则消除了原本情境中的模糊空间。第二章情境预防理论在腐败犯罪中的应用原理部分提到了规则是清晰、明确的道德指南，这种清晰性是对模糊性的颠覆，同时被颠覆的还有依赖模糊性而存在的犯罪借口。具体说来，清晰标准的缺失为不当行为提供了便利条件，行为人可以借助商业惯例、文化传统或者不同的道德标准来为自己的腐败找理由，毕竟这些理由能一定程度地自圆其说。作为腐败行为的潜在反对者，如果想要阻止腐败的发生也需要有明确的依据，否则很容易把腐败和反腐败的斗争变成善恶难辨的价值观之争。尤其是对于意志力一般的组织成员而言，他们对腐败或反对腐败可能持一种不坚定的偏向，既不会为了抽象的正义和道德去得罪自己的同事，也没有极其强大的犯罪动机，以至于在风险很大的情况下依然要实施腐败行为，实施或阻拦腐败更多都是一种机会主义的选择。准则的存在本身就是正确与错误的明示，能够限制、压缩腐败的空间与条件，增加机会主义者犯罪的难度。例如，通过规定接受和给予礼物的具体价值构成了明确的

---

[1] World Com (Firm), *Board of Directors. Special Investigative Committee*, *et al. Report of Investigation*, Findlaw, 2003, p. 289.

行为限制。这样清晰而直截了当的准则让人们难以"曲解"，也就几乎没有操作的余地。

其次，准则为其他成员发现腐败问题提供了指引，增大了腐败犯罪被发现的风险。组织内的同事不仅从准则中获得了明确的道德判断依据，同时获得了发现和鉴别腐败犯罪的工具。倘若在工作上存在交集，腐败犯罪人行为的异象被同事发现的概率并不低。当将行为与准则相对照后，腐败行为的事实就已然暴露，即使同事暂时基于其他原因没有揭发，但未发现和发现不报是两个完全不同的风险等级。腐败行为作为一种以牟利为目的的犯罪，大体上是行为人基于自己的决策模型而计算出的结果。这种计算大致总是包括了违反规范的预期收益、被制裁的预期成本以及违规行为被发现的概率这三项内容。不同的因素都在影响着成本效益计算的结果，例如当等级较低的员工能明确感受到自己的罪行有较大概率暴露时，他就会感受到潜在损失带来的切实威慑，那么在是否实施腐败行为时就要有所考虑。

以上都是理论层面的推演，而数十年以来的实证研究也证明了准则在合规工作中的价值。麦克劳德（McLeod）通过对比大量的实证文献发现，在没有合规计划的任何其他要素干扰的情况下，准则本身依然具备有效性。[1]实证研究中较为重要的是麦金尼（McKinney）关于准则有效性的研究，他发现准则的存在与理想结果之间存在积极联系。相比于那些在没有准则的企业工作的人，所在企业制定了准则的商业人士更可能认为涉及各种利益相关者的、有道德问题的商业行为不可接受。[2]由此我们也可以得出结论，准则是影响商业人士道德态度的有效手段，而这种影响包括了道德倾向、行为意图、抗拒不道德压力的程度等多方面。

二、准则的功能

基于以上原理，反腐败合规准则在消除内生性腐败性因素上承载着不可取代的功能。在制定并颁布反腐败合规准则以后，公司成员和与公司有业务往来的外部人员能够明确自身在反腐败工作中应当承担的责任以及公司对自

---

〔1〕　Michael S. McLeod, "Organizational Ethics Research: A Systematic Review of Methods and Analytical Techniques", *Journal of Business Ethics*, 2016, Vol. 134, No. 3, pp. 429~443.

〔2〕　Joseph A. McKinney, "The Effects of Ethical Codes on Ethical Perceptions of Actions Toward Stakeholders", *Journal of Business Ethics*, 2010, Vol. 97, No. 4, pp. 505~516.

己的期待，这一点即使是非法律专业的人士也很清楚。但是，这也仅仅是准则能发挥的诸多功能中的一种。从预防腐败的要求来看，企业反腐败合规准则至少承担着指引、纠偏、激励和宣誓四种具体功能。

合规准则具有指引功能。当得知公司制定了合规行为准则时，任何人都可以联想到价值观、使命、责任、道德等概念，因此即使不考虑任何具体内容，公司制定准则的行为本身也是具有倾向性的信号，员工可以从中感受到以符合道德要求的方式开展业务是公司的明确要求。而从内容的角度看，准则首先明确了行为的边界。由于商业环境的复杂性，很多员工无法像专业合规人员那样对腐败行为和某些惯例之间的边界进行准确界定，而准则的一个重要作用就是帮助员工进行自我定位。公司通过准则的方式为全体员工确立了目标并指引行为方向，每个人都需要对照准则审视自己的行为。在没有准则的情况下，很多违规的行为都源自行为性质的难以确定，而准则的出现在很大程度上像阳光照进了"灰色地带"，从而消除了很大一部分含混模糊。

合规准则具有纠偏功能。这种纠偏功能既作用于公司内部，也作用于其他主体和公司的交往过程之中。在公司的内部，无论是普通员工还是管理层，其工作中的行为都可能面临来自其他同事的评价。如果没有合规准则，这种评价很可能变为无法得出结论的争执，但是在准则的指引下，无论是确定行为的性质还是对特定主体进行问责的过程都将变得清晰可见。当然，对任何行为进行否定性评价都不是准则的最终目的，能够矫正不当行为，使之符合准则的要求才符合纠偏的初衷。同样，与企业有来往的供应商或者消费者也可以依据合规准则对企业和其员工的行为进行判断。如果这些外部人员发现企业的行为违背了准则要求，完全可以根据准则对相关责任人进行批评并要求其进行调整。从外部监督的角度上看，合规行为准则是企业与第三方之间构建制衡关系的重要基础。不同公司的准则对内部和外部纠偏功能可能各有侧重，但是如果准则的规定影响到了管理者和员工的行为，其本身的存在也会被外界所感知，而对外部产生影响的准则将导致管理者和员工被赋予更大的期望，从而产生更大的合规压力。

合规准则具有激励功能。如果将企业比作一辆向前行驶的汽车，那么合规准则可以被认为是众多引擎之一。通过对目标和行为规范的界定，准则能够激发全体员工对企业的使命感和参与感，提升员工对企业的忠诚度。在企业经营和管理的过程中，合规准则可以发挥凝聚人心的作用。组织并非个人的简单聚合，也并非一群人在一起集中办公，只有秉持同样的信念、价值观和行为规范的人们通力协作，才能更好地推动企业的发展。同样，合规准则也像一面镜子，员工对照自己的行为和准则的要求能够比较容易地发现二者之间的差距。这种差距能够刺激员工改进自身，最终企业的整体活动也能得到改进。

合规准则具有宣誓功能。通过发布反腐败合规行为准则，企业实质上对外界进行了正式的宣誓，即组织及其成员会从事什么样的行为和避免什么样的行为。这种宣誓也是企业主动承担社会责任、彰显商业道德的表现，因此合规准则能够提升外界对公司的信任程度。同时，每一家公司的合规准则都应当根据自身情况量身定做。通过阅读一家企业的合规准则，无论是投资者还是合作方都能将其与其他同业公司区分开来，并对企业的情况有更深入的了解。可以说，合规准则在展示企业的合规文化方面也能发挥重要作用。

上述的四项功能并非孤立，而是围绕着预防和消除一切腐败犯罪因素的定位展开。通过彼此间的相互影响和呼应，反腐败合规准则旨在达到腐败这一特定犯罪的犯罪预防总目的。也可以说，这是反腐败合规准则的总功能。

三、有效准则的特性

为了实现以上数项功能，反腐败合规准则应当具备以下几种特性。

第一，合规准则应当具有正式性。反腐败合规准则的权威性首先源自其正式性，这种正式一方面体现为其表现形式的正式性，另一方面体现为内容的正式性。在表现形式上，合规准则应当是单独的一份文献，而不能仅仅是其他任何文件（例如公司年报、合同）的片段。作为一个任何人都有权限复制和读取的文档，准则的行文应当以书面性体现严肃和正式，任何口语化的表述都应当尽可能予以杜绝。在内容上，合规准则是一种企业自我管理的形式，准则的内容应当是企业集体意志的体现，而不是某个个人的想法。因此，某些高级管理人员针对腐败问题所发表的言论，即使其对公司运行的实际影响很大也不能直接认定为准则的一部分，应当通过正式程序上升为公司的集体意志才可以成为准则的一部分。同样，正式性还表现为对受众的要求的确定性。作为一种行为规范，准则应当是企业对成员所期望的行为，而不只是对某种行为的单纯描述。这种确定性最典型的表现就是行为的不可选择性，如果这一点不能在准则中得到由始至终的贯彻，那么这样的一份合规准则必然是无效的。例如，企业的反腐败合规行为准则应当直截了当地表述"企业员工将在开展业务的过程中反对一切形式的腐败行为"，如果一份准则的表述方式是"在开展业务的过程中，反腐败的要求可以作为判断和行为的依据之一"，那么这样的准则应当被认为不合格。腐败行为不可以被选择，也不是员工应当自主考虑和决策的范畴，而是必须被杜绝。

第二，合规准则应当具有全面性。就规范适用的对象而言，反腐败合规准则是约束所有成员行为的基本规范。因此，准则的设计对象既包括普通员工，也包括高级管理人员，并且应当适用于所有的职能部门。如果一份合规准则只能适用于公司的一个部门，那么这份文件就不应当被称为合规准则。对于公司来说，一个特定部门或者地区，或者某个特定职能部门要遵守的规范也是合规管理的应有之义，但是这些规范都是合规准则的下位文件，不能被视为准则的一部分。从准则的内容来说，一份高质量的反腐败行为准则不需要把所有与业务有关的问题均事无巨细地罗列其中，这样会让准则显得极为冗长。对于制定者而言，对内容进行取舍的标准是专注业务真正相关的主题和风险。在业务发生的过程中，不同的利益相关者有什么样的期望、行业内的其他企业面临哪些问题、高层管理者和员工曾经面临哪些困境、媒体对本行业的腐败情况有过什么样的报道，这些问题都必须得到反复斟酌。如果一家与污染密切相关的公司对于环保评估机构之间可能存在的腐败风险没有予以足够关注，或者一家金融机构忽略了对内幕交易的预防，那么即使其反腐败合规准则中的其他内容再多也是徒劳无功。内容的全面性也对合规准则的表述方式提出了相应的要求，不同的要素应当以恰当的逻辑和结构进行组合以达到一种平衡。准则的写作目的是让每一位组织成员都能够充分明确自己行为的边界，因此即使不具备像文学作品那样的可读性，也必须能让普通人能够无障碍地畅通阅读。

第三，准则的内容应当具有特定性。从宏观层面上说，准则应当是为企业本身量身定做的，而不是对任何其他公司文本的复制粘贴。在目前信息流通极为便利的情况下，对合规准则的借鉴甚至抄袭在国内外都不罕见，有些企业的反腐败政策甚至全盘照搬其他公司，只是简单替换了名称。从更具体的角度上看，反腐败合规准则是约束员工道德行为的规范，因此对其内容的审定应当尤其慎重。任何道德行为都是基于特定原则展开，在这些原则问题上，道德规范和社会公平等人类关切的根本利益受到威胁。与道德无关的事务性行为规范不应该被列入合规准则，因为这些行为虽然约束了员工的行为但是和道德原则并不相关。但是，当一种事务性行为与实现反腐败的目的密切相关甚至不可分割时，这种行为就势必要被列入合规准则的范畴。例如，单纯的办公电话或者邮箱使用指南无法成为企业合规准则的一部分，但是对腐败行为的匿名举报通常需要使用到电话和邮箱，因此具体的操作要求就是反腐败合规准则的重要组成部分。

第四，合规准则应当具有稳定性。对于企业而言，合规准则应当是着眼于规范员工长期的行为。因此，合规准则的生命周期应当与企业寿命等长，其表述的内容不应当像短期销售目标那样具有易实现性和可替代性。在没有遇到相应问题时，公司的员工只能从字面上体会到准则的内容，但是无法深刻理解其规定的意义和目的。只有在切实遭遇相关问题和困境时，阅读者方能从准则中获得必要的指引。因此，判断准则质量的一种方法是参照组织中的实际困境来检查其所说的内容。一般来说，合规准则为特定困境指明的方向越多，就说明其质量越高，而这种高效性意味着积极回应现实情势的改变。随着经济环境和监管要求的快速变化，一个公司的合规准则不可能长期适用。如果要保持合规准则的活力，防止其陷入僵化，则公司应当对准则的内容进行定期评估并作出调整。

四、准则内容的构成要件

在明确了以上基础性情况后，对于企业而言更主要的问题在于手册由几部分内容组成，即应当具备哪些内容要件。对于一份正常的反腐败合规准则而言，其文本是按照"抽象—整体"的逻辑展开，这种由上而下的层次结构近似于一个金字塔形。合规准则的金字塔有三层内容，层次越高内容越凝练也越抽象，而层次越低则越具体。金字塔的最尖端是企业在应对腐败问题上的目标，第二层次是反腐败合规工作相关原则，最下方的层次内容是适用于领导层和一般员工的行为规范。不同层次之间的准则并非孤立存在，而是彼此关联地组成了合规准则的体系架构。

第一，准则的目标。目标是反腐败合规准则中最高层次的内容，通常被放置在准则开篇。对准则来说，这一部分需要用最简明扼要的语言阐述公司在反腐败工作中的战略目的，即这份准则存在的理由是什么以及其要解决的主要问题又是什么。例如，微软的反腐败合规准则第一部分就是"目标"。第一句的内容为："防止在全球任何交易中提供或支付贿赂或回扣。"[1]相比之下，大众汽车的准则第一句更为凝练："禁止主动或被动的腐败行为。"[2]公司在反腐败方面的目标是总体目标的重要组成部分，而总体目标是公司核心价值观的体现。核心价值观并不能明确要求成员做任何具体的举措，但却对成员做事的方式进行要求，譬如忠诚、善良、遵守纪律、勇于承担责任等。这些值得珍视的价值本质上都在从不同的侧面描述一个人在商业活动中"做正确的事"，而反对腐败无疑是这个要求在逻辑上必然能推导出的结果。同样以微软公司为例，其准则在目标后用了整段文字阐述了该目标和公司整体目标的关联。其表述为："正如我们的业务标准所述，微软的业务依赖于我们与客户、合作伙伴和供应商建立的信任。提供或支付贿赂或回扣会破坏这种信任。贿赂是我们客户作出的决定，这与微软赋予地球上每一个人和组织更多权力的使命是不一致的。"[3]从更宏观的层面说，目标与愿景和使命这两个概念之间有相当程度的交集，都是公司理念的集中体现，反映着公司集体的世界观。于公司而言，目标的重要性在于明确了自身与外部环境之间的关系，因为其经营过程始终要与社会其他的第三方相接触，并在不同形式的合作中试图达到各自的既定目标。

第二，相关工作的基本原则。为了完成上一层次的目标，企业成员的行为需要遵守特定的原则，因此这一部分内容也大多出现在文本中的"目标"之后。这些原则往往具有一定的宽泛模糊性。例如，西门子的商业行为准则在反腐败部分首先确立了"诚信"的原则。其表述为："公平竞争：诚信是我们一切行为的核心。"[4]再例如，施乐公司合规准则中广泛为人所熟悉的核心规范："如果不想在当地报纸的头版上看到你的行为，你就不要这样做。"[5]如果进行文化上的关联，我们发现这一条原则既可以对应基督教文明的《圣经》中"爱人如己"的要求，也能够恰当地对接儒家文明的《论语》中"己所不欲，勿施于人"的告诫。因此，从中西方的道德观念上看，这一条要求都具有合理性。但是，这些原则实际上赋予了行为人针对自己行为很大的自

---

[1] See Microsoft Anti-Corruption Policy, p. 1.
[2] 参见《大众汽车合规准则》第1页。
[3] See Microsoft Anti-Corruption Policy, p. 1.
[4] 参见《西门子商业行为准则》第19页。
[5] 参见《施乐公司合规准则》第1页。

由裁量权，因此对企业成员道德水平的依赖性较强，当面对一个道德水平较为低下的成员时，原则能起到的实际效力可能令人担忧。因此，从合规实践性的角度考虑，原则具有一定的兜底性质，不能够单独存在，需要有明确的行为规范来支撑。

第三，具体的行为规范。反腐败合规准则中最基础也最实质性的一层是行为规范，这一层次也是准则中最详细的一部分。为了对公司成员的行为进行指导，行为规范应当包括强制性要求和禁止性规定以及对相关概念的必要解释。从全球实践来看，企业制定的反腐败合规准则普遍基于各国法律的要求。虽然理论上各主权国家的反腐败立法具有平等的地位，但对企业经营的影响力则相去甚远，因而企业合规准则引用的立法规范大多是具有全球执法能力的国家所指定的，最典型的莫过于美国的相关立法。有相当数量的大型跨国企业（即使其母公司并非美国公司）都强调成员要遵守 FCPA 即是最明显的表现。在遵守国家法律的基础上，公司可以作出更进一步的要求。为了方便阅读和理解，这些要求应当分类表述，其中逻辑比较清晰的一种是按照可能出现腐败的场景进行分类。例如，诺华制药的反腐败合规准则罗列了六个具体类目：①礼品、招待和娱乐；②赠款、捐款和赞助；③与公职人员往来；④政治献金；⑤游说；⑥通融费。[1]准则对每个场景中可能出现的腐败行为进行了归纳，并提出了相关的反腐败要求。从便利合规实践的要求看，这样场景化设置的行为规范框架比较可取。因为这些场景都发生在实际业务中，如果仅仅依靠合规人员无法作出有针对性的规定，故而有效的合规准则应当是合规部门和业务部门的人员协商制定的。

为了将强制性要求和禁止性规定落实到工作中，公司成员需要尽可能明确地了解规范的含义，这就对合规准则的概念解释提出了相应的要求。由于规范中往往要使用大量的集合概念，准则应当对这些概念进行解释，以便于转化为实际的商业行为。例如，假设一份准则中规定了"任何出于商业目的的接受和送礼要保持应有的谨慎"，那么其中的"商业目的""礼物"和"谨慎"等概念都应当被解释。在众多大型企业的合规准则中，卡巴斯基公司对特定概念的解释尤为详尽。以"任何有价物"和"不正当利益"为例，前者被描述为包括但不限于以下部分：现金或现金等价物（包括礼品卡）；利益和

---

[1]　参见《诺华制药反腐败准则》第3~5页。

好处（例如特许进入一家政府机构）；执行原本必须付费或购买的服务；礼品；被授予政府官员在其中拥有所有权或其他受益权的公司的合同或其他商业机会；优惠或被操控的合同；就业机会，包括为政府官员或商业组织代表家属或朋友提供的机会，如合资企业中的职位或咨询机会；慈善捐款；政治捐款；医疗、教育或生活费用；旅行、餐饮、住宿、购物或娱乐费用；或投资机会或股票期权。而后者被描述为涵盖商业环境中的任何不当支付，例如（但不限于）直接或间接向政府官员或私人或实体支付或赠予任何有价物，以便：影响或阻碍政府行为或任何其他行动，例如授予合同、征税或罚款或取消现有合同或合同义务；从政府实体或政府官员处获得公司通过其他方式无法获取的批准、许可或其他授权；获取有关商业机会、投标或竞争对手活动的机密信息；影响合同的授予；影响对公司不利的合同终止；获取其他不正当利益。[1]这样的详细界定对合规实践无疑大有裨益。在合规准则中，对于概念的解释既可以在正文的注释中出现，也可以统一列在文后附录中。

五、影响准则效果的形式要件

如果将反腐败合规准则的制定视为一种广义上的立法行为，那么一份高质量的准则除了需要立法者对现阶段状况有准确的把握，显然还需要高超的立法技术。多年以来，不少对犯罪预防和合规效果问题的实证研究都证明，恰如其分的准则内容固然是极为重要的基础，特定的形式要件也会显著影响准则被遵守的效果。例如，卡普坦（Kaptein）和穆埃尔（Muel）的研究发现即使是几乎完全相同的准则内容，某些表述也会使得准则被员工非常有效地接受，而另一些表述则会遭到员工的抵触，其实际效果甚至和没有准则相差无几。[2]综合国内外相关研究成果，我们可以总结出以下三项明显影响准则效果的形式要件。

（一）准则的篇幅

形式要件中最直观的莫过于篇幅，即一份反腐败合规准则要有多少字才算是比较合适？对于准则制定者来说，如果指望直接照搬某个全球知名公司

---

〔1〕 参见《卡巴斯基反腐败准则》。

〔2〕 Muel Kaptein, "The Effectiveness of Ethics Programs: The Role of Scope, Composition, and Sequence", *Journal of Business Ethics*, 2015, Vol. 1, 132, No. 2, pp. 415~431.

的合规准则来解决问题，恐怕会难以如愿。因为两家经营领域相同且在全球范围内都有重大影响的公司的合规准则篇幅也可能差异很大。譬如，特斯拉公司的反腐败合规准则只有 1610 个单词，而大众汽车却有 5880 个单词，虽同为知名汽车企业却有将近 4 倍的差距。我们当然不能简单据此判定二者的质量孰高孰低，但篇幅差距问题足以引发思考。早在 20 世纪 90 年代开始，研究者对道德准则的篇幅问题就产生了争议。例如，特雷维诺（Trevino）和纳尔逊（Nelson）认为，公司道德准则的篇幅不宜过长，因为长文档所需要的阅读时间过多，有些员工会因此而不愿意阅读和了解准则的内容，仅此一点就足以影响准则的有效性。[1]而皮特（Pitt）和格罗斯考夫马尼斯（Groskaufmanis）则认为，道德准则必须包含足够的细节，以便为预期行为提供足够的指导，因此无法做到也没有必要追求特别的简洁性。[2]这种争议在施瓦茨（Schwartz）的研究中表现得更为明显，甚至连很多参与访谈的企业员工在回答篇幅问题时也出现了自相矛盾的情况。一方面，有的员工直言没有足够的时间来阅读合规准则，对于篇幅较长的准则，他们表示"很明显，我还没有读完整本书，这可能意味着它太长了"，但是另一方面又坦言"除此之外，我不确定还有什么办法能让他们不至于逍遥法外"。最终，施瓦茨（Schwartz）在篇幅问题上总结出了一个模棱两可的结论，即"合规准则似乎有一个特定的理想长度，超过这个长度，准则就会变得过于繁琐，不太可能被阅读和遵守"。[3]

　　笔者认为，对合规准则篇幅问题的探讨应当回归到其阅读的场景之中。正如施瓦茨（Schwartz）的访谈中有一位员工所说的："我不认为（准则）真的可以短一点，因为我认为发生的情况是，有些人得到这个（准则），他们读了它，他们必须迅速通读它，他们把它收起来。因此，如果他们需要它，它可以作为参考。"诚然，即使是专业的合规从业者也很少有人能饶有趣味地将合规准则当作读物，合规准则并不承担让普通人经常通读的功能，公司成员一般只有遇到无法判断的情况才会主动查阅准则来为决策作参考。因此，确

---

　　[1]　L. Trevino & K. A. Nelson, *Managing Business Ethics*, New York: Wiley, 1995, p. 246.

　　[2]　H. L. Pitt & K. A. Groskaufmanis, "Minimizing Corporate Civil and Criminal Liability: A Second Look at Corporate Codes of Conduct", *The Georgetown Law Journal*, 1990, Vol. 78, pp. 1559~1654.

　　[3]　Mark S. Schwartz, "Effective Corporate Codes of Ethics: Perceptions of Code Users", *Journal of Business Ethics*, 2004, Vol. 55, No. 4. pp. 323~343.

定篇幅的原则应当是内容的详细性优先于阅读的愉悦性，在没有冗长表述的情况下，即使内容多一些也是应该被鼓励而非否定的。当然，一家公司中与反腐败相关的内容毕竟有限，合规准则没有必要为了追求大篇幅而将无关内容罗列其中。

（二）文字表述方式

另一个主要形式要件是准则的文字表述方式，其最大的区别在于是用积极的允许性表述（"你应该这样做"）还是用消极的禁止性表述（"你不允许这样做"）来阐述规定。对于这个问题，研究文献中的结论同样存在一定的争议。很多早期的研究者都认为准则应该用正面语气表述。例如，雷柏恩（Raiborn）和佩恩（Payne）认为，准则是一种控制性的、自上而下的工具，如果其语气过于消极则会对激励员工做正确的事情几乎没有什么作用，[1]而墨菲（Murphy）则认为，用禁止性表述编写的准则容易让员工认为未明确禁止的活动就可以实施。[2]

但是，施瓦茨（Schwartz）的实证研究结论却与之相反。在被调查者被问到他们是否认为公司的合规准则在表述上过于消极时，大多数员工回答并非如此，他们还认为准则的表述本身应该是负面的，并且只有这样的准则才能有效。因为准则的目的在于让成员有能力清楚地识别哪些行为是被期待的或被禁止的，而用禁止性表述编写的准则比正面的方式提供了更清晰的要求。更严重的是，用允许性表述编写的准则实际上可能会为员工从事不恰当的活动提供更多机会。施瓦茨（Schwartz）在研究中发现了一个真实案例，一家银行的反腐败合规准则在"接受礼物"部分的开头指出"并非所有礼物都是不可接受的"，同时还规定赠与的时间和性质是需要考虑的重要情况，任何赠与都必须被视为潜在的利益冲突。虽然准则在后文中具体阐述了更为详细的利益冲突政策，并且明确禁止现金馈赠，但是包括一位银行分行经理在内的几位受访者都认为按照准则的精神，在圣诞节接受富人客户的现金礼物可以接受。这个例子证明用积极或开放式语言编写的准则（例如"并非所有礼物都是不可接受的"）与用明确具体的禁止性表述编写的准则（例如"不接受现

---

〔1〕 C. A. Raiborn & D. Payne，"Corporate Codes of Conduct：A Collective Conscience and Continuum"，*Journal of Business Ethics*，1990，Vol. 9，pp. 879~889.

〔2〕 P. E. Murphy，"Corporate Ethics Statements：Current Status and Future Prospects"，*The Journal of Business Ethics*，1995，Vol. 14，pp. 727~740.

金礼物"）相比，有更大可能让员工对违规行为的界定产生错误认识。[1]综合以上的研究成果，我们显然可以发现对公司的反腐败合规准则来说，采用禁止性表述是更为合理的选择。

尽管禁止性表述对规则更为合适，但反腐败合规准则中却有一部分应当用正面的方式阐述，那就是由最高管理层所署名的前言。特雷维诺（Trevinõ）等研究者在 1999 年就发现，如果员工认为合规计划只是最高管理层防止组织成员出现不恰当行为的防御机制，那么其道德行为和对合规的承诺都会大打折扣。[2]换言之，一份以威胁为底色的合规计划无法得到成员的认可。人们更愿意接受由积极向上的价值观所引导的合规计划。在托马斯（Thomas）等学者所做的一项实证研究中，这个观念得到了数据的支持，更多的被采访者希望合规准则的前言积极向上。[3]

（三）例证的使用

实证研究发现，在合规准则的设计中有一些要件虽然内容正确，但却和成员是否遵守没有必然联系，其中最典型的就是例证。这个结论虽然在很大程度上与一般人的感觉相违背，但是本质上有着深刻的原因。从本质上说，有用的示例仅用于说明它们所涵盖的具体情况。如果，新的情况与示例不接近，就显然不会产生指导效果。但是，示例永远是对特定情况的总结，合规准则和任何抽象规则一样，不能提供所有可能的示例。因此，示例是一把并不平衡的双刃剑。为了准确传达出合规的要求，准则制定者还是要提高语言的传达能力。即使要举例子，制定者也要清楚合规准则需要在提供便于阅读的示例（可以直接支持决策）和抽象的规则语言之间达到一种平衡。[4]可以说，在不少企业反腐败准则中被使用的例证其实在犯罪学研究中无法得到支持，这对于准则制定者是一个重要的提醒。

〔1〕　Mark S. Schwartz, "Effective Corporate Codes of Ethics: Perceptions of Code Users", *Journal of Business Ethics*, 2004, Vol. 55, No. 4, p. 330.

〔2〕　Trevinõ, "Managing Ethics and Legal Compliance: What Works and What Hurts", *California Management Review*, 1994, Vol. 41, No. 2, pp. 131~151.

〔3〕　Thomas Stöber, "Design Matters: on the Impact of Compliance Program Design on Corporate Ethics", *Business Research*, 2019, Vol. 12, p. 401.

〔4〕　Thomas Stöber, "Design Matters: on the Impact of Compliance Program Design on Corporate Ethics", *Business Research*, 2019, Vol. 12, p. 407.

第二节　预防腐败的内部权力结构

2021 年 11 月，康美药业股份有限公司因年报等虚假陈述侵权被判处赔偿证券投资者 24.59 亿元。该案成了中国资本市场发展史中的里程碑式案件，业界公认其在保护投资者合法权益和极大提升犯罪者的违法成本方面起到了重大的示范意义。与康美药业的天价赔偿几乎同时宣判的还有其原董事长、总经理马某田，他因操纵证券市场罪，违规披露、不披露重要信息罪以及单位行贿罪数罪并罚，被判处有期徒刑 12 年，并处罚金人民币 120 万元。这也印证了中国证券监督管理委员会在处罚决定中对康美药业和马某田等人的行为作出的定性："有预谋、有组织，长期、系统实施财务欺诈行为，践踏法治，对市场和投资者毫无敬畏之心，严重破坏资本市场健康生态。"[1]伴随着财务欺诈的还有持续性的行贿活动，法院查明，自 2005 年至 2012 年，马某田为康美药业谋取不正当利益，向多名国家工作人员行贿共计港币 790 万元、人民币 60 万元，康美药业及马某田均构成了单位行贿罪。[2]可以说，在过去很长一段时间内，康美药业依靠着腐败与欺诈谋取了高额的非法利益。按照罗（Luo）的腐败组织分类，康美药业显然属于"疯狂的狐狸"，腐败问题已经深入企业肌体，只有通过彻底的结构性改革才能完成自新。纵观世界各国的腐败案例，类似康美药业的"疯狂狐狸"不在少数，无论是对这类企业还是其他问题稍轻的企业来说，如何从内部治理结构的角度预防腐败犯罪，避免给自身和社会造成严重损失都是必须严肃对待的问题。

所谓的内部权力结构，实质上就是企业内部的不同主体之间合理分配权力，使其有效形成制衡，避免英国历史学家阿克顿勋爵所提出的"权力导致腐败，绝对权力导致绝对的腐败"困境。从犯罪因素的角度来看，当权力关系失去平衡，某些主体获得了不受制约的权力时，这种权力状态本身就是重要的犯罪诱发因素，由此引发的腐败风险也会急剧提升。因此，企业的反腐败合规制度在内部权力结构上要解决的核心问题就是如何形成有效的权力平

---

〔1〕　参见《证监会要闻证监会对康美药业作出处罚及禁入决定》，载中国证监会官网：https://www.csrc.gov.cn/csrc/c100028/c1000782/content.shtml，访问日期：2022 年 4 月 20 日。

〔2〕　参见《康美药业原董事长马兴田被判处有期徒刑 12 年》，载澎湃新闻：https://m.thepaper.cn/baijiahao_15442969，访问日期：2022 年 4 月 20 日。

衡。要形成权力的平衡必须有两个或多个势均力敌的主体，代表合规立场的特定个人或者部门就是企业反腐败语境中的制衡力量。在不考虑合规的情况下，企业仅以营利为目的，这种情况发展到极限就是不择手段地攫取利润，包括污染环境、以次充好、形成垄断等方式都会被使用，腐败自然也是一种手段。只有当另一股力量存在且有相当的实力时，才能与逐利形成有效制衡，使企业在作出行为的时候不至于只考虑获取利益。这种力量应当全方位存在于企业的治理结构中，从最高的决策层级，到负责具体事务的部门层级，再到落实行为的员工层级都要具备这种力量的载体。在这种制衡下，不同层级的平衡面临着各自的困难。对于处于企业权力顶端的决策层而言，反腐败合规的困难在于如何制约高层（尤其是一把手）的权力，防止其滥权腐败。对于中端的部门层级而言，反腐败合规要解决的问题在于如何统筹合规工作而使其有效开展，避免因群龙无首而导致低效混乱。对于最基础的层级来说，执行具体合规工作的人员素质不足，无法有效承担其职能是需要解决的最主要问题。因此，笔者将从治理结构中各层面临的问题出发，对企业反腐败的内部治理结构进行论述。

一、决策层级的腐败预防

根据现代企业的相关理论，出资人组成的机构（如公司制中的股东会和股东大会）在企业权力结构中处于最高地位，但限于召集的频次和条件，日常经营活动中企业的最高权力事实上由少数代表行使，例如以董事长为核心的董事会。作为企业最高权力的行使者，他们的职能几乎可以被归纳为决策的范畴，因此也被称为决策层。尤其是对具有一定规模的企业来说，这些掌握权力的决策者很少甚至几乎不需要亲自从事实施层面的工作，只需要把决策的结果以命令的方式下达即可。作为企业权力的顶端，决策层对企业有最为主要的影响力，因此决策层在企业的反腐败工作中负有最主要责任既是公司治理和犯罪预防客观规律的必然要求，也是各国监管部门的一致共识。在笔者对多位国内资深合规专家进行访谈的过程中，他们也不约而同地提到了决策层在反腐败问题上的决定性作用。

其中，前资深检察官、现某大型央企的纪委负责人 Z 对此的表述很具有代表性。她说道："我觉得一个企业里反腐败最重要的、最关键的，还是在人、在领导、在一把手。当然领导不是一个人，是一个决策班子，但是班子也有班长，所有还是在一把手。下面的人都看着呢，看你在干什么、在想什么，你要是一心为企业，那下面的人也不敢乱来，你要是有邪的歪的想法，下面就乌烟瘴气。"而 G 对此的观点是："一个公司的合规和主要领导的关系很大，领导比较谨慎，肯定下面的人也都保守，领导比较胆大，下面的人可能就比较激进。比如我听说啊，华融那个时候业务扩张很激进，和赖小民的风格有关系，他可能有点好大喜功吧，比较喜欢出风头，当然这也是传闻。但是保守也不一定就合规啊，可能也会违规。"

在他们的一致判断中，只要不能很好地解决决策层（尤其是一把手）的合规问题，那么企业的反腐败合规便只能抓"苍蝇"，而无法打"老虎"，而无论合规机制设计得多么完善，在实际运行中的效果也要大打折扣。通过梳理近十年来中国最具影响力的一批企业腐败大案，我们可以发现，这些人的观点得到了事实的反复印证，无论是以华融集团、恒丰银行、茅台集团等为代表的国有企业腐败案，还是以海航集团、华美稀土、安邦集团等为代表的非国有企业腐败案，以一把手为主的企业高管在其中都发挥着主导作用。因此，如何实现对决策层级腐败的预防，是反腐败合规在制度方面要解决的最为主要的问题。

（一）预防工作的抓手：合规委员会

实现决策层级腐败预防的最大困难在于纯粹的内部驱动不可能实现自我监管与有效分权。虽然现代公司制度创造了分权的制度设计，通过股东会、董事会等集体决策的方式以及监事会、独立董事等监督机构的设置来达到分权的目的，但这些制度在面对强势的一把手时却很可能无法达到预期。在企业的实际运行中，无论何种分权形式实际上要达到对企业一把手的有效制衡，就必须构建现实中有威慑力的反制手段，否则就很可能出现"强人碰红线，红线让强人"的尴尬局面。对某些企业来说，如果有多位创始人且实力相近、资历相仿，则彼此间能够制衡，由此也比较可能形成良性的制约机制，反腐败合规也好开展。但是，如果一把手在企业内有绝对的权威，其他人只能居于从属地位，那么在这位强势人物主动或被动地退场之前，企业的反腐败合规依靠的都只能是他个人的意愿和道德品质，而这种支持就不具备逻辑上的稳定性和可靠性。因此，只有从外部施加一种稳定的、足以和强势一把手对抗的力量，才可能对企业实现普遍的有效约束。对各国来说，也只有公权力能充当这一重角色，而其普遍的做法就是明确决策层在合规中的责任。

作为企业合规发展最早的国家，美国司法和行政部门在过去几十年内在对公司案件的处理过程中逐步确立了董事会的合规责任，从个别案例的行政建议、司法判决最终上升为法律规定。由董事会或者其他公司最高权力机关所主导的合规委员会也在这一过程中逐步发展完善。其中的标志性案件是1996年的"卡马克案"（re Caremark International, Inc., 1996）。本案中，股东起诉董事会要求收回卡马克（Caremark）因员工违反医疗机构法律而支付的罚款。法院最终作出了有利于股东的裁决，认为如果公司没有实施控制机制来防止因不遵守法律而造成的损失，董事可能要对这种损失负责，并强烈建议董事会设立一个合规和道德委员会来监督合规计划。这个案件的判决标志着合规监督的责任被从下属的法律部门转移到了董事会层面。在2000年的"微软反垄断案"中法院也作出了类似的判决，法官要求微软成立一个董事会级别的合规委员会，以防止今后违反州和联邦反垄断法。2004年，联邦量刑委员会修订了量刑准则，新增的第8B2.1节一部分明确规定："组织的'管理机构'应了解合规和道德计划的内容和操作，并对合规和道德计划的实施和有效性进行合理监督"，而"管理当局"被定义为董事会，如果该组织没有董事会，则为该组织的最高级别管理机构。[1] 这种规定的思路在其他国家的立法中也有体现。例如，《西班牙刑法》规定："如果犯罪是前一节 a）所述人员所为，则符合以下条件的法人实体将免于承担责任：一是董事会在犯罪行为发生之前，采取并执行了适合预防此类犯罪的组织管理与控制模式；二是委托有独立的自主权和控制权的监管机构，来监督预防机制的正常运作；三是犯罪人采用欺骗的方式，避开了组织的预防机制；四是合规监督机构没有不履行或懈怠履行监督、管理和控制职责的情形。"[2] 中国的企业合规制度虽然引入时间不长，但是国家层面推进的力度非常之大，国务院国有资产监督管理委员会副主任翁杰明曾明确表示，所有的中央企业已全部成立合规委员会，出台管理制度，完善工作机制。[3]

从各国的立法和企业实践情况来看，若企业决策层想证明自己在合规工

---

〔1〕 P. Gerardo, "Panel Highlights Changes to Federal Sentencing Guidelines", *State Bar News*, March/April, 2005, 19, 44.

〔2〕《西班牙刑法典》第31条之二第2款。

〔3〕《新华社：中央企业已全部成立合规委员会》，载国务院国有资产监督管理委员会官网：http://www.sasac.gov.cn/n2588025/n2588139/c18544156/content.html，访问日期：2022年4月20日。

作中承担应尽的责任，构建决策层级的合规委员会或类似组织已经成为公认的、主流的必要选择。如果连合规委员会这种形式都不具备，要证明自己的合规意愿和努力将会非常困难。作为公司内部负责合规的最高机构，合规委员会的概念、责任和人员构成等问题应当得到清晰界定，以便在机制构建的阶段就对相关问题进行必要的厘清，为整个合规机制的运行开一个"好头"。虽然不同的主体对合规委员会有不同的解释，但其中存在明显的共同性。根据《剑桥商务英语词典》的解释，合规委员会是指"公司或组织中的一群人，他们的工作是确保所有与其活动有关的法律和规则都得到遵守"，同时，合规委员会应当"建立、运行和维护您的合规计划"。[1]而 Law Insider 对合规委员会的定义是："《联邦商业行为和道德准则》中提及的委员会，由首席合规官、总法律顾问、首席审计官和首席风险官等组成。"[2]著名的合规事务专家、Radical Compliance 的创始人马特·凯利（Matt Kelly）则将这一概念解释为："一个由公司内部高管组成的小组，他们可以帮助企业履行其合规义务。该委员会试图确保公司正在尽其所能履行这些义务，而且没有任何不该做的可能违反这些义务的事情。"[3]在 SEC 的官方网站中，有一份类似合规委员会章程模板的文件。其中对合规委员会的描述为："协助公司董事会监督公司在遵守适用于其业务的法律法规方面的活动。"[4]综合上述观点，我们可以对合规委员会的基本概念中的关键要素进行如下分析：首先，合规委员会是一个根据法律法规和公司章程成立的内部组织，这个组织直接从属于公司的最高权力机构。其次，这个内部组织的成员都是在公司治理中拥有较大权力的人。最后，合规委员会的任务是协助董事会处理与合规有关的问题。

为什么选择合规委员会这种形式作为预防的抓手，这是值得解释的问题。归根到底，这种形式非常符合"给腐败犯罪增加障碍"的要求，让包括腐败犯罪在内的违规行为变得更为困难。在合规委员会这样的权力设定中，当只

---

〔1〕 "COMPLIANCE COMMITTEE ｜ definition in the Cambridge English Dictionary"，https://diction-ary. cambridge. org/us/dictionary/english/compliance-committee〔2021-9-12〕.

〔2〕 "Compliance Committee definition-Law Insider"，https://www. lawinsider. com/dictionary/compli-ance-committee〔2021-9-12〕.

〔3〕 "What is a Compliance Committee and Who Serves On It？ ｜ GAN Integrity"，https://www. ganin-tegrity. com/blog/what-is-a-compliance-committee〔2021-9-12〕.

〔4〕 "Charter of the Compliance Committee"，https://www. sec. gov/Archives/edgar/data/1077183/000119312514374601/d806160dex991. htm〔2020-9-12〕.

有少数人（包括一把手）决意实施腐败行为时，相关主体就构成了一种微妙的三角关系，其中一方是少数企业高层，一方是其他对犯罪持消极态度的高层，还有一方是代表公共利益的国家。虽然少数高层和其他高层在组织关系上属于统一阵营，但是在对待腐败行为的态度上却和国家相对保持一致，这就产生了相互制约的基础条件。和准则制定的原理相似，决策的机制越透明，参与者数量越多，可供腐败的模糊性空间就越小，实施腐败行为的便利性条件也就越小。反之，过程越透明意味着行为暴露的可能性越大，收买同伙和串联结盟的难度也就越大。即使强势的少数人（比如一把手）依然可以利用权威和手段强行通过一些不合规的决策，但是通过技术性的制度设计（如决策过程的记录制度），合规委员会的框架能够在一定程度上解决责任划分的问题，防止少数高层在事后浑水摸鱼、逃避责任，明确违法行为的后果也能对理性的潜在违法者产生威慑，迫使其在实施行为之前更多地权衡考虑。

（二）合规委员会的职责

显然，"与合规相关的工作"是一个宽泛抽象的概念，对委员会的权责划分并不清晰，因此对其职责需要作出更进一步的规定。对于不同的公司而言，委员会的职责范围可能有所不同，从构建一个可供参考的标准模型而言，SEC所提供的章程模板中罗列出的13项内容可以说已经比较全面。这份文件列举的合规委员会的责任分别有：

（1）评估合规政策和计划的充分性和有效性，以确保公司遵守适用于其业务和任何及所有相关风险的法律法规，每年对此至少提交一次报告；

（2）评估公司合规部的组织机构、职责、计划、结果、预算、人员配备和绩效，包括其独立性、职权和报告义务、下一年度的拟议审计计划和合规审计结果摘要；

（3）审议并同意合规官的聘任、更换、调任或者解聘。审查提交给管理层的有关公司合规政策、实践、程序和计划的重要报告或其摘要，以及管理层对此的回应。审查合规官关于涉及犯罪行为或潜在犯罪行为的任何事项的报告；

（4）监督公司业务的重大外部和内部调查，因为这些调查涉及公司或其董事、高级职员、雇员或代理人可能的违法行为；

（5）监督公司业务的重大外部和内部调查，因为这些调查涉及公司或其董事、高级职员、雇员或代理人可能的违法行为；

（6）监督公司针对影响公司业务的立法、监管和法律发展而采取的行动；

（7）向审计委员会报告可能对公司业务、财务报表或合规政策产生重大影响的法律事项（包括未决诉讼的状态）以及遵守法律和监管要求的情况，包括监管机构或政府机构的任何重大报告或询问；

（8）保证合规工作人员与高级管理层有直接接触，并分配足够的资金、资源和人手，以充分履行其职责；

（9）确保公司的行为准则得到落实、指导公司及其员工日常经营行为的书面合规政策和程序以及对董事会、所有受影响员工和公司代理人的相关教育和培训；

（10）构建工作人员寻求指导和内部报告的适当机制；

（11）构建公司的相关系统和流程，目的在于定期评估公司的合规义务和相关风险，监督和审计公司的系统、流程和交易，调查指控的不当行为，通过奖励和纪律行动促进和执行标准；

（12）对公司合规计划的必要修改；

（13）努力弘扬道德文化。[1]

简言之，合规委员会对涉及企业合规问题的"重大事项"都负有领导责任，这种领导责任既不容许推却也不容许推诿。推却的逻辑是"我不知道还要完成这项工作"，即把责任压力向外排除；推诿的逻辑则是"这项工作不应该由我来完成"，即把责任压力往下传导，由更低级的执行层面的企业成员来执行。从合规委员会的职能上说，无论是哪一种责任排除方式都不应该被允许。

（三）多元文化背景与腐败预防

除了决策人数的保证和决策流程的优化，合规委员会能发挥的最大优势之一是融合不同背景的公司高层，使得决策合规时刻被纳入决策的考量。这并非学者的臆想，而是从现实案例中提炼出的经验。其中，澳大利亚最著名的一起企业海外贿赂案件尤为典型。这是澳大利亚小麦委员会（The Australian Wheat Board AWB）与伊拉克政府在"石油换食品"计划（OFFP）中支付回扣的案件。AWB 有限公司曾经一直被称为澳大利亚小麦委员会的政府

---

[1] "Charter of the Compliance Committee", https://www.sec.gov/Archives/edgar/data/1077183/000119312514374601/d806160dex991.htm [2020-9-12].

机构，直到 1999 年 7 月 1 日才变成了一家由小麦种植者拥有的私人公司，并在 2010 年被一家名为 Agrium 的加拿大公司收购。1995 年，联合国发起了名为"石油换食品"的人道主义项目，旨在让当时的伊拉克政权在不提高军事能力的情况下，向世界市场出售石油以换取普通伊拉克公民必要的食品、药品和其他人道主义物资，该计划于 2002 年 11 月美国和英国军队入侵伊拉克时终止。后来的一系列调查发现，萨达姆·侯赛因利用该项目通过回扣和附加费的方式获得了 17 亿美元，并通过非法石油走私获得了 109 亿美元。

而在 1996 年 12 月至 2003 年 12 月间，AWB 是 OFFP 项目下向伊拉克提供人道主义物资最多的机构。在此期间，AWB 向伊拉克运送了数百万吨小麦，并从联合国指定的巴黎银行（BNP）托管账户总共获得 23 亿美元。而作为回报，AWB 向伊拉克政府支付了 2.217 亿美元的非法费用，占在 OFFP 期间支付的回扣的 14%。从 1997 年至 1999 年中期，伊拉克粮食委员会（IGB）负责 AWB 人道主义用品的内陆运输。就在 1999 年 7 月 AWB 私有化之后，IGB 和 AWB 同意修改他们用于所有收购的标准合同，这一修改增加了一项条款，该条款约定 AWB 将支付小麦运往伊拉克港口后的内陆运输费用。因为 AWB 在伊拉克没有自己的卡车车队，且一般的外国公司无法轻易进入伊拉克实施运输，AWB 便听从了 IGB 的指示，使用了一家约旦运输公司 Alia 提供运输服务。事实上，Alia 的部分所有权属于伊拉克交通部长，他是伊拉克政府的托收代理人。根据 OFFP 的规定，没有任何供应商能够直接向伊拉克政府付款，所有货币兑换都必须通过 BNP 的托管账户。但是，AWB 没有通过 BNP 托管账户来安排支付给 Alia 的款项，而是直接向伊拉克政府提供了资金。此外，从伊拉克深水港 Umm Qasr 运来的小麦由伊拉克政府雇员管理，没有使用第三方运输公司。[1]

AWB 在伊拉克的贿赂案件由维多利亚州的最高法院进行调查，其前 CEO 林德伯格（Lindberg）和前 CFO 英格比（Ingleby）受到了民事指控。最终，林德伯格（Lindberg）承认违反了澳大利亚公司法并接受民事制裁，他被罚款 10 万澳元并被取消管理公司资格直至 2014 年 9 月 15 日，而英格比（Ingleby）

---

〔1〕 "Addtional Information on the AWB Scandal", http://www.accci.com.au/AWBScandal.pelf〔2021-10-3〕.

则被处以 4 万澳元的罚款，并被取消了 15 个月的董事资格。[1]

在分析这起案件的原因时，穆尼奥斯·德（Muñoz de）提出了一个非常具有影响力的观点，即 AWB 董事会成员的文化背景过于单一，导致其法人文化过分注重回报，最终酿成了持续性的严重腐败。AWB 的大部分董事会成员都是具有小麦种植业背景的人，因此他们最关注甚至唯一重视的问题就是公司小麦继续正常销售。整个公司的法人文化也就逐渐发展成为"让小麦种植者的回报最大化"。在这样的法人文化中，合规文化显然处于弱势地位。在2006 年，在任期内支付巨额贿赂的 6 名董事会成员在选举时甚至获得了连任。因此，一个合适的法人文化应当是多元文化背景的，尤其是应当有法律因素。这对于合规委员会的构成来说具有重要的参考意义。

对于其规模足以支持成立合规委员会的公司来说，委员会应由董事会决定的成员组成，其任命和更换都应当通过董事会的决议。但是，从工作有效性的要求出发，合规委员会无论如何不得少于 3 名成员，否则就失去了存在的必要性。而合规委员会的成员也并非永久性的，董事会应当定期对成员进行任命，以避免成员陷入形式化的窠臼。对于合规委员会的成员，不同公司的章程可能有不同的规定。霍尔科姆（Holcomb）通过对全世界规模前 200 的大企业的合规委员会进行研究发现，人员的组成上具有明显的规律。对一个有效的合规委员会来说，至少应当容纳三种不同知识背景的高级管理者。第一，法学专业人才，调查显示近 1/4 的合规委员会成员拥有法学博士学位，比例远高于公司内设置的其他委员会，这也再一次证明，拥有必要的法律技能对合规工作的重要性。[2]对此，利托夫（Litov）等学者的研究从另一个侧面证明了法律人才在合规工作中的重要性。他们研究发现产生的合规收益远远大于其成本，董事会中的法律人才能使得公司的价值平均增长 9.5%，同时显著减少相关的风险。[3]第二，合规委员会需要吸纳与公司有关的商业或专业背景人才。研究显示，大型企业的合规委员会中有一定比例的成员拥有MBA 学位，而相比于金融公司或能源公司，制药公司的合规委员会安排拥有

〔1〕 Australian Securities & Investments Commission〔ASIC〕v Lindberg〔2012〕VSC 332.

〔2〕 J. M. Holcomb, "Ethics and Compliance Committees of Corporate Boards: Rationale, Domain, and Skill Sets of Members", *Corporate Ownership & Control*, 2017, Vol. 14, No. 4, pp. 114~121.

〔3〕 L. P. Litov, "Lawyers and Fools: Lawyer-directors in Public Corporations", *Georgetown Law Journal*, 2014, Vol. 102, pp. 413~480.

科学或医学背景的成员。第三，合规委员会中需要具有公共服务或者政府经验的成员。数据显示：30%的合规委员会成员有类似的经验背景。[1]总而言之，多元文化背景对于合规委员会在腐败预防中的实际效果具有重要影响。

二、权力中层的腐败预防：首席合规官的设置

在企业的权力架构中，处于决策层以下的中端层级是各个部门，它们承接来自董事会等权力机构的决策意志，并将其具象化为可执行的策略，然后分派给具体的员工执行。部门的主要负责人被认为是企业的高级管理人员，拥有较大的权限，这里之所以将其称为权力中层，是因为他们无论是所处部门的权限，还是个人的职位都来自更高层（例如董事会）的授予。[2]基于对权力授予者负责的基本逻辑，部门领导个人应当发挥的作用是参谋、顾问和助手，即通过如实、准确地向决策层提供参考信息和个人观点，使得与本部门相关的决策无论是内容还是程序都恰当。

如果任何一种事项缺乏专门的负责部门，那么其便只能分散在多个部门的工作内容里，这种分散的任务通常不可能获得高度的重视，在和其他事务相比较的时候也很难获得优势。因此，企业中的重要事务总是由专门的部门或者人员负责。譬如，没有任何的企业会把财务职能分散给众多员工，而是由专人负责，并且财务部和首席财务官在企业中往往拥有很大的话语权。企业的反腐败合规事务也是如此，如果缺乏专门负责的职能部门，那么分散的权力和义务很可能会导致合规在事实上消弭在大量的业务活动之中，而且无法核验其落实情况，这些无疑构成了制度层面可能引发腐败的重要因素。因此，各国对企业合规的考察都很重视部门层级的设置问题。例如，美国司法部在企业合规指南评估中专门谈及了架构问题，所提的问题包括合规职能部门在公司内部的哪个部门（例如法律部门，业务职能部门或作为向首席执行官或董事会报告的独立职能部门）、合规职能部门向谁报告、合规职能部门是否由指定的首席合规官或公司内部的另一位行政人员负责、该人员在公司内

---

　　[1]　J. M. Holcomb, "Ethics and Compliance Committees of Corporate Boards: Rationale, Domain, and Skill Sets of Members", *Corporate Ownership &. Control*, 2017, Vol. 14, No. 4, pp. 114~121.

　　[2]　例如上市公司京能电力（600578. SH）发布公告称公司以通讯表决方式召开第七届董事会第三次会议，审议通过了《关于公司聘任首席合规官的议案》，聘任公司现任总法律顾问孙昕女士担任公司首席合规官。

部是否有其他职责等。[1]其中与合规部门几乎画等号的是首席合规官（Chief Compliance Officer，CCO）这一职务。

多年以来，在大型企业的腐败案件引发社会舆论广泛关注后，立法者都会提升监管力度，在以企业为对象的具体措施中，最常见也最被关注的也是与首席合规官相关的内容。作为公司合规体系中最明显的表现之一，公司如何定义首席合规官的角色并赋予其相应职能是其他诸多合规问题的基础。[2]作为企业合规工作的主要负责人，首席合规官近年来受到了越来越多的关注，似乎正在成为高级管理人职业中的明星岗位，但执法部门的执法活动也为这个岗位赋予了越来越重的责任。在不同企业的合规实践中，围绕首席合规官而产生的实际问题有很多，譬如首席合规官究竟要负担哪些职能，这个岗位与公司法务负责人等其他岗位应当是什么样的关系等。就企业构建反腐败合规体系的角度而言，首席合规官具有无可替代的重要意义，因为其掌握和代表着整个合规部门，即这个部门的权力和责任都凝结在作为个体的首席合规官身上，自首席合规官以下的所有人都是他的助手，职能都在于配合首席合规官完成相关工作。也可以说，首席合规官就等同于合规部门，界定清楚这个职位也就界定清楚了整个合规部门的权能。

（一）首席合规官的职能

相比于首席执行官、法务负责人等岗位，首席合规官的出现在更大程度上源自外部监管的要求。因此，有学者将首席合规官的职能定义为防止和处理企业不当行为，其工作则是设计、实施和监督企业的流程，以满足法律和其他标准。[3]而由于企业业务可能横跨多领域，涉及的法律法规也和专业密切相关，尤其是在金融等监管力度较大的行业，涉及合规的文件要求数量异常庞大，许多合规要求也非常复杂，需要基于高度专业化的知识和经验来理解和管理风险。[4]因此，包括首席合规官在内的个人知识可能难以覆盖所有

---

[1] Evaluation of Corporate Compliance Programs 2020.

[2] Jose A. Tabuena, "The Chief Compliance Officer vs the General Counsel: Friend or Foe?", *Compliance & Ethics Magazine*, 2006, Vol. 4, No. 7, p. 3.

[3] Alexander Foster, "Where the CCO Fits In The C-Suite: A Corporation's Moral Compass", 6 AM. U. Bus. L. Rev. 175, 184 (2017)

[4] "Top Sectors for Regulatory Change", https://www.ibisworld.com/media/2013/09/17/10 - increasingly-regulated-industries [2021-10-11].

的具体业务。针对这样的情况，美联储提出了一种"全公司合规风险管理方法"，即"为管理整个组织的合规风险而建立的流程，包括在业务线、支持单位、法律实体内部和之间，以及业务管辖区"。[1]这一套流程要求公司在考虑到所有规范（包括法规、监管期望和行业普遍要求的道德行为）的基础上，通过分类的形式对合规进行管理。譬如对一家银行来说，既要遵守金融法规提出的合规要求，也要遵守反贪污贿赂和内幕交易的合规要求，还要遵守与员工的劳动保障相关的合规要求等。一个人的能力不足以同时监督管理所有的具体业务，对于公司而言，首席合规官应当同其他高管一同合作完成涉及全公司的合规风险管理计划，一切与合规相关的信息都应当能汇集到首席合规官这里，而首席合规官则起到管理和协调中枢的职能。

以本书的研究主题——反腐败合规为例，腐败可能发生在企业运营中的任何一个环节，而其所展露的迹象可能被不同的专业人士所获知。例如，有的企业设有首席财务官一职，其精通于与财务相关的法律、法规和会计准则，能够从财务角度准确地判定企业实际的经营状况，某些腐败行为会在账目上体现为异常，而首席财务官承担这方面的风险管理职能。除了执行基本的财务业绩衡量和风险管理外，首席财务官还负责管理公司日常遵守税法和财务报告规则的情况。合规风险是由以下因素造成的：①有关财务报告的法律或法规的存在和变更；②业务内部影响财务数据来源、财务控制及其计量方式的变更。这些计量方式的变化中都蕴藏着腐败发生的可能性，而首席财务官的日常工作就是应对这些合规风险。[2]同首席财务官类似，人力资源主管负责监管劳动和就业法律、法规和监管期望的合规情况，对聘用和日常管理中可能出现的腐败情况最可能发挥监督和发现的作用。相比于普通员工，这些承担合规职能的管理者一般要具备以下三个特点：①有足够高的级别行使控制权；②能监督各自工作领域的日常合规问题；③在独立的风险管理控制职能范围内执行合规监督（例如不受创收责任或公司特定财务目标的压

〔1〕　Compliance Risk Management Programs and Oversight at Large Banking Organizations with Complex Compliance Profiles, SR 08-8 / CA 08-11（2008）.

〔2〕　Julia Black, "Legal and Compliance Risk in Financial Institutions", *Law and Financial Markets Review*, 2008, Vol. 2, No. 6, pp. 481~488.

迫）。[1]由于这些管理日常合规风险的其他专业人员的存在，首席合规官可以依靠这些专业人员作为监督合规计划的组成部分来实现其合规机制的运行。

通过定义合规计划的范围并明确地分配责任，公司可以授权首席合规官有效地监督整体合规计划，同时现实地划分责任和义务。而作为合规计划中枢的首席合规官则负有以下两项责任：①汇总和报告，即首席合规官有责任从不同的专业高管那里收集信息，并向董事会报告所有合规要求以及整个公司如何管理这些要求（类似于首席财务官根据《萨班斯－奥克斯利法案》收集关键财务控制数据和向董事会报告的方式）；②直接的合规职能管理，即直接管理那些监督和确保公司遵守某些其他法律法规的职责。与职能相对应的是首席合规官的双重义务：①确保专业高管们能将预期的要素适当纳入合规风险管理，并正确履行董事会赋予他们的合规职能；②处理好董事会分配给首席合规官直接管理的合规事务。由于各国的监管机构对企业合规的具体问题都还处在探索"最佳实践"的阶段，通过这种积极合规的态度，公司能获得在合规方面的主动权，避免监管机构采取"一刀切"的办法强行规定首席合规官的职能。[2]这样，公司就能为合规和经营都赢得相当程度的主动权。

值得注意的是，首席合规官虽然有"首席"之名，但一定不是企业合规问题的最终决定者。一方面，从理论上来说，所有的业务都涉及是否合规的问题，首席合规官不能据此而获得决定业务的最终权力，否则就事实上承担了首席执行官、总裁或者董事会的责任。另一方面，首席合规官作为由决策层授权产生的岗位，如果能决定所有的相关问题便意味着要承担合规失败的领导责任，而这一份责任既不是首席合规官应当承担的，也不是其能承担得起的。根据本节开头对部门主管的界定，首席合规官可以被描述为授予其权力者在合规事务上最重要的助手。

（二）独立职位与兼职岗位之分析

在明确了首席合规官的职能后，对于公司而言更实际的问题在于应当如何设置这个岗位。由于合规业务出现的时间并不长，而与合规工作密切相关的法律事务原来大多由其他主管（例如首席法律官或法务主管）负责，因此

---

[1] Compliance Risk Management Programs and Oversight at Large Banking Organizations with Complex Compliance Profiles, SR 08-8/CA 08-11 (2008).

[2] Panel Introduction, *American University Business Law Review*, 2016, Vol. 6, No. 2, pp. 189~193.

首席合规官与这些岗位之间的关系就成了现行合规机制中比较突出的一个问题，其最实际的表现为：公司应当单独设置一个首席合规官的职位，还是可以将其职能融入其他某个高管职位？这个问题不仅涉及公司每年数额不小的薪酬开支，更关乎治理体系的结构。到目前为止，世界各国的政府和企业对此都没有达成一致的"最佳实践"标准。唯一的共识是：这不是能够"一刀切"的情况，所谓"可复制的最佳实践"或许并不存在。公司法律顾问协会（Association of Corporate Consultant）在 2013 年发布的一项研究表明，将首席合规官和法务主管设置为两个的公司数量相比过去略有上升，但也并未占据绝对主流。[1]

因此，首席合规官的设置问题在目前落实到不同具体公司的语境之下都可能得出不同答案。现阶段研究能做的是尽可能对决策涉及的因素进行类型化处理，为经营者和监管者的决策提供参考。综合各国运营和监管的实践情况，可以概括为：企业面临的情况（包括业务性质和监管环境）是决定职能设置的根本。具体而言，政府的指导意见（如各个监管部门发布的解释）、公司规模和所有权结构、同行业其他公司的常规做法等都是判断的要素。以下，笔者将从四个不同方面进行论述。

第一方面是法律法规的要求。从实际的角度看，普遍意义上的合规义务源自法律法规的要求。譬如，美国 1984 年制定的合规指南最初具有法律效力，由量刑委员会阐明后供联邦法院使用，也被认为是美国企业构建合规计划的来源。该指南确立了有效合规计划的九个主要特征，包括适当的监督。而一家公司在被定罪时如果有符合准则要素的合规计划，它将以减轻处罚的形式获得较轻判决。[2]对首席合规官的设定可以说源自这项指南。在 2005 年时，这个指南由于最高法院的判决而不再具有强制力，而只具有参考借鉴价值，[3]但其直至今天仍在指导企业合规实践。对于任何一个企业来说，如果其主要商业活动涉及的国家或地区的法律法规对首席合规官这一职位有明确规定，则其必然是最为重要的考虑因素。

第二方面是监管机构的态度。如果高位阶的法律法规中对首席合规官的

<hr />

［1］　ACC & Corpedia, *Benchmarking Survey on Compliance Programs and Risk Assessments*, 2013, p. 10.

［2］　Brown H. Lowell, "The Corporate Director's Compliance Oversight Responsibility in the Post Caremark Era", 2001, *Delaware Journal of Corporate Law*, Vol. 26, No. 1.

［3］　United States v. Booker, 543 U. S. 220, 267（2005）

情况并未明确表态，那么和业务相关的监管机构发布的解释和意见在公司决策过程中就具有很强的影响力。尽管这些解释在形式上并不具有法律效力，但由于监管人员的态度会直接影响执法活动，进而影响企业的利益，因此需要格外重视。例如，虽然美国司法部（DOJ）和美国证券交易委员会（SEC）都对首席合规官的设置保持着"非一刀切"的立场，但是卫生和公众服务部（HHS）通过其监察主任办公室（OIG）发布了一份关于有效合规计划基本组成部分的意见，其中明确期望受监督的公司通常将首席合规官和其他高级管理者的职务分开。[1]虽然 OIG 也认为这些意见不具强制约束力，企业合规实施的程度将取决于其规模和资源，[2]但是卫生保健界的企业通常都遵守 OIG "两个岗位"的立场。从公司防控风险的角度来看，有指导总比没有好，哪怕这个指导意见背后的合理性值得商榷，也是应当被优先考虑的因素。

第三方面是行业的通行做法。由于合规的"最佳实践"特性，行业惯例也是企业应当考虑的因素之一。如果某个行业的公司大都使用一种方式，而某个企业却选择了另一种，除非这种做法能显著降低合规风险（但这样的行为很可能提升企业成本，因此企业很难有动力主动为之），否则也可能带来潜在风险。虽然首席合规官的岗位设定并未有统一惯例，但根据 2015 年德勤一项由来自不同行业的高管和员工受访者组成的调查，首席合规官作为一个独立岗位似乎正在成为趋势，59% 的受访者表示他们公司的首席合规官是以独立岗位的形式存在，高于 2014 年的 50% 和 2013 年的 37%。[3]可能在未来，企业（尤其是大企业）单独设置首席合规官将成为行业习惯。从风控的角度出发，企业应当关注所在行业的现状和趋势，尽可能和大部队保持一致，避免"独特"带来的不必要风险。

第四方面是公司的实际情况。对企业来说，公司的规模、结构和可投入资源是岗位设置最现实的因素。如果一家中小型公司没有足够的资源来支持设置一个独立的首席合规官，将其职能融入现有的某个岗位便是必然选择。

---

[1] K. Matos et al., "Practical Guidance for Health Care Governing Boards on Compliance Oversight", http://oig. hhs. gov/compliance/complianceguidance/docs/Practical-Guidance-for-Health-Care-Boards-on-Compliance-Oversight. pdf［2021-11-7］.

[2] "OIG Compliance Program for Individual and Small Group Physician Practices", https://www. govinfo. gov/app/details/FR-2000-10-05/00-25500/summary［2021-11-7］.

[3] "Deloitte Development LLC, CLOs and CCOs: A New Era of Collaboration", http://www2. deloitte. com/us/en/pages/advisory/articles/clo-cco-new-era-of-collaboration［2021-11-7］.

相比之下，大公司考虑到监督员工的合规性所需的资源规模，往往可能选择将首席合规官和其他职务分开。如果面临的合规风险比较大，企业甚至可能不得不这样做。[1]当然，岗位设置与公司人才的情况也紧密相关，如果公司发现一个具备知识背景和能力的人同时担任两个角色，再单独设置某个职位就不必要了。以首席合规官和法务负责人为例，如果要将这两个岗位合二为一，则负责人必须熟悉公司业务涉及的相关法律规定，同时有"设计和管理组织对合规、道德、文化和声誉问题的方法"方面的专业知识和专业能力。[2]

三、执行层级的腐败预防

称职的合规委员会和首席合规官能解决合规机制中的决策和分配问题，但具体的事务性工作总是需要合规部门的工作人员来完成。如果说首席合规官是运筹帷幄的将军，那么合规部门的工作人员就是冲锋陷阵的士兵，再完美的指令如果无法得到良好贯彻也将无实际效用。因此，反腐败合规在执行层面体现为合规部门的人员选任。近年来，实务界越来越重视合规人员在企业治理中的作用，全球最著名的相关行业协会"伦理官员协会"（Ethics Officers Association）也更名为"伦理与合规官员协会"（Ethics and Compliance Officers Association），以特意强调合规日益重要的地位。[3]与之相对应的是，通过对30年以来的相关文献进行梳理，我们可以发现即使在合规问题研究最为发达的欧美国家，以合规部门的工作人员为主体进行的研究数量也并不太多，其中的实证性研究则更少。[4]但这些研究的脉络基本一致，而且所得出的结论能够前后呼应，因此可以对该层面的预防产生直接指导作用。

---

〔1〕 Edward T. Dartley, "The Combined Role of the General Counsel and the Chief Compliance Officer-Opportunities' and Challenges", https://www.pepperlaw.com/uploads/files/dartley_prm_03_14.pdf〔2021-11-7〕.

〔2〕 Donna C. Boehme, "Structuring the Chief Ethics and Compliance Officer and Compliance Function for Success: Six Essential Features of an Effective CECO Position and the Emergence of the Modern Compliance 2.0 Model", https://compliancecosmos.org/structuring - chief - ethics - and - compliance - officer - and - compliance-functionsuccess-six-essential〔2021-11-7〕.

〔3〕 M. Kaptein, "The Effectiveness of Ethics Programs: The Role of Scope, Composition, and Sequence", *Journal of Business Ethics*, 2015, Vol. 132, No. 2, pp. 415~431.

〔4〕 Sjoerd Hogenbirk, "Innovative Ethics Officers as Drivers of Effective Ethics Programs: An Empirical Study in the Netherlands", *Business Ethics, the Environment & Responsibility*, 2021, Vol. 30, pp. 76~89.

（一）合规人员的工作内容

讨论合规人员或者伦理官的论文对岗位职责的描述大体上保持了一致性。例如，史密斯（Smith）认为，合规官的作用源自其事实上或被法律赋予的工作职责，大致有五个方面：①向公司最高层汇报；②能调动足够的资源和资金；③为员工提供更多的调解服务；④传达员工所关注的合规问题；⑤作为重申公司中道德重要性的关键人物。[1]根据约瑟夫（Joseph）对合规人员进行的访谈结果，合规人员的工作主要包含监督合规职能、收集和分析相关数据、制定和解释相关合规政策、制定和管理合规教育和培训材料以及主持违规问题调查等内容。而这些工作要求他们与其他职能部门保持经常性的互动，尤其是法律、人力资源、安全、审计、采购等部门。[2]阿多博尔（Adobor）则在综合文献研究和实证研究的基础上对合规人员的工作内容进行了更细致的分类。他认为，合规人员的责任主要有六大项：①合规教育；②合规管理；③对最高管理层提出合规建议；④进行内部监督和调查；⑤企业承担自身社会责任；⑥其他责任。根据这六项责任引申出的具体责任有以下内容：合规培训设计、合规培训实施、国际项目开发、合规程序文件管理、直接处理热线/指南/内部报告、评估/审查违规漏洞、准备和交付合规报告、制定公司合规政策和程序、和高级管理层和/或董事会简报/沟通、监督对不法行为的调查、进行不法行为调查、维护社群关系、监管企业基金会/捐赠基金、监督股东关系、保持多样性以及完成环境合规与人权方面的工作。[3]综合上述研究可知，合规工作人员的主要日常工作主要有以下几类：制定合规政策、组织合规培训、内部违规调查、提出合规建议和维护公司内部的合规风气。正是这些工作内容的性质决定了合规人员需要具备什么样的素质和能力。为了满足公司业务涉及的国家和地区的法律要求，最大限度地减少公司诉讼和行政处罚风险，公司对于合规人员的选任标准应当尽可能覆盖上述的工作内容。

---

〔1〕 Robert W. Smith, "Corporate Ethics Officers and Government Ethics Administrators: Comparing Apples with Oranges or a Lesson to be Learned?", *Administration & Society*, 2003, Vol. 34, No. 6, p. 639.

〔2〕 J. Joseph, "Integrating Business Ethics and Compliance Programs: A Study of Ethics Officers in Leading Organizations", *Business and Society Review*, 2002, Vol. 107, No. 3, pp. 309~347.

〔3〕 H. Adobor, "Exploring the Role Performance of Corporate Ethics Officers", *Journal of Business Ethics*, 2006, Vol. 69, No. 1, p. 60.

（二）合规人员的素质要求

在明确合规人员工作内容的基础上，最大的问题在于找到能胜任这些工作的员工，而这就对筛选的具体标准提出了要求。在具体工作中，个人素质对工作的完成质量能起到决定性的作用，这种作用既可以是正面的也可以是负面的。譬如，如果企业选聘了一位性格急躁、缺乏耐心的会计，那么账目上出现混乱错误也就非常符合逻辑了。既然所托非人是反腐败合规在执行层面中的最大风险，那么明确合适的人选素质便是最重要的应对工作。

早期的研究者伊斯雷利（Izraeli）和巴尔尼尔（BarNir）认为"理想合规人员"应当同时具备：①拥有专业精神；②对公司的各项信息充分了解；③熟悉伦理相关的理论并有解决实际问题的经验。所谓的专业精神体现为合规人员对自身工作的态度，合规人员必须有足够强的工作热情能在遇到不当行为的第一时间进行处置，同时还要具备专业反应能力和人际沟通能力。而为了更好地在公司内部开展活动，合规人员必须对公司涉及的各项信息有广泛了解，包括法律法规、行业动态和当前的经营状况，同时还要具备根据具体情况获取可能需要的任何其他信息的能力，以便于能搜集到足够可靠的证据来支持潜在的举报和检查行为，并能在对局势进行全面评估的基础上得出合理结论和建议，从而提高执行这些结论和建议的可能性。此外，合规人员还必须接受伦理理论方面的专业培训并具备解决实际问题的经验，这样他们在面临棘手问题的时候才可能更好地作出决策。[1]虽然这个"理想形象"的内容较为简单，但是对后来的研究具有重要的启发意义。在此之后，各国的研究者分别对合规人员的某项或者某几项素质进行过研究论述。总结不同的研究成果，本书认为合规人员最为重要的素质分别是开放性、责任心、耐心和创新能力。

为了胜任在情况复杂和信息过载的环境中工作，并且同时应对多个利益相关方彼此矛盾冲突的需求，合规人员必须具备心态上的开放性。所谓的开放性，是指一个人能对经验持开放态度，不执着于固有的经验，不排斥寻找新的经验，探索新的想法和做法。阿多博尔（Adobor）的研究表明，相比于其他的事务性或者程序性工作，合规工作具有更明显的非结构性和不精确性，

---

〔1〕　Dove Izraeli & Anat Bar Nir, "Promoting Ethics Through Ethics Officers: A Proposed Profile and an Application", *Journal of Business Ethics*, 1998, Vol. 17, No. 11, pp. 1189~1196.

也就是没有谁能明确地给合规人员下达非常精确的指令和计划来要求他们去完成一项任务，因此当合规人员能表现出对不确定性和歧义有更高的容忍度时，他们比那些容忍度较低的同行表现得更为出色。[1]尤其是对于大型跨国企业来说，合规人员需要在不同的部门、分支机构和地区整合不同的合规政策，以平衡政策的一致性和灵活性。[2]为了有效地处理这一问题，并随时准备调整方案以适应实际运作，合规人员还需要能够灵活地不断寻找新的想法和新的工作方式，并根据已知的运作环境调整原有计划。开放性的素质还要求合规人员能保持一种审慎、怀疑的精神，尤其是在面对涉及高级管理层和董事级别人员的合规案例时，保持一种"健康的怀疑论"尤为必要。[3]

责任感是合规人员极为重要的另一项素质。根据塞博特（Seibert）等学者的研究，合规工作中的责任感可以被定义为"个人在追求目标实现过程中的组织、坚持、努力工作和动机的程度"。[4]合规人员不仅自己要遵守法律法规和公司内部的合规要求，更重要的工作在于尽最大可能确保组织内的其他成员也都遵守这些规章制度。为了实现这样的目标，合规人员在制定合规政策时将特定的准则作为行为的优先考虑事项。[5]而为了推行这样的政策，合规人员应当具有奉献、勤奋、正直、果断、活力和响应能力，为公司内的其他人作出正直的表率。尤其是在违规行为的调查行动中，因为这项活动会直接妨碍一些人的利益，各种阻挠、利诱乃至胁迫都可能出现。在这种情况下，责任感是推动调查持续进行的关键因素之一。

对于任何一家公司来说，合规都是一场漫长的持久战，而合规人员的耐心对于最后的胜利具有重要意义。根据伦理资源中心（the Ethics Resource Center）的一项调查，要在公司内形成实质性的合规建设或改革可能需要长达 10 年的

---

〔1〕 H. Adobor, "Exploring the Role Performance of Corporate Ethics Officers", *Journal of Business Ethics*, 2006, Vol. 69, No. 1, pp. 57~75.

〔2〕 R. W. Smith, "Corporate Ethics Officers and Government Ethics Administrators: Comparing Apples with Oranges or a Lesson to Be Learned?", *Administration & Society*, 2003, Vol. 34, No. 6, pp. 632~652.

〔3〕 W. M. Hoffman & M. Rowe, "The Ethics Officer as Agent of the Board: Leveraging Ethical Governance Capability in the Post-Enron Corporation", *Business and Society Review*, 2007, Vol. 112, No. 4, pp. 553~572.

〔4〕 H. Zhao & S. E. Seibert, "The Big Five Personality Dimensions and Entrepreneurial Status: A Meta-analytical Review", *Journal of Applied Psychology*, 2006, Vol. 91, No. 2, p. 261.

〔5〕 T. Stöber, "Culture Follows Design: Code Design as an Antecedent of the Ethical Culture", *Business Ethics: A European Review*, 2019, Vol. 28, No. 1, pp. 112~128.

努力，并且在这一过程中需要投入大量的资源和精力。[1]可以说，合规不是一个有明确目标的道路，而是一个不断自我完善的持续过程。在这个过程之中随时可能出现意想不到的阻碍，无法按预期时间完成任务也是常见的情况。面对这种情况，称职的合规人员不应当幻想通过一场激进的短暂运动就解决所有的合规难题，而应当具有相当大的耐心和坚定的毅力，能在困难环境中持续不断地推动合规工作的开展。在开展合规活动时，耐心的合规人员不会让自己陷入孤军奋战的境地，而是会尽可能寻找越来越多的盟友，例如学术界、实务界甚至咨询公司。[2]

合规人员的另一个重要素养是良好的创新能力。对于企业而言，合规建设本身就是现代治理改革的重要组成部分，而合规人员天然地是这场变革的主要参与者。为了更好地推动这场改革，合规人员需要能够"创造性地预见未来以及如何实现未来"。[3]例如，合规人员应当能在正确的时间作出正确的决定，使合规政策与不断变化的环境保持一致，并激励员工自觉参与行为的变革。肖（Shaw）的研究发现，那些在创新性上表现得更出色的合规人员更有可能制定出有效的合规方案。要领导变革就必须进行探索性学习，而探索性学习又涉及寻求创新，以完善现有的工作方式。因此，他提出合规人员必须团结起来，关注自身领域内的创新和变革，以提高合规计划的影响力。[4]这也对应了格里菲斯（Griffith）等人早先提出的"变革导向型领导技能"概念，他们认为合规人员应当提升一种"应用于实施变革的人的方面的一套原则、技术或活动，以提升内在接受性同时减少阻力"的能力。[5]

缺乏这些素质会给合规工作带来实际的困难。比如，上文提到的只会说"不行"的合规人员既缺乏责任心，也缺乏必要的创新能力，人为地制造了本

〔1〕　Ethics Resource Center, "Leading Corporate Integrity: Defining the Role of the Chief Ethics and Compliance Officer", 2007, p. 2.

〔2〕　N. Bowie, "The Role of Business Ethics: Where Next? Is There a Role for Academics?", *Business Ethics: A European Review*, 2001, Vol. 10, No. 4, pp. 288~293.

〔3〕　S. Al-Haddad & Kotnour, "Integrating the Organizational Change Literature: A Model for Successful Change", *Journal of Organizational Change Management*, 2015, Vol. 28, No. 2, p. 234.

〔4〕　D. Shaw, "Managing People and Learning in Organisational Change Projects", *Journal of Organizational Change Management*, 2017, Vol. 30, No. 6, pp. 923~935.

〔5〕　B. Griffith-Cooper & K. King, "The Partnership Between Project Management and Organizational Change: Integrating Change Management with Change Leadership", *Performance Improvement*, 2007, Vol. 46, No. 1, p. 16.

部门与其他部门的紧张关系，最终的结果也势必不利于反腐败工作的开展。

第三节　预防腐败的普遍监督机制：内部举报

企业反腐败合规机制在制度层面的第三个核心问题是缺乏有效的普遍监督机制，通常表现为内部举报制度的失效。多年以来，内部举报已经被公认为"揭露和纠正公共和私营部门腐败、欺诈和其他类型不法行为的最有效手段之一"。[1]在各式各样被揭露的企业弊案中，我们经常可以看见举报者的身影，他们将接触到的一手信息通报给企业高层或者执法机关，导致弊案的真相大白于天下。对于不承担反腐败工作的组织成员来说，内部举报机制是其参与企业反腐败工作最主要的方式，而通过发动组织的每一个成员对腐败行为进行举报，企业才能更深入地将全体组织成员纳入反腐败合规机制。但是，鼓励举报往往会产生诬告风险，而举报人在社会舆论中的形象也不总是正面。正如马克·吐温在名著《在海外的无辜者》中将举报者描述为威尼斯共和国邪恶一面的象征："这些可怕的狮子嘴，这些匿名指控的喉咙，被敌人在深夜偷偷插入，注定了许多无辜的人要走过叹息桥，被关入暗无天日的地牢，期望着再见到太阳。"[2]当举报者的角色在英雄和叛徒之间游移不定时，与举报者相关的制度规定也处于尖锐的探讨交锋中。

无论是激励措施、保护机制、承担责任还是必要限制，对于什么样的做法才更有利于实践，各国研究者各执己见。而美国、欧盟和日本等国家在多年的立法和执法经验基础上，也总结了一些普遍适用的规律。对于研究和实务成果，企业可以进行学习与参照，并围绕预防和消除犯罪因素这个根本出发点来构建和优化自身的内部举报体系，促进对内部潜在腐败的普遍监督。

一、内部举报的概念

在展开深入讨论之前，我们需要首先明确内部举报的概念。综合各国的研究成果，国际学术界最为公认的"举报"概念是1985年由尼尔（Near）和

---

〔1〕　Simon Wolfe et al., "Whistleblower Protection Laws in G20 Countries", *Priorities for Action*, *The University of Melbourne*, *Griffith Univeristy*, Transparency International Australia, 2014, p. 1.

〔2〕　Norman Hajjar & Lorraine Hajjar, "The Lion's Mouth", http://veniceblog. typepad. com/veniceblog/ 2004/05/thelions-mouth. html〔2021-11-11〕.

米切利（Miceli）所提出。他们认为，举报是"（前任或现任的）组织成员向可能采取行动的个人或组织披露其雇主控制下的非法、不道德或不正当行为"。[1]这项定义的关键要素是：①举报人是或者至少曾经是组织内部的人士；②举报人与组织的关系与工作有关；③举报信息必须被提交给有能力制止不当行为的主体。尼尔（Near）等人的界定不仅在学术界影响广泛，国际劳工组织（International Labour Organization，ILO）对于举报的定义"雇员或前雇员举报雇主的非法、不正常、危险或不道德行为"也几乎完全来源于此。[2]除此以外，重要的国际公约对举报还有不同阐释。《关于腐败问题的民法公约》（2003年第174号欧盟条约）的定义是"有合理理由怀疑腐败并真诚地向负责人或当局报告其怀疑的雇员"。[3]而根据经合组织理事会在2009年关于进一步打击在国际商业交易中贿赂外国公职人员的建议，"举报"可以被理解为公共和私营部门的雇员以合理理由，真诚地向主管当局举报国际商业交易中涉嫌行贿的行为。[4]国际公共服务组织认为，举报人是对组织中发生的不法行为有内部了解的人。[5]《联合国反腐败公约》则认为，举报是"善意并有合理理由向主管当局报告与根据本公约确立的犯罪有关的任何事实的任何人"。[6]与之相近的还有欧盟委员会在2014年提出的关于保护举报人的建议，举报人被定义为"在工作关系中报告或披露公共利益受到威胁或损害的信息的任何人，无论其是在公共部门还是私营部门"。[7]总体来说，国际公约中对于举报的定义大致覆盖了举报主体、举报动机、被举报对象和被举报内

〔1〕　J. P. Near & M. P. Miceli, "Organisational Dissidence: The Case of Whistle-Blowing", *Journal of Business Ethics*, 1985, Vol. 4, No. 1, p. 2.

〔2〕　"ILO Thesaurus", http://ilo. multites. net〔2021-11-11〕.

〔3〕　Council of Europe, 2003, Civil Law Convention on Corruption, European Union Treaty No. 174, entry into force on 1 November 2003.

〔4〕　Organisation for Economic Co-operation and Development (OECD), 2009, Recommendation of the Council for further combating bribery of foreign public officials in international business transactions (Paris, Working Group on Bribery in International Business).

〔5〕　Public Services International, 2016, Checkmate to corruption: Making the case for a wideranging initiative on whistle-blower protection (Ferney-Voltaire).

〔6〕　United Nations Office on Drugs and Crime (UNODC), 2004, United Nations Convention against Corruption, General Assembly Resolution 58/4 of 31 October 2003 (New York, United Nations).

〔7〕　Council of Europe, Recommendation CM/Rec (2014) 7 of the Committee of Ministers to member States on the protection of whistleblowers, adopted at the 1198th Meeting of the Ministers' Deputies by the Committee of Ministers, 30 April 2014.

容四项要素。

相比之下，学者对举报的定义则更为详细，此处以目前在国际上较有影响力的几位学者的界定为例进行分析。查莫罗·考特兰（Chamorro Courtland）等学者认为："举报人、线人或知情人是指当企业从事损害利益相关者、其他企业、政府或环境的非法及不道德活动时，在内部（尤其是合规官）或外部（特别是向公共监管机构和审计师）举报不当行为的人。"[1]在他的定义中，举报人可能是掌握企业员工或管理层不法行为信息的人，而他们也可能与其他同事或在事先知情的情况下或在管理层的指导下亲自参与了不法行为。对于本身并未参与不法活动的举报者来说，其动机既可能是基于道德情感（即这样的行为为他的价值观所不能容忍），也可能是获得物质奖励等潜在好处的刺激。而对于参与其中的人来说，被迫参与不法活动所产生的心理压力、自己所蒙受的道德谴责、对自己可能被执法部门惩罚所产生的担忧，或者能减轻自身处罚的考量都有可能是促成举报的动机。布伦克特（Brenkert）认为，构成"举报"的行为应当具备以下条件：①举报人在组织中享有某种特权地位，允许他了解组织内个人活动的内部、机密或私人信息；②举报人报告了其认为非法、不道德或违背组织基本价值观或宗旨的一些活动；③报告可由内部或外部向有能力并愿意直接或间接阻止、防止此类不当行为的人员进行；④被举报的不法行为具有实质性和严重性；⑤不法行为会影响公共利益，但不一定是以立即或直接的方式。[2]他的定义特别侧重于举报者掌握信息的真实性，尤其强调举报人的等级地位、与公众利益相关以及所产生威胁已经达到必须处理的程度。斯特莱克（Strack）则认为，举报人因为不再默默忍受非法活动和管理不善对人类、环境和经济造成的危险，所以对他们的企业、组织或官僚机构内外揭露这些不当行为。这项定义的关键在于举报者自身的道德承受能力和挺身而出的意愿，斯特莱克（Strack）将其归纳为一种需要特定道德氛围才能产生的例外。[3]

---

〔1〕 C. Chamorro-Courtland & M. Cohen, "Whistle-blowing Laws in the Financial Markets: Lessons for Emerging Markets", *Arizona Journal of International and Comparative Law*, 2017, Vol. 34, No. 2, p. 191.

〔2〕 G. Brenkert, "Whistle-blowing, Moral Integrity, and Organizational Ethics", in G. G. Brenkert & T. L. Beauchamp (eds.), *Oxford Handbook of Business Ethics*, New York: Oxford University Press, 2010, pp. 563~601.

〔3〕 G. Strack, "Whistle-blowing in Germany", in M. Arszulowicz & W. W. Gasparski (eds.), *Whistle-blowing: In Defense of Proper Action*, New Brunswick: Transaction Publishers, 2011, pp. 109~124.

虽然上述国际组织和学者的定义都有相当程度的合理性，但对于以制度构建和运行为主题的本书而言，对举报更为合适的定义来自制度视角的学者。他们将举报作为一个环环相扣的整体过程，包括了信息披露之前、披露行为发生期间和披露之后的审查。例如，巴尼萨尔（Banisar）将举报视为促进问责制度的一种手段，所以应当允许任何人披露有关不当行为的信息，同时保护该人不受任何形式的制裁。[1]而斯基夫内斯（Skiveness）和斯里格斯塔德（Trygstad）在尼尔概念的基础上提出了"弱举报"和"强举报"的区分，即尼尔所提出的概念只是举报过程中的第一步，属于弱举报，而强举报则侧重于后续处理的过程，即组织是否能够对举报人所报告的不当行为进行改进、解释或澄清。[2]

综合上述三种不同视角的观点，本书认为，所谓的内部举报是相关主体对公司运营中的不当行为在内部进行披露以及公司作出回应的过程。为了最大化实现举报的效果，举报主体、被举报主体和举报内容等都应当进行适当扩张。

二、基本要素：基于增加可感知风险的目的

如果只从表面上看内部举报制度，那其无疑是一堆纷繁复杂的具体措施，例如 24 小时热线、举报邮箱等，很多企业还在其中间掺杂着独具个性的创新。但透过这些表象，我们会发现，作为掌握规则制定和执行权力的主体，企业所制定的内部举报制度无非是通过特定程序实现"增加可感知风险"这一目的。无论是基于制度理论、便利理论还是情境理论的白领犯罪应对建议，增加可感知风险的重要性都被予以了足够程度的强调。因为在白领犯罪的语境下，潜在犯罪人对可感知的、犯罪行为暴露的风险非常敏感，对这种风险的判断在促使他们决定实施或者放弃犯罪行为中起到了重要影响作用。必须明确的是，可感知风险与实际风险并不需要对应，可能存在偏差。整体来说，内部举报机制的目的就是让潜在犯罪人感觉自己的行为很可能被发现，而最有利于实现这一目的的因素也就是该制度设计最需要重视的因素。

---

〔1〕　David Banisar, "Whistleblowing: International Standards and Developments", in Irma E. Sandoval（ed.）, *Contemporary Debates on Corruption and Transparency: Rethinking State, Market, and Society*, World Bank: Institute for Social Research, UNAM, 2011, p. 6.

〔2〕　Marit Skivenes & Sissel C Trygstad, "When Whistle - Blowing Works: The Norwegian Case", *Human Relations*, 2010, Vol. 63, No. 7, pp. 1071~1097.

企业内部不同于孕育街头犯罪的环境，潜在犯罪人从谋划犯罪到采取行动再到行动之后掩盖痕迹可能要经历一个漫长的过程，而其行为被发现也受到多重因素的影响。因此，对增加可感知风险的要求应当放在一个较长的时间周期内，避免出现短期高压、长期放松的情况。这就有赖于几个关键环节的良好配合，只有这些环节能完整且适当地组合在一起，整个制度才可能长期发挥作用，反之则可能沦为"花瓶"。综合理论和实践分析，举报制度中最主要的因素有五项：①扩大举报人和举报行为的范围；②方便举报信息的传达；③保护举报人隐私；④防止举报人被报复；⑤防止恶意举报。以下，笔者将对这五项因素依次进行阐述。

（一）扩大举报人和举报行为的范围

在内部举报相关规则的制定方面，首先要明确的是举报人和举报行为这两个概念的范围。通过对举报人保护制度多年的研究和探索，国际学界已经基本形成共识，即对于举报制度而言，对受保护的举报人和可能披露的不法行为类型进行明确界定和广泛覆盖至关重要。[1]

之所以要明确举报人的概念，是因为举报制度中有相当一部分内容是如何对举报人进行鼓励和保护，举报人的范围问题也一直是国际组织和学术界研究的重点。多年以来，举报人的范围应当尽可能宽泛以便于保护效力的覆盖已经成为学界公认的主流观点。如果保护的范围过于狭窄，那么整部法律的效力便可能大打折扣。为了尽可能覆盖保护范围，拉蒂默（Latimer）和布朗（Brown）构建了一个"无漏洞保护"的概念。他们认为，无论是公立机构还是私营企业都应当以"无盲区"和"无漏洞"的原则建立举报制度。[2]而为了尽可能堵住漏洞，就应当扩展举报人的范围，让更少的人会因为寒蝉效应而不敢举报。[3]迪瓦恩（Devine）对此认为，不仅是举报者应当被鼓励

---

〔1〕 Victoria Luxford, *Global Corruption：Law，Theory & Practice*，3nd ed，University of Victoria，2018，p. 1008.

〔2〕 Paul Latimer & A. J. Brown，"Whistleblower Laws：International Best Practice"，*University of New South Wales Law Journal*，2008，Vol. 31，No. 3，p. 775.

〔3〕 所谓寒蝉效应，指当下对言论自由的"阻吓作用"。该词源自美国法律，后来美国最高法院法官小威廉·布伦南在司法判决中将其作为一个法律术语。即在讨论言论自由时，人民害怕因为言论遭到法律的刑罚，或是必须面对高额的赔偿，不敢发表言论，这将导致公共事务乏人关心，被视为过度限制言论或过度维护自身利益的不良后果。参见《寒蝉效应》，载维基百科：https://zh.wikipedia.org/wiki/%E5%AF%92%E8%9F%AC%E6%95%88%E6%87%89，访问日期：2022 年 4 月 20 日。

和保护，协助举报的人、可能被视为举报者的人以及准备进行举报但尚未有
实际行动的人都应该被纳入保护的范畴。[1]

在企业这一语境下，如果要贯彻对所有举报者的无漏洞保护原则，就应
当摒除任何形式的就业歧视，将举报者的概念扩展到对违背道德和法律的行
为提出质疑的所有相关人员。除了传统意义上的企业员工以外，内部举报政
策还应保护所有从事与企业使命相关活动的人。无论是兼职员工、临时工、
企业聘请的专家顾问、业务的承包商，还是因为商业合作而从其他企业借调
派遣来的员工乃至于实习生，在内部举报的主体资格问题上应当一律平等。
例如，德勤集团内部举报手册中的"谁是举报者"规定就非常详细，包括了
举报人可以是现任或前任合伙人、董事、高级职员、公司秘书、雇员、德勤
的货物或服务供应商（如借调人员、承包商和顾问）和志愿者，以及这些人
的亲属、家属或配偶（符合条件的举报人）。[2]

而对于被受理的举报内容来说，内部举报制度的规定应当尽可能表述明
确。无论企业内部举报制度的框架如何设计，内容的明确性都是极为重要的
原则。如果规定不明确，那么无论是涉及范围的广泛性还是举报的方式，都
可能对制度的总体效力产生重大影响。譬如，如果加入类似公共利益这样的
抽象概念而不进行进一步明确，那么举报人很可能难以判断自己要举报的行
为是否符合标准。因此，G20 集团在 2014 年发布的举报人保护相关报告中反
复强调"明确"法律的必要性。[3]在保护范围覆盖的问题上，英国的《公共
利益披露法》（Public Interest Disclosure Act 1998, PIDA）被认为是目前各国
立法的典范之一。根据 PIDA，举报人能够举报范围非常广泛的犯罪和不法行
为，包括腐败、民事违法、裁决不公、对公共健康或安全造成危险、对环境
造成危险以及掩盖其中任何一种的行为。显然，PIDA 并没有用概念界定的方
式解释何为应当被举报的行为，而是采用了列举的形式，这也再一次证明了
举报的实质内容才是最重要的，而不是举报的形式或举报适用的类别。后来

---

〔1〕 Tom Devine, "International Best Practices for Whistleblower Statutes", in David Lewis & Wim Vandekerckhove (eds.), *Developments in Whistleblowing Research*, International Whistleblowing Research Network, 2015, p. 8.

〔2〕 Deloitte Whistleblower Policy, p. 4.

〔3〕 Simon Wolfe, "Whistleblower Protection Rules in G20 Countries: The Next Action Plan", *Melbourne: Transparency International Australia*, 2014, p. 3.

颁布的《安提瓜和巴布达信息自由法》在 PIDA 的基础上进行了更全面的罗列。这部法律认为：①对个人健康或安全的严重威胁或对公众或环境的严重威胁；②犯罪行为；③不履行法定义务；④裁决不公；⑤腐败、不诚实或严重管理不善；⑥滥用职权或者玩忽职守；⑦对个人的不公正；⑧未经授权使用公共资金都属于可举报的范畴。[1]

正如巴尼萨尔（Banisar）所总结的，一部过于规范的法律使得举报不当行为变得困难，而这破坏了促进举报的基本理念。[2]无论是对举报人的界定还是对举报内容的明确，内部举报制度的设计都应当尽可能简单易行，过于复杂或流于形式的条文对这项制度的建立可谓毫无意义。企业的内部举报机制不能期待甚至要求完美的举报人，即他所掌握的信息足以披露整个事件的真相。对于举报人来说，只要其提供的证据足以发挥初步的证明作用，企业就应该进行下一步的核查。

（二）方便举报信息的传达

如果将举报视为一个信息的流通过程，那么有效的内部举报机制应当使信息尽可能畅通地从举报人传递到有权解决问题的人那里。这两个主体之间可能没有直接联系的渠道，举报人必须通过一些中间人才可能将信息传递到。这些中间人既可以是组织内部的成员，也可以是外部的监管部门和媒体，但是学者们普遍认为，内部举报应当是制度设计的优先考虑，即使是国家层面的立法也应当更鼓励组织内部的举报。[3]在设置内部举报机制的过程中，应当充分考虑到举报人所处的情景以及其心理活动。

常见的举报渠道有以下几种：举报热线、在线平台、高层直接接待和第三方机构接待，这些渠道各有利弊。例如，举报热线可以根据举报人反映的信息进行即时、有效沟通，确认举报人反馈的情况和诉求，避免歧义，还能以匿名的方式带来安全感，但是需专人负责电话接听，若该人缺乏法律技能，可能无法有效地记录或对时间进行询问。再比如，如果企业委托第三方的专

---

〔1〕 Freedom of Information Act，§47.

〔2〕 David Banisar, "Whistleblowing: International Standards and Developments", in Irma E. Sandoval (ed.), *Contemporary Debates on Corruption and Transparency: Rethinking State, Market, and Society*, World Bank, Institute for Social Research, UNAM, 2011, p. 6.

〔3〕 Jenny Mendelsohn, "Calling the Boss or Calling the Press: A Comparison of British and American Responses to Internal and External Whistleblowing", Wash. U. Global Stud. L. Rev, 2009, Vol. 8, No. 4, pp. 723~744.

业机构来处理举报。一方面，第三方机构人员经验丰富，处理过程更为专业，能够及时、有效地发现企业存在的问题，分析和鉴别违法信息。另一方面，企业负面信息可能被第三方机构知晓，存在泄漏风险。所以，内部举报并不存在"一招鲜"的途径，只有将不同方式融合使用才可能有良好收效。

　　与媒体和学术论文中频繁提到的合规热线或举报邮箱不同，实证研究表明，员工其实最倾向于使用的举报方式还是向自己的直管领导提出，直管领导在处理举报过程中发挥着非常重要的作用。[1]其中的原因不难理解，因为几乎所有的企业都以层级结构方式存在，成员的职业发展和日常工作环境都与直接管理的领导关系更密切。对绝大多数员工来说，相比于高高在上的管理层领导，直管领导有权判断下属的能力优劣并呈报给更上层次的领导，也有权力批准下属的休假等日常福利。这些都直接关系到员工的利益，也就是所谓的"县官不如现管"。当然，不仅普通员工可能举报不当行为，管理者本身也可能是向更高级管理层报告的举报者。在面对来自下属的举报时，他们对举报的反应、对线索有效性的初步判断、对举报者的支持程度、对企业相关政策和流程的了解程度以及处理的原则和公正性都直接影响着举报行为的结果。对于直管领导而言，有一些举报可能涉及与举报者有密切工作关系的同事和上级，如果要保护这些人，他们在处理的时候会尽可能大事化小、小事化了，而且在人数众多、结构复杂的大企业中，直管领导为了避免惹火烧身也很容易将整个事件简单地"踢皮球"到其他部门，这些做法当然会让举报的效力大打折扣。为了有效保证内部举报的有效性，企业的内部举报制度应鼓励各级管理人员将下属对不当行为的举报视为自己的举报，除非这些举报显然没有实质性内容，不值得进一步深究。对于企业而言，能允许内部员工及时举报不当行为正是一种高管理水平的体现，也是每一个企业都应当追求的目标。

　　举报信息的传递不仅包括了从举报者到决策者的单向路径，也应当包括信息的反馈。对每一个举报者来说，石沉大海都是最不希望看到的结局。因此，企业的内部举报机制应当在举报行为发生后对举报人进行必要的信息通报。正如联合国毒品和犯罪问题办事处在一份报告中陈述的那样，组织不仅

---

　　〔1〕　M. Donkin R. Smith & A. J. Brown, "How do Officials Report? Internal and External Whistleblowing", in A. J. Brown（ed.）, *Whistleblowing in the Australian Public Sector: Enhancing the Theory and Practice of Internal Witness Management in Public Sector Organisations*, ANU E Press: Canberra, 2008, pp. 83~108.

有必要对举报所提到的情况进行评估，也有必要将根据报告作出的决定（尤其是是否要开展深入的调查）通知举报者。虽然举报的过程应当进行必要的隐蔽和保护，但是处理问题的流程对于举报者而言却应当是相对透明的。作为问题的发现者，举报人有权利了解自己提出的问题处于什么样的解决流程之中。例如，日本贵弥功集团的内部举报制度明确规定，专用窗口的专职人员在接到咨询或举报之后，将第一时间确认事实关系，如发现违纪行为属实，则应采取纠正措施，防止再次发生。调查和纠正措施结束后，举报窗口的专职人员还会定期进行后续跟进，以确认是否对咨询者或举报者造成了不利影响。[1]具体的处理流程如下图所示：

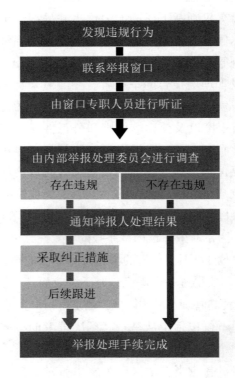

（三）保护举报人的隐私

举报毫无疑问会侵犯某些人的利益，为了防止报复则需对举报人进行必

---

〔1〕 参见《内部举报制度 规章丨日本贵弥功株式会社》，载企业官网：https://www.chemi-con.co.jp/cn/company/sustainability/governance/compliance/whistleblowing.html，访问日期：2022年4月20日。

要的保护。各国普遍认识到，相比于其他保护措施，最佳的办法就是对举报人的身份信息做好保密措施，使想要报复的人无法锁定对象，故而难以实施行动。与举报人信息保密相对应的则是匿名举报，匿名意味着没有人知道确切的信息来源。相对于身份保密的共识来说，各国和学者对匿名举报制度尚存在一定的争议。

一些国家立法和国际组织的规定明确支持匿名举报。例如，G20 报告总结说，内部举报制度的一个核心关注领域是需要"制定明确规则，通过确保匿名披露能够进行，并将受到保护，从而鼓励举报"。[1]而澳大利亚于 2013年颁布的《公共利益披露法》明确规定，公共利益披露可以口头或书面形式进行，也可以匿名进行。[2]另一些学者则对匿名举报的负面效果进行了阐述。例如，拉蒂默（Latimer）和布朗（Brown）认为，匿名会阻碍对举报人的问责，从而可能会鼓励故意的虚假举报，因此匿名披露只能作为"最后手段"。[3]而且，允许匿名举报可能会显著增加举报的数量，在处理能力不变的情况下事实上降低处理效率，这也给深入调查增加了难度。因此，斯蒂芬森（Stephenson）等人在欧洲委员会秘书长委托编写的一份报告中，同样质疑在保密的情况下匿名披露的必要性："法律和社会问题源于匿名举报：匿名信息很少被法庭采纳为证据。有些情况下，由于举报人保持匿名，另一名员工受到怀疑并被解雇……研究结果表明，当通过匿名渠道收到举报报告时，审计员认为可信度较低，分配的调查资源较少。"[4]还有一些学者尝试用技术手段解决这个制度困境，他们认为，电子邮件等新技术或许可能解决匿名举报在求证可信度上的工作。[5]问题在于，技术上的匿名和事实上的匿名之间未必能直接画等号，即使采用再先进的加密传输方式，如果举报人在举报内容中披露的

〔1〕　Simon Wolfe，"Whistleblower Protection Rules in G20 Countries：The Next Action Plan"，*Melbourne：Transparency International Australia*，2014，p. 4.

〔2〕　Australia（2013），Public Interest Disclosure Act，section 28.

〔3〕　Paul Latimer & A. J. Brown，"Whistleblower Laws：International Best Practice"，*University of New South Wales Law Journal*，2008，Vol. 31，No. 3，p. 775.

〔4〕　Paul Stephenson & Michael Levi，"The Protection of Whistleblowers：A Study on the Feasibility of a Legal Instrument on the Protection of Employees Who Make Disclosures in the Public Interest"，p. 25.

〔5〕　Daniel Omeragić，"*Etička* Linija MOBiH：Među Prijavljenim i General *Milojčić*"，Oslobodjenje，2014-3-25，www. oslobodjenje. ba/vijesti/bih/eticka－linija－mobih－medju－prijavljenim－i－general－milojcic〔2021-12-1〕.

信息过于详细，以至于可以根据这些内容推理出知情者，那么先进技术的保护作用也将不存在。

鉴于上述观点都有充分的合理之处，企业的反腐败合规制度是否应当鼓励匿名举报难以一概而论，应当充分考虑主要利益攸关方的诉求和企业内部的良好氛围。对于制度的制定者来说，既要防止挫伤举报者的积极性，也要防止组织内部产生随意举报的氛围。

（四）防止举报人被报复

即使构建了隐私保护制度，也不可能完全杜绝举报人信息泄露的情况，因此对潜在报复的有力保护是内部举报制度能够运转的基石，否则寒蝉效应还是难以避免。举报人保护制度要考虑的因素很多，否则将缺乏可操作性。在许多情况下，如果对举报人的保护只是象征性的，员工认为自己得到了真正的保护，却遭到了实际的报复，其造成的影响将比没有保护措施更为恶劣。有效的保护制度要考虑的现实因素很多，例如被举报者可能进行报复的时间跨度很大，并不限于被举报后的短时间内，而可能发生在被举报的数月甚至数年之后，那么保护覆盖的期限也应当比较长，譬如长达 1 年或者几年的时间设定就比两三个月更为科学。另外，被举报者可能从其他角度对举报者的职业生涯产生不利影响，保护制度应当被充分考虑到。当报复无法阻止的时候，企业有必要给予充分和及时的补偿。巴尼萨尔（Banisar）认为，对举报者的赔偿"必须全面，以涵盖报复的所有直接、间接和未来后果"，其范围可能包括恢复原状、补偿损失的工资、补偿其痛苦或其他一系列费用。对于企业来说，不限制补偿金额是正确的做法，而且补偿的定义应宽泛地涵盖所有损失，并设法使当事人恢复到举报前的相同地位。[1]这一笔费用本质上是由于发动报复的行为而产生，因此最终应当由报复者承担，但是寻求赔偿的时间周期可能比较长，企业的赔偿方案实质上起到了一个临时救济的作用。否则，如果要举报者自己通过漫长的程序向侵害人寻求赔偿，即使最终可以实现，其产生的额外成本也足以为寒蝉效应的真实性添上浓墨重彩的一笔，同时对企业保护举报者的宣誓造成重大打击。

---

[1] David Banisar, "Whistleblowing: International Standards and Developments", in Irma E. Sandoval (ed.), *Contemporary Debates on Corruption and Transparency: Rethinking State, Market, and Society*, World Bank, Institute for Social Research, UNAM, 2011, p. 38.

值得注意的是，企业对被侵害的举报者进行补偿是一回事，但在举报的时候就给予奖励则是另外一回事。关于奖励在内部举报中应发挥的作用，一直存在着重大的争论。例如，有一些立法允许举报人在政府根据披露的信息追回资金时收取现金奖励，其背后的逻辑是信息的价值被认为超过了任何关于披露背后动机所体现的道德。然而，道德问题的判断并没有那么简单，例如英国对给予举报人奖励问题进行的调查显示，大多数受访者（包括举报人）都不赞成奖励的方式。他们认为，其原因既与金钱奖励这种方式举报的基本理念有关，也与以这种方式奖励举报人的实际影响有关。具体来说，这样的制度可能会破坏举报者的道德立场，可能导致虚假或延迟举报，也可能导致其他人对举报人的负面评价。[1]但对于企业来说，如果举报对企业产生了积极影响，的确没有理由不让举报人在工作场所通过薪酬结构、晋升或其他认可机制（如荣誉名单）得到认可和奖励。只是，这些奖励既不能取代应有的保护机制，同时必须配合防止恶意举报的相关机制。

（五）防范恶意举报

构建内部举报机制的最后一项重要考量是如何防范恶意举报。虽然绝大多数的举报行为都符合正义和道德的要求，但的确有一些举报者会将举报作为打击异己、谋求私利的手段。从长期来看，如果缺乏对恶意举报的甄别和防范措施，就可能导致其数量的膨胀甚至泛滥。一方面，恶意举报占用了宝贵的内部资源，影响了本应该正常进行的调查行为。另一方面，过多的恶意举报可能让调查者在接触到新举报的时候产生疑惑、警惕甚至反感的情绪，明显不利于内部举报机制的正常运行，因而必须对此进行制度上的防范。总体而言，对恶意举报的防范应当包含识别与威慑，即从制度设定的层面发现哪些举报不正常并予以排除，并同时规定恶意举报行为要承担的后果。

从发现恶意举报的角度考虑，内部举报制度应当主要考虑举报者动机和举报内容两个方面。世界各国公认的应当鼓励的举报本质上是出于公共利益，而恶意举报显然是为了谋求私利或报复私怨，而无论是哪一种，举报人与被举报人之间都应当具有明显的关联密切性。这种密切既可以是业务上的也可以是利益上的，而且并不难以获知。当然，即使举报人挟私以报也并不绝对

---

[1]　Public Concern at Work, The Whistleblowing Commission: Report on the Effectiveness of Existing Arrangements for Workplace Whistleblowing in the UK, p. 8.

意味着举报内容失实，但是企业内部在判定模棱两可的情况时应当将其作为考量元素。譬如，马来西亚第二大银行联昌国际银行（也是全球资产规模最大的伊斯兰银行之一）在内部举报制度中规定举报人的三项责任就可供参考，其分别是举报动机善意、相信举报内容和自身利益无涉。第三项责任可以进行一定程度的变通，即如果举报内容与被举报人利益相关，则必须在一开始就申明。[1]换言之，如果举报行为不满足以上规定，则举报人需自行承担相关不利后果。其次，虽然企业不要求完美举报者的存在，但其举报的内容应当在常识和逻辑的范围之内，如果显然超过这个范畴，则举报人有义务提供至少是初步的线索，否则这种举报内容很可能被判定为失实。

从威慑恶意举报的角度考虑，规则构建的基本原理应当是举报者要对自己的行为负责。一方面，恶意举报人不能享受和普通举报人一样的保护；另一方面，他们还可能面临来自企业内部乃至公权力机关的惩罚。比如，英国知名的老年慈善机构 Age UK 在举报制度中的规定值得参考借鉴。对于恶意举报的事实，Age UK 采取了直接获知和间接推定结合的标准，前者为"发现举报人恶意举报"，后者包括"不符合公共利益""在没有合理理由相信其实质上是真实的情况下提出举报""不当收集支持举报的信息"以及"为个人或第三方利益进行指控"。而恶意举报所面临的后果是"受到正式的纪律处分，最高可达解雇，在某些情况下，如果为了实现这些目标而发生违法行为，他们可能会受到刑事调查"，同时这些举报无法受到 PIDA 规定的举报人保护制度。[2]相比于其他违规行为，腐败是对个人品德极为严厉的否定，如果在内部同事中间形成"此人是腐败分子"的共识，将会在很大程度上破坏其与同事间的合作信任基础，这也会对其产生很大的社会压力。因此，让恶意举报者承受相对应的代价不管在维护正义的道德层面还是在促进制度运行的功利层面都有很大的必要性。

---

〔1〕 "Whistle Blowing Policy | CIMB"，https://www.cimb.com/en/who-we-are/corporate-governance/code-of-conduct/whistle-blowing.html〔2021-12-1〕.

〔2〕 Microsoft Word-4.2.4-Age UK Sutton Whistleblowing Policy.

第四章

反腐败合规机制的常态运行之维

在制度构建的工作初步完毕，企业的反腐败合规处于整装待发的情况下，接下来需要思考的问题便是这个机制在正常情况下应当如何运行。换言之，这个机制的运行由哪些内容组成，这些内容又是如何分别起到预防犯罪的作用？本章的内容旨在回答这个问题。通过对中外企业合规工作的类型化整理，一个完整且处于正常运行状态的反腐败合规机制基本由四项内容组成，分别是合规培训、合规监控、第三方管控和并购合规。这四个部分囊括了企业经营可能涉及的各项工作，覆盖的对象也包括企业内部员工和与企业有合作关系的第三方。虽然它们彼此有所关联，但从根本上看都具有独立性，无法被其他主体吸收含括。这四项工作包含了形形色色的具体操作，有的操作可能与一般人的直觉感受并不相符，但这些操作的逻辑都是基于犯罪学中对腐败犯罪成因的探究，很多还被实证研究所确认。以下，笔者将分别对这四个组成部分进行具体阐述。

第一节　反腐败合规培训

过去二十多年的研究中，全球的研究者对反腐败问题的培训基本达成共识，即企业定期举行反腐败培训是预防腐败犯罪的有效途径。韦斯特（West）、亚当（Adam）和卡普坦（Kaptein）等学者分别通过实证和逻辑推理等不同方式阐述了员工培训如何降低将其卷入腐败行为的风险。[1] 而各国政府对企业

---

[1] See J. P. West & E. M. Berman, "Ethics Training in U. S. Cities: Content, Pedagogy, and Impact", *Public Integrity*, 2004, Vol. 6, No. 3, pp. 189~206; A. M. Adam & D. Rachman-Moore, "The Methods Used to Implement an Ethical Code of Conduct and Employee Attitudes", *Journal of Business Ethics*, 2004, Vol. 54,

合规的考察也往往将培训作为重点。例如，美国司法部刑事司于 2020 年 6 月 1 日发布的《公司合规体系评估指南》（更新版）对"培训"的论述占到了不小的篇幅。这份指南认为，检察官应评估公司为确保将政策和程序纳入组织而采取的措施，包括对所有董事、高管、相关雇员以及在适当情况下对代理人和业务伙伴进行定期培训和认证。检察官还应当评估公司是否以适合受众的规模、复杂性或专业性的方式传递信息。[1]

虽然该文件的合规培训被归入第一项"公司的合规计划设计得好吗？"这一类别，但在其阐述中，检察官对公司合规培训考察的重点几乎都落在了"实践"上，其基本逻辑可以被归纳为方案的良好需要以实践的良好来证明。所谓的实践也就是机制的运行，在本书的逻辑中，合规培训是企业反腐败合规机制运行中的重要组成部分。作为一项既要花费人力、物力，又要面临重点考察的项目，合规培训本身的重要性无需赘言。而且，和监督、执行等工作不同的是，培训可以被理解为广义的教育，其成败不在于影响短期的、具体的某个工作，而是可能长期直接影响企业成员的行为模式，其效果可以类比"十年树木，百年树人"，而这对于企业合规体系的最终效果具有无可替代的作用。因此，笔者将从反腐败合规培训的目的、内容、手段和效果衡量等四个方面对其进行完整阐述。

一、反腐败合规培训的目的

笼统而言，反腐败合规培训的目的自然是防止员工出现相关的腐败行为，但这种字面意思上的同语反复对实际工作并没有什么作用。事实上，培训的目的主要是消除和减少潜在行为人的主观犯意，同时增强其他人对腐败犯罪的警惕意识。根据腐败行为发生时行为人主观性的不同，我们可以将其视为两种不同的行为，进而分别进行有针对性的培训。在一种情况下，企业成员在商业行为中实施腐败行为时并不知道自己已经违反相关法律，对可能造成的后果也一无所知。而另一种情况则是，企业成员清楚地知道自己行为的违法性质，或者至少对其不道德性有明确的认知。在前一种情况下，腐败行为的

（接上页）No. 3, pp. 223~242; M. Kaptein, "Ethics Programs and Ethical Culture: A Next Step in Unraveling Their Multi-faceted Relationship", *Journal of Business Ethics*, 2009, Vol. 89, No. 2, pp. 261–281.

　[1]　U. S. Department of Justice Criminal Division Evaluation of Corporate Compliance Programs.

根源可以被概括为无知，而后一种腐败行为就比较复杂了，其产生有多种因素的影响。显然，有效的反腐败合规培训必须能同时应对这两种情况，既消除因无知而产生的腐败，同时也尽可能减少明知情况下发生的腐败行为。

第一种情况虽然很像腐败犯罪人为自己开脱而找寻的理由，但却大量真实存在。基于商业模式的复杂性和法律规定的专业性，从事业务活动的组织成员不清楚自身行为的性质的现象并不罕见，无意识的腐败也就由此产生。一个最为明显的实证研究案例是贝克尔（Becker）等人对欧洲上千位接受高等教育的学生进行的与腐败相关问题的测试，结论是包括商学院学生在内的大多数学生难以确定什么属于腐败行为及其法律后果，甚至即使是法律专业的学生也对腐败问题的缺乏足够了解。[1] 可想而知，当这些人成为公司的员工和高管时，其关于腐败问题的认识是何等薄弱，由此而产生的行为造成腐败风险也不足为奇了。要解决这种因为无知而产生的不合规风险，合规培训必须提高企业成员对腐败行为的认识，即一种行为是否属于腐败，同时还要明确腐败行为可能造成的严重后果，让广大的企业成员对腐败问题从"缺乏了解"进步为"比较了解"乃至"非常熟悉"。从主观性来说，反腐败培训的本质是压缩行为人因无知而产生的思维盲区。

第二种情况相比来说则更为复杂，只要当企业成员明确意识到自己的行为具有不正当性时，无论其行为是否被认定为违法，本质上均已经属于犯罪学意义上的越轨行为。因此，作为合规体系的重要组成部分，反腐败合规培训要能以预防越轨行为为目的，从而发挥必要的帮助作用。用前文所提到的欺诈三角模型分析人的行为，当动机、机会和合理化这三项要素齐备之时就会导致包括腐败在内的犯罪行为。[2] 而只要其中一个因素不存在，行为人就不太可能实施腐败行为。因此，要使腐败控制措施有效，包括培训在内的手段必须至少解决其中一个因素。[3]

第一个因素是动机，即企业成员主观上想要实施腐败行为必定是出于某

〔1〕　K. Becker, "Fostering Management Education to Deter Corruption: What do Students Know About Corruption and Its Legal Consequences?", *Crime, Law and Social Change*, 2013, Vol. 60, No. 2, pp. 227~240.

〔2〕　J. Dorminey, "The Evolution of Fraud Theory", *Issues in Accounting Education*, 2012, Vol. 27, No. 2, pp. 555~579.

〔3〕　A. Schuchter & M. Levi, "The Fraud Triangle Revisited", *Security Journal*, 2013, Vol. 29, No. 2, pp. 107~121.

种动机，这种动机既可能和金钱相关，也可能和其他的情感需求有关。[1]例如，如果企业成员有赌博、奢侈消费等需要大量金钱支持的不良习惯，就可能产生腐败的动机。同时，与工作生活相关的压力也可能刺激人们从事腐败活动，例如企业制定了用常规手段难以完成的销售目标或者时间极为迫切。

第二个因素是机会，即行为人只有在合适的条件下才能开展腐败活动。这种机会分为两个层面：其一，某些特定的岗位和职能部门人员因为工作原因更有利于实施腐败行为。比如，相对于缺乏任何与工作相关的外部联系的岗位来说，与客户、供应商、投资者或公职人员有工作相关联系的岗位更有机会实施腐败行为。其二，公司内部的合规系统。相比之下，腐败行为更可能发生在合规体系薄弱的公司，其具体表现包括反腐败政策不够明确或者高层对"不可接受的行为"的态度暧昧不清。在《公司合规体系评估指南》中，美国司法部提出了"基于风险的培训"，其内容包括相关控制职能部门的员工接受了哪些培训？公司是否为高风险员工和控制职能员工提供了有针对性的培训？是否有针对不当行为领域的风险的培训？主管员工是否接受了不同的培训或补充培训？公司进行了哪些分析，以确定哪些人应该接受培训？培训的内容是什么？[2]这些考察要素实际上要求企业的合规培训能有效遏制可能发生的违规行为。

第三个因素是行为人必须能够证明他们参与腐败活动有正当理由。每个人都不希望生活在负面情绪当中，当行为人认为实施腐败行为会带来消极情绪时，即使有动机和机会也很可能会放弃行为。此外，负面情绪还会因为其他人的评价而产生。因此，无论是实施腐败行为之前还是之后，行为人都会希望消除自己的负面情绪。[3]因此，反腐败合规培训应当尽可能使腐败与负面情绪产生关联，从主观感受的角度降低腐败行为发生的可能性。

二、反腐败合规培训的内容

根据以上目标，反腐败合规培训的具体内容就能够相应展开。总体而言，

---

〔1〕 R. Kassem & A. Higson, "The New Fraud Triangle Model", *Journal of Emerging Trends in Economics and Management Sciences*, 2012, Vol. 3, No. 3, pp. 191~195.

〔2〕 U. S. Department of Justice Criminal Division Evaluation of Corporate Compliance Programs 2020.

〔3〕 S. C. Zyglidopoulos, "Toward a Theory of Second-order Corruption", *Journal of Management Inquiry*, 2016, Vol. 25, No. 1, pp. 3~10.

反腐败合规培训的主要内容应该包括国家和企业两个层面。国家层面的内容应当包括现行的国际反腐败标准及其在不同国家的适用情况。企业层面的内容则是本单位的反腐败政策以及其他相关的内部合规规章制度，还有公司的合规组织架构和整体合规计划。此外，企业成员从培训中还应该能学会如何使用执行敏感业务流程时的可用工具，这些工具能确保自己在日常业务过程中遵守合规指南和法规。在介绍所有的规定内容时，培训都应该包括有关腐败的简短案例研究，这样才能最大限度地确保员工明确知道并理解哪些商业行为是腐败。通过规范、工具和案例培训，企业成员一方面能明确知道腐败行为的外延，另一方面也会明白，即使他们自己仍然认为这样的行为可以接受，其他人也不会相信他们编造的理由并参与其中。

对于上述内容应该如何具体展开，不同国家和行业的企业可能各有侧重，本书选取一个企业为典型样本进行论述。作为全球最大的 HMO（Health Maintenance Organization/健康维护组织），美国凯撒健康计划医疗集团（Kaiser Permanente）是很多国家医疗改革学习的典范，也是美国前总统奥巴马医疗改革时推崇的先进样本。凯撒医疗不仅在专业领域和商业领域都获得了巨大成功，在企业合规方面也颇有建树，尤其是其合规培训材料内容完整、重点突出，具有很强的示范意义。

在凯撒医疗的合规培训中，反腐败的相关内容被归入反对欺诈、浪费和滥用（Preventing Fraud，Waste，And Abuse）章节。此章开头部分是对这三个概念的解释。凯撒医疗定义的欺诈是指明知而故意执行或试图执行一项计划或诡计，以欺诈任何医疗福利计划或通过虚假或欺诈的借口、陈述或承诺，获取任何医疗福利计划所拥有或保管或控制的任何金钱或财产。滥用则涉及对项目或服务的付款，但该付款不具有合法权利，且供应商未故意歪曲事实以获得付款。[1]这些与本书定义的腐败行为存在相当大的交集。随后，培训给出了欺诈和滥用的一些具体做法，有一些案例以直接叙述的方式展开，例如故意为未提供的服务或未提供的用品开具账单，包括为患者未能遵守的预约开具医疗保险账单、为不存在的处方开具账单、故意更改索赔表、医疗记录或收据以获得更高的付款。[2]有一些案例则以选择题的方式进行表述，其

---

〔1〕 Kaiser Permanente Annual Compliance Training 2017，p. 44.
〔2〕 Kaiser Permanente Annual Compliance Training 2017，p. 45.

中一个问题是以下行为属于欺诈、浪费还是滥用？四个选项分别是：

    A. 一位实验室主任例行公事地为无序的实验室工作向医疗保险收费。

    B. 药剂师订购了太多的药物，最终药品过期了。

    C. 一名医生从一家实验室收到 6000 美元的贿赂，以作为将患者转介到实验室的回报。

    D. 一名员工使用公司复印机为她儿子的学校制作传单。

    凯撒医疗给出的答案是 A 行为属于欺诈，实验室主任打算从产生的盈余中获益。根据《虚假索赔法》（FCA），实验室将受到每项索赔的处罚。B 行为属于浪费，药剂师没有过度订购药品的倾向。然而，在这样做的过程中，其客观上花费了公司的资金，因此药剂师违反了公司的政策和指导方针。C 行为属于欺诈，医生故意把病人介绍给一家为其提供经济奖励的实验室。医生违反了《反回扣法》。D 行为属于滥用，其为了自己的利益而使用公司用品，该员工违反了公司政策和指导方针。该培训明确指出，每年由这些违规行为给公司造成的真实损失难以估计，保守估计为总收入的 5%。[1] 相比于平铺直叙，这种从题目到答案的顺序可以让参与培训的人深刻地思考关于腐败行为的种种，也契合了《公司合规体系评估指南》"有些公司会向员工提供实用的建议或案例研究，以解决现实生活中的各种情况，并根据需要逐一指导员工如何获得道德操守建议"的要求。[2]

    在介绍了腐败行为和其危害之后，凯撒医疗进而申明了每一个公司成员的义务，包括预防、发现和报告潜在腐败行为。具体包括遵守所有适用的法律、法规和其他政府要求；有义务向政府报告任何合规问题以及可能知道的可疑或实际违规行为；有责任遵循责任原则；随时了解政策和程序。为了实现上述义务，员工必须对相关法律有所了解，因此后面列举了常用的相关法条。例如，《医疗欺诈法》规定："任何人明知而故意执行或试图执行一项计划，以……欺诈任何医疗有效计划……将被罚款……或监禁不超过 10 年，或两者并罚。"再例如，《美国法典》1320A-7b（b）规定的《反回扣法》禁止明知而故意索取、接受、提供或支付报酬（包括任何回扣、贿赂或回扣），以

---

[1]   Kaiser Permanente Annual Compliance Training 2017, p. 49.

[2]   U. S. Department of Justice Criminal Division Evaluation of Corporate Compliance Programs 2020.

转介全部或部分根据联邦医疗保健计划（包括医疗保险计划）支付的服务。违反行为将受到最高罚款 25 000 美元或最多 5 年监禁。[1]

凯撒医疗的培训内容覆盖相对完整，而根据犯罪学的实证研究成果，反腐败合规培训需要对两个问题进行重点应对，这两项内容分别是对生命健康的威胁以及符合文化习俗。[2]这两项内容是实施腐败行为的人最常提出的理由，只有针对性回应才能更进一步提升培训的有效性。

实证研究发现，就腐败行为是否能在生命或健康受到威胁时获得豁免这个问题而言，受过培训和未受过培训的商业人士会感受到同样的困惑，因为这两重价值观显然都很重要，但又在此处相互冲突。不同于凭空想象的理论问题，跨国公司派遣员工前往安全可能受到严重影响的地区开展工作是大量存在的事实。在那里，他们随时可能面临具有挑战性的道德困境。要解决这个问题，死记硬背某些规则或者案例显然并不管用，瓦伦丁（Valentine）认为公司应采取注重理解、对话和批判性反思的培训方法。这种方法将使员工能够在道德不明确的情况下作出基于价值的决策。此外，公司需要明确规定并明确告知高管和员工，在他们或其他相关人员因生命或健康受到严重威胁而被迫参与腐败的情况下应如何行事。从伦理的角度来看，法不强人所难，健康或生命受到严重威胁的情况可以打破腐败行为在任何情况下都是不可接受的规则。[3]但是，此类事件需要立即向公司相关部门报告，公司相关部门应保留事件的书面记录，以便应对未来的检查。

另一种很有影响力的观点则是，有些行为在某些文化环境中不能算是腐败，因此可以实施。例如，有一种观点认为，礼物、邀请和其他馈赠是某些文化中商业礼仪的一部分，不具有腐败的负面含义。因此，在这些社会中做生意，适应盛行的社会文化习俗，即使从某些文化角度来看被视为腐败行为，也可以被允许。[4]对于这种观念，很多学者也给予了批评和反驳，他们指出，没有任何证据支持腐败被视为任何社会文化的一种受人尊敬的固有品质的说

〔1〕　Kaiser Permanente Annual Compliance Training 2017，p. 54.

〔2〕　Christian Hauser，"Fighting Against Corruption：Does Anti-corruption Training Make Any Difference?"，*Journal of Business Ethics*，2019，Vol. 159，No. 1，pp. 281~299.

〔3〕　S. Valentine & G. Fleischman，"Ethics Training and Businesspersons' Perceptions of Organizational Ethics"，*Journal of Business Ethics*，2004，Vol. 52，No. 4，pp. 391~400.

〔4〕　D. M. Watson，"Cultural Dynamics of Corporate Fraud"，*Cross Cultural Management：An International Journal*，2003，Vol. 10，No. 1，pp. 40~54.

法。相反，腐败的概念本身就意味着不道德的、通常是非法的行为，不管社会的传统和文化如何。[1]这种腐败宿命论不应该成为现代化商业从业者的观念。从法律角度来看，根据现行的反腐败国际标准和大多数国家通过的反腐败法律，公司不能通过声称腐败是特定国家的一个特定文化因素来逃避法律责任，即使那个国家的腐败情况很严重。在培训中，公司应该更积极地抵制这种将腐败归因于文化的观念，应当以各种方式明确阐述这一主题——腐败行为就是不正当的，也是不会被容忍的，和其所在地与文化无关。

三、反腐败合规培训的形式

在确定了关键的培训内容之后，同样重要的问题是培训的形式。对此，《公司合规体系评估指南》罗列了几项考核点，分别是培训的形式和语言是否适合培训对象？培训是在线培训还是现场培训（或两者兼而有之）？公司选择的理由是什么？培训是否涉及以前的合规事件中的经验教训？[2]和学校教育中的很多知识一样，反腐败合规的内容或许对每个企业成员而言都是重要的，但很多人可能并无浓厚的兴趣去学习与了解。尤其是对于普通人来说，反腐败合规的概念本身就很严肃，也很容易让人直接将其与条条框框、规矩束缚等画等号，这些都容易让企业的成员对反腐败合规产生一种先入为主的污名化倾向。对培训形式的考量和改进正是为了消除这种潜在的不良影响，让接受培训的人能获得真正的收获，而非流于形式地完成任务。比如，培训需要能让他们认识到反腐败合规能够切实维护企业和他们个人的利益与声誉。此外，如果培训能激发企业成员的创造力和积极性，使得参与培训的人集思广益于合规主题，那么甚至还能额外起到团建的功能。

综合各国合规培训的实践，洛瑞·韦斯顿（Lori Weston）等人总结了比较主流的集中培训方式，大致可以分为传统型和创新型两种。[3]其中的传统型主要是依托于讲解和讨论的研习模式，包括讲师现场培训、播放预先录制的网络视频和参与在线课程。而创新型的合规培训强调寓教于乐，通过有奖游

---

〔1〕 J. Hooker, "Corruption from a Cross-cultural Perspective", *Cross Cultural Management: An International Journal*, 2009, Vol. 16, No. 3, pp. 251~267.

〔2〕 U. S. Department of Justice Criminal Division Evaluation of Corporate Compliance Programs 2020.

〔3〕 Weston, "Best Practices in Compliance Training", *Journal of Financial Compliance*, 2021, Vol. 4, No. 3, pp. 282~291.

戏等方式将合规的知识蕴含其中。例如，著名的页游"Compliance Jeopardy"就是一种以合规知识为内容的游戏。[1]这两种方式并没有明显的高下之分，只是根据每个公司的情况不同而供其自主选择。因为第二种方式往往不需要花费成本，可以作为辅助性的学习形式，并且其效果尚有待进一步研究，因此不展开讨论。以下，笔者仅对传统型的三种培训方式分别予以阐述。

（1）现场培训。现场培训课程通常由企业内部合规部门的人员或外请的第三方合规专业人员提供，其特点在于可以定制培训内容。针对不同面向的听众，培训课程既可以对所有员工进行合规概念或者规范的培训，也可以对具有特定职能的岗位人群提供专业培训，以强调某些内容或解决与会者的专门问题。因为现场授课受到场地、讲解人员、培训效率等多种因素的限制，这种形式更适用于较小的受众，如中小型公司，或者大型集团内的特定职能部门。由于彼此之间可以直接沟通，因此现场授课的形式有助于各种参与者开展互动，使与会者能够从听取其他人的问题和评论中获益。虽然现场培训可以在有培训师和受训人员在场的会议室进行，但对于地理上分散的企业或员工群体，现场培训的概念仍然可以在远程视频会议技术的帮助下应用。

（2）网络课程。对于规模较大的公司来说，许多员工的工作和空余时间相互冲突，无法在统一的时间开展培训。因此，预先录制的视频培训可以收获更为良好的培训效果，因为它们可以在最方便的时间分发给员工并供每位员工自由查看。与现场培训一样，预先录制的网络课程也可以定制内容。这种培训通常由企业合规部门员工提供。虽然预先录制的培训具有时间安排上的灵活性，但这种方式是单向度的灌输式学习，也就缺乏了让与会者提问或参与有意义的对话并相互学习的机会。

（3）在线课程平台。有一些公司的业务相对固定，并不需要广泛灵活的合规内容定制，还有的公司需要有充分的证据证明员工完成了合规培训，以达到"留痕"以应对检查，这些公司往往选择使用第三方在线课程平台开展其合规培训计划。这些平台往往还会通过测验来评估学员的理解能力以及跟踪课程完成情况和参与情况，以便评估其培训计划的有效性。此外，许多平台还会提供对常见问题的报告，因此企业可以针对这些问题再进行深入培训。然而，这种培训方式的最大局限在于，其不是为某个公司自己的合规计划量

---

[1]　https://jeopardylabs.com/play/corporate-compliance-jeopardy11［2021-9-14］.

身定制的。通用课程有助于提供合规规则和概念方面的一般教育，但它们不涉及公司采用的政策和程序，也不涉及将核心合规概念应用于公司运营模式。

以下是三种培训形式的优劣势对比：

培训形式	优势	局限性
现场培训	培训内容可以定制； 有利于教学之间的互动	每次培训人数有限
网络课程	培训内容可以定制； 培训时间自由灵活	缺乏互动性
在线课程平台	培训时间自由灵活； 能进行测验和评估	培训内容无法定制； 缺乏互动性

无论采用上述哪一种或者哪几种方式，企业内部的反腐败合规培训均应当尽可能向正式化、组织化的方向发展。培训最好能逐步形成完整的结构，除了合规之外，这种结构其实还可以被应用于公司业务的许多领域，如人力资源或工作职能培训。例如，培训可以有指定的必修课程和选修课，而不同的课程对应不同的学分。如果能成功完成各种科目的课程，在获得一定数量的学分后，参与培训者就可获得内部文凭以表彰其成就。这种方式不仅满足了企业的合规培训和教育需求，还为公司的反腐败合规培训计划创立了品牌，同时培养了员工自己的自豪感和成就感，让他们对反腐败合规的感情更为亲近。

此外，良好的培训方式应当包括问责制，即成功即可获得奖励，而失败就要承担不利的后果。这两种方法都可能导致参与者努力的显著增加。在反腐败合规培训中，如果某个个体或小组表现突出，那么培训机制应当向其提供一些有价值的东西，例如可以提前结束学习以作为奖励。而对于表现不佳的主体，可以要求其为其他人提供一次培训课程，涵盖他们比较薄弱的内容或合规主题。这么做的意义在于，要教育他人必须对内容足够熟悉，原本的后进生很可能对这个内容更为熟悉，成为优等生。

四、反腐败合规培训的效果衡量

对于任何培训来说，课程结束都并不意味着整个流程的结束，真正的最后一步应当是对培训的有效性进行评估，总结利弊得失，为下一次的培训工作积累经验。《公司合规体系评估指南》在此处提出了三个问题，分别是：公司是如何衡量培训的效果的？是否对员工的学习情况进行了测试？公司如何处理未通过全部或部分测试的员工？[1]尤金·索尔特斯（Eugene Soltes）在一篇文献中专门讨论了没有评估机制的合规培训存在多么严重的缺陷，并且建议设置一个回归模型，以便能证明培训计划与企业成员行为变化之间的联系。[2]虽然这个设想很好，但是该模型尚处于理论阶段，其实际效果缺乏验证。目前，全球公认的评估培训效果的模型是柯克帕特里克模型，这种模型能评估正式和非正式培训方法，并根据四个标准级别对其进行评级：反应、学习、行为和结果。[3]这个模型虽然简单，但是被不同国家多年的实践反复证明确定有效，可谓经久不衰。因此，本书也使用柯克帕特里克模型对企业的反腐败合规培训进行分析。

柯克帕特里克模型的第一个衡量指标是反应。培训的效果与学习者对所花时间的享受程度以及发现时间的价值之间存在着强相关性，因此对课程的评估在培训结束时就应该开始。良好的课程评估将集中于三个要素：课程内容、课堂环境和讲师的讲课能力。对于三个要素，应该对参与者发放评价表，按照实际授课的效果在多大程度上符合课程描述这个标准进行评价，评价的分数可以从高到低排列（例如 10 分是满分，最低是 5 分）。此外，评价表上还可以设置一些主观题，比如"你最喜欢这门课程的哪些方面"或者"有什么可以改进的"。但是，对参培者的评价表应该进行深入研究，而不仅仅是知道人们是否喜欢这门课程。因为几乎每个人都喜欢轻松愉悦地授课，但这并不意味着他们从其中真的学到了知识。

柯克帕特里克模型的第二个衡量指标是学习，即考察学员通过培训课程学习了多少内容。此评估通常通过学前测试和学后测试来实现。前测和后测是确定参与者在学习活动中是否学到东西的关键。对于参培者可以进行相同的前测和后测，因为前测和后测分数之间的差异正是表明所发生的学习量。如果没有预先测试，我们就不知道学员在课程开始前是否知道这些材料，除

---

〔1〕　U. S. Department of Justice Criminal Division Evaluation of Corporate Compliance Programs.

〔2〕　H. Chen & E. Soltes, "Why Compliance Programs Fail—And How to Fix Them", *Harvard Business Journal*, 2018, Vol. 96, No. 2, pp. 116~125.

〔3〕　Kirkpatrick Partners, "The Kirkpatrick Model", www. kirkpatrickpartners. com/OurPhilosophy/TheKirkpatrickModel〔2021-9-14〕.

非问题相同，否则无法确定学员是否在课程中学习了这些材料。一种有效的测试方法是要将问题重新排列，并以不同的顺序显示答案选项，以防止人们在不考虑信息的情况下记住选项。在分析测试分数时，平均的分数应该过高，这表明大多数人掌握了内容。杜克（Duke）认为可以使用 p 分数（即平均值的平均值）进一步分析数据。这个分数上升表明培训师的工作越来越好，分数下降则表明培训师感到厌烦、想走捷径或由于其他原因未能呈现全部内容。[1]

柯克帕特里克模型的第三个衡量指标是行为，意在衡量培训是否在工作场所转化为实践。这种测量方法可能很困难，因为人在完成一次培训之后可能没有立刻显露出实质性改变，而这并不是因为他们没有受到培训内容的影响，行为惯性、企业传统等原因都会影响人的行为。因此，对行为改变的衡量可能是一个漫长的过程，要在数月之后才能有所体现，而进行观察和访谈则是衡量行为最有效的两种方法。由于这种做法耗费的资源较多，因此评估的规模和形式要根据企业所处的环境决定。

柯克帕特里克模型的第四个衡量指标是结果，也是所有培训的终极目的所在。在这个层面上很难以测试或者访谈的形式来完成判断，而是需要某些事实来判断培训的总体成功率，包括内部投诉的数量和内容、有关部门的监督等。相较于前面三项，对结果的衡量肯定是最耗时和最困难的，尤其是归纳出哪些表现和结果与培训相关。

第二节　反腐败合规监控

在反腐败合规机制的运行过程中，监控是另一项极为重要的内容。对于企业而言，预防腐败犯罪与企业经营最为紧密的结合方式就是实现对经营过程的监督，以最大限度地保证经营过程是一个犯罪不易产生的情境。在美国司法部颁布的《公司合规体系评估指南》中，监控是检察官确定企业合规计划是否"在实践中起作用"的重要判断标准，检察官同样应考察公司是否采取了"合理步骤"，以"确保组织的合规和道德计划得到遵守，包括监测和审

---

〔1〕　La Duke, "How to Evaluate Training: Using the Kirkpatrick Model", *Des Plaines*, 2017, Vol. 62, pp. 20~21.

计以发现犯罪行为",并"定期评估组织的计划"的有效性。[1] 在公司不断发展扩张的过程中,其业务范围、面向国家、市场渠道和客户群体都可能出现重大调整,而且这些调整有时可能以快节奏的方式出现。反腐败合规机制要保持有效性,就必须能跟得上这种变化的速度。虽然监控的重要性如此之高,但是目前的研究成果却处于比较匮乏的状态,尤其是对企业在实践中可以采取什么方式监控日常经营的合规性这一问题,缺乏具有实践意义的引导。因此,本节将系统性论述反腐败合规机制在运行中的监控问题。首先,本节将论述监控的目标,然后讨论监控的具体内容以及运作方式。

一、监控的目标

对于合规从业者和研究者而言,理解企业经营这一概念可能有很多不同的角度,而对经营的过程进行监控也有不同的方式。例如,有人可能侧重于对经营过程中产生的数据进行分析,在把握基本趋势的基础上对异常值进行重点关注,有的观点可能侧重于对重点交易中发生的合同等具体文件进行审核,还有可能侧重于企业成员对外交往中的行为是否超过了商务礼仪的必要限度。此外,对第三方的监控显然也是反腐败合规的重要组成部分。这些内容彼此关联但却各有侧重,如何将其统辖在一个整体框架之内,既能实现有效监控又不至于浪费资源是值得探讨的问题。构建这个框架的源头在于明确监控的目标,即创设一个"不易"出现犯罪的情境。所谓不易是指既不容易,也非没有,因为容易出现犯罪说明监控放任了风险,追求零犯罪又走到了苛求的极端。对实施中的反腐败合规体系进行监控,本质上是确认这个计划在某个特定的时点是否能及时识别潜在风险,并有效启动应对程序,而这也可以被视为监控的总体目标。

在这一目标之下,不同行业和规模的公司对最佳实践的要求各有侧重。例如,对监管密切相关的行业来说,其行为所需遵守的规章制度随时可能发生变化,并对企业的经营产生直接影响,那么监控的重点无疑是合规体系是否能随监管升级而更新,以避免企业成员利用合规漏洞实施腐败行为。相比而言,受法规变动影响小的行业可能会优先考虑业务发展的灵活性。而如果公司的管理比较集中,就可以追求对违规行为的实时监测和处理,而对分支

---

[1] U. S. Department of Justice Criminal Division Evaluation of Corporate Compliance Programs 2020.

机构较多的公司而言，监控可能更多地意味着以责任抗辩为出发点，侧重于规范化的数据记录和留存，以便在面对不同国家执法机构调查时能有效应对，以避免高额罚款。

如果要构建这样一种情境，企业需要的是"宏观—具体"两道防线相结合的监控体系。从宏观层面上说，企业对反腐败合规的监控主要应该通过审查经营数据的方式产生，如果数据上出现异常值，合规部门和外聘的专家就需要对相关业务的收支进行彼此关联的、溯源式的具体审查。

二、数据监控

企业对反腐败合规的监控在宏观上主要以数据监控的方式实现。根据实际业务的发展情况，企业应该先确定监控的统计口径。例如，监控是按照业务开展的国家、地区进行划分，还是按照不同的业务块面进行划分以及在所有的国家、地区或者业务块面中，应该重点监控的主体是谁。此外，数据呈报和梳理的周期是多久，是每个月份都审查一次，还是按季度审查，抑或是半年度审查一次。明确统计口径和周期之后，企业应该细化监控的重点领域。对于这些领域的确认应当按照风险管控的原则进行，将关注的重点放在最可能造成重大损失或者最容易规避反腐败行为规范的领域上。而对于监控的人员也应当明确，谁应该收到哪个方面的监测报告，谁负责跟进和分析相关数据，这些具体事项都应该明确到人，以便开展工作和在发生问题时厘清责任。此外，监控的范围应当覆盖企业的所有日常经营活动，而不能仅限于个别特定环节，这种安排是基于腐败行为的发生规律。根据《中国企业家腐败犯罪报告（2014—2018）》的统计，日常经营、财务管理、产品生产、贸易、融资为企业家腐败犯罪的高发环节。其中，职务侵占罪、受贿罪、挪用资金罪和行贿罪有超过40%发生于日常经营活动中，而单位行贿罪的最高发环节为工程承揽，占比达到了30%，其次为日常经营和贸易环节。[1]

监控的目的是发现异常情况，因此必须构建明确的比较标准，只要数值突破正常值的上下限就会触发警觉。因为与腐败相关的情况主要反映在财务数据上，因此对腐败行为的监控可能包括了预计支出和收入以及实际的支出

---

〔1〕 张远煌等：《中国企业家腐败犯罪报告（2014—2018）》，载《犯罪研究》2020年第6期，第2~46页。

和收入。按照"收—支"的逻辑，也就是资金如何进出企业来衡量考察比较符合合规工作的要求。其中，最具有风险性的指标是被统称为敏感支付的支出。这些支出存在于任何可能包含不正当支付行为的交易之中，包括向存在腐败风险的政府官员、商业组织以及其他组织付款。敏感支付的变化和趋势很可能表明某些领域的风险增加，例如某个地区先付款后批准的数量明显增加，虽然这种情况可能伴随着业务量的上升，但同样意味着存在腐败风险，当地的企业合规负责人需要对此给出解释并接受相关的反腐败合规培训，这种业务所导致的付款模式也需要有新的规制方法。敏感支付还包括礼品、娱乐或旅行等领域的支出。这类支出是办公差旅和商务礼仪流程的必要组成部分，有一些会以先支出后报销的方式报账。

对敏感支付的合规监控应该根据时间和实践来判断是否不当。例如，在某个重大交易或项目投标之前，某些地点的合规敏感支付显著增加，这就表明可能有政府官员或商业客户从企业获得了不正当的利益并对决策产生了影响。同样，在企业进入一片新市场的时候往往也是腐败问题的高发期，因为面临着新的监管要求、市场规范和新的合作伙伴关系。如果业务人员缺乏经验则可能使企业受到当地政府官员或当地商业伙伴不当要求的影响。在这个时间点上，公司可以将预算作为评估的基准，着重分析进入新市场的预期与现实不一致的地方。未能按期实现目标或低于预期的业绩可能会给企业带来压力，迫使其采取捷径或创造解决办法来改善情况。如果在监控过程中发现延迟，如未能按期获得某个许可证、执照，商业或政府合作伙伴发生意外，都值得监控人员提高警惕。此外，企业可以在其财务或会计系统中识别和指定高风险账户，并针对这些账户定期生成报告，报告可与同一指定高风险账户的预算和实际情况进行比较。为了进行监控，企业可以按照预先批准的流程，在其财务系统中指定合规敏感支付的类型，以便定期生成报告。

由于大量的腐败行为都有第三方主体的参与，因此反腐败合规监控的重要部分是对第三方的监控，例如可能与政府官员或某些商业客户互动的第三方的支出。当发现企业聘用了不必要的第三方、缺乏操守的不合格第三方以及未提供必要服务的第三方时，或者发现以与各自区域或行业的标准薪酬不相称的方式获得报酬的第三方时，都应当触发监控的警报。鉴于第三方监控的重要性，下文将单独论述，此处不再展开。

数据监控体系的建立和完善并非一朝一夕之事。对于企业而言，要首先筛选出可用数据的种类并进行整理。譬如，即使在确立以资金的进出为基础逻辑框架后，咨询费、商务礼品支出、业务员提成等数据也分属于不同的类目，需要进行体系化整合。这种整合不仅要考虑到现有的数据系统，还需要具备足够的前瞻性。在完成分类后，最困难的问题是保证数据的适当性。所谓的适当性包括了数据的完整性、充分性和正确性。不同的数据由哪个部门保存，不同部门之间保存的同类型数据是否会产生差异，在多部门合作的情况下是否会有数据成为漏网之鱼，这些数据最终如何以汇总的方式变成合规部门可用的监控材料，这些问题都需要解决。因此，反腐败合规性监控系统在成熟之前可能会经历多次迭代。从企业掌握数据所处的位置并且能够准确地划定标记所需的数据范围开始，合规部门可以逐步将数据纳入监控体系，并进入合规性分析和评估趋势、异常值阶段。再然后，随着企业改进和完善其抓取和呈现数据的方式，合规监控系统将逐步迭代升级，越来越便于监控的实施，同时越来越容易发现违规行为。

基于现有的通用办公软件，合规部门已经能够开展数据的抓取、分类和呈现，并且对合规敏感交易进行识别，以帮助企业及时采取相关补救措施。这项工作的第一阶段是从企业的各种原有系统中将数据汇总进入统一的分析模板（比如 Excel 表格），这些系统可以包括采购数据系统、ERP 系统、员工培训系统以及各项许可证的记录日志。每个数据集都应当单独显示，并为合规性监控系统的每个组件创建基本图表，以供合规团队审查和分析。第二阶段是数据的可视化，即把模板中的底层数据整理为报表或其他可视化方案。在企业已根据对以往数据的分析确定了什么是"正常"的基础上，可视化展示应当能自动突出显示不同区域或业务线的异常值、费用的显著变化、转高或转低的趋势等。标准化和可视化数据使合规问题能够更容易地审查和识别趋势。而在更高层次的第三阶段，企业的各项数据在产生的时候就能自动地发送到合规数据系统内并自动进行分析，可视化工具第一时间能突出显示不同数据源的异常并发出危险的警示。

由上述阶段可知，在数据监控方面很难说存在通行的具体操作标准，企业也无需盲目追求最先进、最快捷的科技方法，根本问题还是在于合规监控系统的设计和运行。一个能准确、及时识别其公司特有的风险类型并有助于缓解这些风险的系统就是好的系统。

三、实体监控

当数据监控的过程中发现了异常，企业应当对业务涉及的具体人员、合同、流程等进行具体的排查，以尽早发现可能潜藏的腐败问题。在各国多年的反腐败执法实践中总结出很多与腐败密切相关的迹象，这些迹象或是实质腐败的表象或是腐败导致的结果，一般被统称为"Red Flag"（可译为红灯）。[1]各国家和地区的执法机构（如香港 ICAC）、大型国际组织（如透明国际、世界银行）总结了多种类型的腐败红灯。[2]这些红灯是企业的反腐败合规需要重点监控的内容，以下笔者将分别进行阐述。

（一）合同签订过程的警示信号

现代商业主体之间的合作基本上都需要以合同为载体，双方通过合同的签订与履行获得自己预期的利益，而腐败行为也是在这个过程的不同环节出现。合同签订的过程是腐败发生的重灾区，例如工程领域常见的招投标腐败。其中有一些明显的警示信号，合规人员在发现这些信号之后应当进行深入的调查。

这些信号中有一部分表现在合同主体上。其中一个明显信号是签订合同的公司是一家空壳公司。这些公司既没有实质性资产也没有办公地点，通过公开渠道也无法查询到他们的联系电话或者网址。空壳公司可以被用来从事许多违规活动，例如参与围标，制造存在竞争的假象，通过在竞标过程中提交更高的投标价格以帮助被制定的中标人顺利中标。例如，世界银行的调查人员曾经发现某个项目中被指定的中标人通过一台传真机传真了所有投标人的投标信息，在有的案例中其他信息如投标人的姓氏、地址、传真、电话号码相同，如果进一步审查会发现许多投标文件使用了相同的字体打印样式，甚至出现了相同的拼写错误。而由于这些串通投标的行为，投标价格通常比正常水平高出 30% 以上。[3]

---

〔1〕　英文文献中的"Red Flag"含义，参见 https://en. wikipedia. org/wiki/Red_ flag_（idiom），访问时间：2021 年 8 月 30 日。

〔2〕　参见亚伦·塞恩（Aron Sayne）等所编的 *Twelve Red Flags：Corruption Risks in the Award of Extractive Sector Licenses and Contracts*，尼古拉斯·希尔德（Nicholas Hildyard）所著的 *The World Bank，Red Flags and the Looting of Nigeria's Oil Revenues*，以及 ICAC 官网"Red Flags"一栏。

〔3〕　参见 https://www. worldbank. org/en/about/unit/integrity－vice－presidency/brief/common－red－flags-of-fraud-and-corruption-in-procurement，访问日期：2021 年 8 月 30 日。

另一个明显的红灯信号则是在众多的供应商中未选择报价最低者。如果最低报价的供应商被不合理地排除在外，就很可能存在人为操作。与供应商有潜在利益关系的项目负责人或期望从供应商处获得回扣的项目负责人，通常会向资质审核的负责人施加压力要求其宣布最低报价的供应商不符合要求，从而允许将合同授予其选定的承包商，而这些关系户供应商通常会提供更高的报价，所提供的商品或服务最多也只能达到勉强合格的水平。

第三个值得警惕的信号是故意拆分合同以避免审查。由于更高价值的合同通常对应更严格的审核，有些供应商为了避免严格审查往往会把一份合同拆分为价值低于审核阈值的众多合同。这些合同的金额可能刚好略低于审核阈值，也可能被任意拆分，金额之间无法被合理解释。专门调查卫生领域腐败和欺诈犯罪的 NHSCFA 对拆分合同的行为有过以下列举：向一个没有合同的单一供应商支付的大量小额款项；在短时间内与供应商的分类支出低于相关采购限额。员工和供应商之间关系过于密切；单一报价协议（SQA）和单一投标协议（STA）使用不当；不合理的工作类型分离，例如同一建筑项目的劳务费和材料费分开计算；与个别供应商的经常性支出模式刚好低于相关采购阈值；在现货购买的情况下缺少 SQA 和 STA。[1]这种情况在国内也同样存在，例如，中国商用飞机有限责任公司（中国商飞）在巡视整改情况的通报中提出，企业最主要的问题之一就是存在大量拆分合同，规避"三重一大"审批程序，而与之并列的还有个别领导人员涉嫌利用管理漏洞进行利益输送。虽然通报没有公开更多细节，但是拆分合同显然属于"管理漏洞"，其与"利益输送"（腐败）问题之间的关联并不少见。[2]

（二）合同履行中的警示信号

在合同履行的过程中，腐败分子也会使用各种手段攫取不正当利益，这些手段主要表现为虚增报价和削减成本。虚增报价通常表现为合同条款和对价的不合理变更，相比于初始合同中约定的内容和金额，供应商可以通过变更合同范围、增加关键人员的参与、单价、调整数量等方式不合理地增加合同总价。这些调整通常均以合同变更的方式出现，因此审核人员应当尤其注

---

〔1〕 "Contract splitting"，https：//cfa. nhs. uk/resources/downloads/guidance/fraud-awareness/quick-reference-guides/contract-splitting. pdf？ v=2. 0，访问日期：2021 年 8 月 30 日。

〔2〕 参见《中国商飞公司：整改大量拆分合同，规避"三重一大"审批程序问题》，载中央纪委监察部网站：http：//m. ccdi. gov. cn/content/65/f4/8079. html，访问日期：2021 年 8 月 30 日。

意合同变更通知单，如果变更通知数量异常多则需更加注意，要考察是否存在企业内部人员和供应商合谋增加合同价格而不实际交付任何新产品/服务的情况。例如，在 2011 年爆发的号称"美国历史上最大的合同招投标欺诈与贿赂案"中，美国陆军工程兵团技术顾问兼合同项目经理克里·汗（Kerry Khan）伙同合同招投标官员通过收受贿赂、回扣及其他内幕交易，将一个数十亿美元的军方合同非法承包给特定关系人并牟取暴利，总腐败金额达到三千多万美元。根据 FBI 的公开文件，克里·汗（Kerry Khan）与联邦官员达成协议，以向他们支付贿赂和回扣为代价换取联邦合同。合同在大多数情况下都会得到履行，相关工作也被完成，但账单上经常会有伪装成"管理费"的额外费用，而这些钱大部分都落入了犯罪者的口袋。此外，克里·汗（Khan）还将合同授予分包商并向虚构公司提交的虚假发票支付款项。[1]

另一种腐败手段则是提供劣质工程或服务压低成本。当供应商使用贿赂、回扣等腐败方式或与其他投标人串通以获取项目时，这些非法成本需要得到补偿才能继续盈利。比较常见的方法是交付的工程/货物/服务少于规定数量，或者交付低于规定质量的工程/货物/服务，也就是俗语中的"缺斤少两"和"偷工减料"。这种情况古今中外都极为常见，而对于低质量履行的投诉往往是合同腐败检查的"导火索"。

（三）账目管理中的警示信号

除了以上两项与合同相关的红灯类型，合规检查还应该覆盖付款手续和账目管理。如果不能确保支付款项和方式符合反腐败合规政策和程序要求，那么通常可能存在腐败机会。此外，与付款相关的银行账户也需要被纳入监控范畴。

账目管理中的一类警示信号与单据相关。例如，如果合规人员发现过多无发票或合同的付款、大量单据遗失或者不能按照正常的顺序排列，那么便可能存在内部人员私吞现金收入或支出未经许可的款项以谋取私利的情况。而如果在申请报销支出时经常不出示收据正本，则可能存在虚假申领报销不存在或被夸大支出的情况。此外，如果检查中发现存在时间间隔的多项支出，其审核文件却是在同一天内制作完成，便也存在虚构交易的可能性。

---

〔1〕"A ＄30 Million Case of Corruption——FBI"，https://www.fbi.gov/news/stories/30-million-dollar-case-of-corruption〔2021-8-30〕.

另一类警示信号与账目相关。例如，某些账户经常有表述模糊的支出（其他支出、杂费等）或者为同一个供应商重复支付相同的金额，而且不能合理解释其原因，如此则可能存在侵吞企业资金并伪造交易以作掩饰。同样可能被侵吞的还有奖金。例如，在销售等按成果计酬的奖金体系中，如果某些员工总是刚刚好达到领取奖金的水平线，监管人员要确认员工之间是否存在彼此间贿赂以互相转介业绩，最终达到可获发奖金的表现指标以骗取企业奖励的情况。

（四）个人行为的警示信号

除了上述所说的四项警示信号，当合规部门或者第三方监督机构发现企业成员存在特定的行为时也应当给予充分警惕。这些行为大多数和企业成员的工作密切相关，表现为不合逻辑或违背常情，例如某人对处理某项目表现出超越正常水平的坚持，并抗拒上级为其重新分配职责，或者拒绝休假，也不允许由其他同事在他休假期间接手其工作，那么便很可能存在问题。还有，如果承担采购职能的成员与供应商的关系过分密切，经常性地一起聚餐、娱乐，或者坚持要单独面见某客户或第三方而拒绝其他同事在场，则也是一种明显的警报信号。

对合规监控来说，还有一些迹象虽然与工作不直接相关，但是同样与腐败之间存在着紧密联系。例如，某些成员突然之间出现与收入明显不符的高消费（如购买昂贵房车、珠宝、住宅、衣服），以及出现严重的个人债务及信贷问题（如在办公室收到向该员工追讨债务的电话或邮件）。除此以外，如果得知企业成员存在资金需求较大的爱好，企业的反腐败合规审查也应当给予足够重视，因为许多腐败行为所获的赃款都被发现用于赌博等不良嗜好。一个近年发生、情节被证实的案例就是中国石油华北油田公司二连分公司工会办公室会计陈某因为赌博而多次挪用公款。其于 2019 年 10 月通过个人手机下载安装"满堂彩"APP 并注册账户后，先后参与该平台红黑、龙虎斗、百家乐等网络赌博活动。其利用自己保管使用工会财务两个网银 U 盾的便利，自 2019 年 11 月 16 日至 12 月 23 日先后 17 次挪用所属公司工会公款 15 241 080.13 元，其中的绝大多数都向该网络赌博平台转账充值进行赌博活动。[1]总额达 1500多万的巨款在两个多月时间之内就被全部输完，由此可见，沾染赌博等恶习

---

〔1〕 陈某挪用资金罪〔2020〕内 2502 刑初 56 号一审刑事判决书。

的人对资金的需求有多大，由此酝酿的腐败风险也可想而知。

　　而在上文提到的克里·汗（Kerry Khan）腐败案中，主犯克里·汗（Khan）将 1200 多万美元贪腐所得的相当一部分用于奢侈消费，其中一部分用于偿还豪宅的抵押贷款和装修费用，并购买了位于三个州的十几处新房产，另一些则花费在高档手表、机票、五星级酒店住宿、昂贵名酒上。而另一位主犯亚历山大（Alexander）也是如此，他用相当一部分非法所得为自己的情人在韩国购买豪车、商铺和股票，并多次嫖娼。[1]只要仔细核查，合规人员同样不难从生活和消费习惯的变化中发现腐败的蛛丝马迹。

第三节　第三方管控

　　对存在合作关系的第三方机构进行管控以避免其出现腐败问题是反腐败合规机制的另一项重要内容。经合组织关于海外贿赂问题的研究报告提出，约有 3/4 的海外贿赂案件与第三方行为有关[2]，而斯坦福大学法学院的调查研究则显示，美国海外腐败案件中有近 90% 的贿赂行为涉及第三方机构。[3]鉴于第三方代理人已经成了"防止贿赂和腐败盔甲上的一个缺口"，[4]各国和国际组织正在投入越来越多的资源制定政策和公约，以打击整个供应链中的腐败，特别是通过第三方产生的间接腐败。根据现有的一些法律框架，企业在某些情况下要对代理人、顾问、供应商等存在合作关系第三方的腐败行为负责。尤其是对于加入《经合组织反贿赂公约》和《联合国反腐败公约》的国家来说，对第三方进行基于风险的尽职调查已成为一种法规要求。即使制定了最强有力的反腐败合规计划，企业也不一定能保证其代理人能做到零

　　〔1〕 "FBI — Former U. S. Army Corps of Engineers Manager Sentenced to Six Years in Prison in Bribery and Kickback Scheme"，https：//archives. fbi. gov/archives/washingtondc/press－releases/2012/former－u. s. －army－corps－of－engineers－manager－sentenced－to－six－years－in－prison－in－bribery－and－kickback－scheme〔2021－8－30〕.

　　〔2〕 "Corporate Anti－Corruption Compliance Drivers，Mechanisms，and Ideas for Change"，https：//www. oecd. org/corruption/Corporate－ anti － corruption － compliance － drivers － mechanisms － and － ideas － for － change. pdf〔2021－8－30〕.

　　〔3〕 数据来源参见 https：//fcpa. stanford. edu/statistics－keys. html〔2021－8－30〕.

　　〔4〕 Ben Allen，"Contracting Out of Corruption，LINKEDIN"，2015－5－2，https：//www. linkedin. com/pulse/contracting－out－corruption－can－done－ben－allen？ trk＝portfolio_ articlecard_ title〔2021－8－30〕.

腐败风险。面对全球日趋严格的立法和执法趋势，各国的企业在与第三方开展合作之前应当采取有效步骤，确保对这些合作产生的潜在腐败风险进行负责任的评估和管理，避免第三方成为反腐败合规机制中的"阿喀琉斯之踵"。

一、第三方管控的定义

在《反海外腐败法》等法律的语境下，第三方机构主要是跨国公司为了促进向全球市场交付商品和服务而依赖的一系列代理、顾问、分销商和其他在海外运营的机构。这些业务合作伙伴提供了当地的本土化经验，包括如何满足某些司法管辖区关于外国公司与当地实体合作的要求。[1]根据各国法律对第三方机构的规定和现实中的执法情况，主要的第三方机构包括以下这些：

（1）合资伙伴。与另一个自然人或组织（可能还有其他各方）签订商业协议以建立新的商业实体并管理其资产的个人或组织。

（2）联合体合伙人。为实现一个共同目标而与另一个组织（可能还有其他各方）汇集资源的个人或组织。在联合体中，每个参与者保留其各自独立的法律地位。

（3）代理人。被授权代表另一组织行事或以其他方式代表另一组织以促进其商业利益的个人或组织。代理可分为以下两种类型：①销售代理；②流程代理。

（4）顾问和其他中介（如法律、税务、财务顾问或顾问、说客）。代表一个组织向另一个人、企业或政府官员提供服务和建议的个人或组织。

（5）承包商和分包商。承包商是指根据合同向组织提供货物或服务的非受控个人或组织。分包商是指承包商雇佣的个人或组织，以执行作为整个项目一部分的特定任务。

（6）供应商。向其他组织提供零件或服务的个人或组织。

（7）服务提供商。为另一个组织提供功能支持的个人或组织（如通信、物流、存储、处理服务）。

（8）经销商。从另一个组织购买产品，将其存放并转售给零售商或直接

---

[1] "Potential FCPA Liability for Third-Party Conduct", https://www.gibsondunn.com/wp-content/uploads/2017/12/Blume-Partridge-Tafari-Potential-FCPA-Liability-for-Third-Party-Conduct-Reuters.pdf [2021-8-30].

转售给最终用户的个人或组织。

（9）客户。从一个组织购买的产品、服务或想法的接受者。客户通常分为两类：中间客户是指为转售而购买商品的经销商，而最终客户是指不转售所购商品的最终用户。[1]

不同性质的第三方机构可能带来不同类型的腐败风险。例如，被授权代表企业的代理人往往具有较高的行贿风险，而游说机构和律师事务所也可能存在类似的情况。相比之下，供应商则可能产生投标操纵和回扣等腐败风险。对于企业的反腐败合规机制而言，对第三方机构的管控不是某个单一的行为，而是贯穿合作过程。首先，企业应当对合作候选人进行识别和筛选，通过收集、分析和存储有关第三方的信息，包括其所有权主体、运作方式、反腐败标准以及任何重大贿赂和腐败风险，将不合适的主体排除。然后，企业应当对拟定合作的第三方机构进行充分的尽职调查，确保其风险处在正常范围内。在最终确定合作关系时，企业还应该以合同等方式明确第三方的反腐败义务，并且在合作开展的过程中定期对第三方的义务履行情况进行考察。从选择合作对象到对拟定人选进行尽职调查，再到签订合同确立其反腐败相关职责，并在合同履行的过程中通过审计等方式实施监督，整个过程构成了完整的第三方管控。以下，笔者将分别从筛选、尽调和监控三个阶段进行具体论述。

二、合作第三方的筛选

作为企业反腐败合规机制中的组成部分，第三方管控的第一个步骤是筛选合作对象。从预防犯罪的角度看，不要人为制造出一个容易诱发犯罪的情境或者不要让自己陷入这样的情境是从本质上消除犯罪侵害的途径，但是企业经验也不可能搞"一刀切"式的筛选。鉴于所有的第三方都会产生潜在风险，而每个企业都有不同的风险承受能力，筛选的标准是第三方是否存在明显的重大和紧迫风险以及这些与企业的承受能力之间的关系。有些风险属于静态，例如所在国家/地区的腐败情况、所处的行业、业务类型和业务关系的规模等。而有些风险是动态的，例如第三方目前是否正在接受腐败调查，是否与政府官员关联过于密切。最后，将诸多看似彼此不相关的风险因素整合

---

[1] Partnering Against Corruption Initiative（PACI），Good Practice Guidelines on Conducting Third-Party Due Diligence.

到一起，企业根据实现业务目标时可以容忍什么样的风险决定在哪里划定风险界限，并由此筛选出拟合作的第三方对象。不同企业的风险点有所不同，但是有几个共性的高风险项值得重点注意。

第一项是第三方机构所处的地理位置。无论是注册地还是主要经营活动的所在地，如果该地区腐败风险较高，或者当地金融机构保密性过高，以至于存在促进非法资金流动的高风险，或者该地区政府鼓励或要求组织雇用当地代理人为政府办理业务，则该第三方产生腐败的风险较高。目前，国际上比较权威的地区腐败情况统计是由"透明国际"发布的清廉指数。根据这项统计，许多自然资源丰富但是经济发展水平较落后的国家腐败程度较高。而评估全球范围内的洗钱风险较为权威的是巴塞尔委员会发布的《全球洗钱/恐怖融资风险指数》。根据其于 2021 年作出的统计，马达加斯加、开曼群岛、缅甸、毛里塔尼亚、刚果民主共和国和海地等国家的洗钱严重程度全球最高，相应的第三方风险也较大。[1]

第二项是机构所处的行业，不同的行业存在不同的腐败风险。OECD 曾经分析过 427 起国际商业贿赂案件，发现其中一半的案件发生在三个行业，分别是采掘业（19%）、建造业（15%）、运输及仓储（15%）。[2]采掘业的公司在世界各地寻找有价值的资源矿藏进行挖掘和出售，而前提条件是需要许可证，这意味着某些国家、地区和地方各级的各种官员可能以此牟利，如果开采公司选择行贿以获取存款，它可能会落入腐败陷阱。建筑业的腐败问题与采掘业非常相似，世界上最大的建筑项目往往是由政府招标的基础设施项目。这些项目是通过招标过程分配的，在招标过程中，公司提交标书，由几个关键官员进行评估。从理论上讲，能够以最低价格完成最佳工作的公司将赢得竞争性投标。然而，对于其他公司来说，支付给负责招标的公务人员贿赂以赢得利润丰厚的建筑合同往往更为便捷。与前两个行业不同，运输和仓储行业在执法层的腐败十分普遍，尤其是在贿赂可以加快清关或签发进出口证书时，参与腐败和贿赂的情况将比较普遍。除此以外，投资和金融领域的腐败问题也很常见。

---

〔1〕 "Public Ranking-Basel AML Index", https://index. baselgovernance. org/ranking〔2021-8-30〕.

〔2〕 OECD Foreign Bribery Report: An Analysis of the Crime of Bribery of Foreign Public Officials, 2014.

第三项是机构与政府或官员之间的关系。在某些项目中，企业可能需要与政府产生较深度的关联，因此第三方与政府或特定官员之间的关系与腐败也密切相关，其表现形式可能为第三方与政府或官员有直接或间接联系（政府或官员在其中持有股份），或者第三方此前曾为政府工作，或者政府明示或者暗示选用特定第三方。也有可能是第三方明确表示自己的作用在于组织赢得与政府合作的机会。这项风险往往与其他的共同存在，例如约翰·普伦德加斯特（John Prendergast）曾经发布过一项针对南苏丹的调查报告。报告显示：该国矿产行业的腐败如何涉及总统萨尔瓦·基尔（Salva Kiir）的亲属和关系人、军方领导人和地方高级官员。其中，总统萨尔瓦·基尔的密友和较低级别的部长等政治人物持有不少于 32 家南苏丹矿业公司的股份，萨尔瓦·基尔的女儿持股了一家拥有 3 张有效采矿许可证的公司，前副总统伊加（Igga）也位列股东名单。而在作为黄金主产区的卡波埃塔地区，部分州政府官员未经中央政府同意发放了许可证，允许持证公司在其他公司的矿区开采，而国防部为了解决军费短缺问题也参与了非法采掘。[1]在这个案例中，地区、行业和政府关系三种风险交织叠加。

第四项是机构本身曾经有过腐败嫌疑或者丑闻，例如第三方本身或者其高级雇员此前因涉嫌腐败而受到监管调查或诉讼。在很长一段时间内，中国医疗行业的腐败情况非常严重，不少企业甚至是大型上市公司也多次陷入腐败丑闻，其中典型的例证是康美药业。根据媒体的公开报道，康美药业从 2000 年至 2020 年间 5 次涉及腐败。康美药业的第一次贿赂对象是证监会发行监管部发行审核一处处长李某，目的在于为其申请公开发行股票或上市提供帮助，第二次的行贿对象是揭阳市委原书记陈某平，为其董事长马某田当选第十一届全国人大代表提供帮助，第三次和第四次分别是向广州市委原书记万某良和广东省食品药品监督管理局原药品安全生产监管处处长蔡某利行贿。最后一次则是向四川省阆中市委原书记蒋某平行贿，以谋求康美药业在阆中建设中医药产业基地时获取便利。20 年来，康美药业前后的行贿金额总计已超过 700 万元人民币。[2]每一次行贿之后几年内，康美药业的行为都会因为

〔1〕 Breaking Report: President's Daughter, Defense Ministry, and Governor Linked to Mining Sector Corruption in South Sudan, 2020, p23.

〔2〕《康美药业四年五次行贿官员，贿金超 700 万》，载凤凰网：https://finance.ifeng.com/c/7lba 4lN0H6M，访问日期：2022 年 4 月 20 日。

受贿人案发而广为人知，虽然多年以来一直没有因为行贿而遭受刑事处罚，但其中蕴含的风险十分明显。在选择第三方合作机构时，如果有康美药业这样屡次行贿劣迹的对象，企业的反腐败合规机制应当能够及时甄别并制止，如果没有其他正当且必需的原因，类似这样的对象在筛选中应该被首先排除在外。

三、对第三方进行尽职调查

尽职调查是第三方管控的关键组成部分，在整个管控程序中处于核心地位，对第三方进行初步筛选的目的在于帮助尽调有效展开，合作过程中的监控也有赖于尽调指明潜在风险点。因此，尽调需要用一切办法最大限度地降低因为第三方参与而导致腐败的风险。对于成功的尽调来说，始终保持客观性是必要条件。对调查流程的每个步骤，企业都应能够解释其决策的基本原理，并有充足的事实依据作为判断依据。此外，尽职调查流程还需要坚持高层参与原则，在企业决策层获得必要支持，以确保所有业务部门和员工均充分理解和应用尽职调查流程。

对第三方进行尽职调查需要耗费大量的时间和精力，为了满足不同国家法律和其他规定的要求，企业应当有效平衡风险防控和资源投入的关系。评估的范围应该有多广？在评估这些信息时，需要收集多少信息？需要深入到多大程度？这些问题的答案应当与企业面临的风险保持相称，潜在的腐败风险越高，尽职调查的范围就应该越广。在实践层面上，在筛选合作对象的过程中，合规部门对面临的风险就该有基本判断。在双方谈判进程的早期阶段，企业可以根据先前获取的可用信息进行初步评估，明确详细的尽职调查区域、范围和应采取步骤。当然，早期阶段获得的可用信息质量可能不高，甚至可能忽略关键风险点从而导致对尽职调查流程的充分性作出错误判断。因此，随着交易前流程的进展，企业需要不时重新评估尽职调查的充分性和合理性。

反腐败尽调有不同形式，包括不同的参与者、持续时间和成本，不存在适合所有项目的统一模式。但是，绝大多数的尽调过程均存在相近的逻辑，因此围绕以下步骤开始调查可能有助于确保其充分性。

首先，企业应当明确一次尽职调查的各项指标设置，包括开展调查需要的资源（时间、人力和预算），可能涉及的各种挑战（信息的真实性和对方的合作意愿）。因此，尽职调查的关键初始步骤是确保管理层对该流程的认可和支持。一旦确保了所需的支持，尽调将从基于本阶段可用信息的初步风险评估开始，包括基于公开可用信息和目标对象共享信息的相关情报和背景调查。根据初步评估，企业将制定详细的步骤计划，以确定工作范围、要遵循的实际步骤、角色和责任、时间表和最终交付成果。尽调从本质上说是一次合作前的排查，其时限和深度也受到多种因素的制约，很可能无法在预定时间内对目标第三方所有可能的风险敞口进行全面审查。因此，合规团队应区分不同风险的重要性和优先级，进而对审查事项的优先顺序作出判断，如每个市场的业务量、腐败程度、市场中已经发生的案件和当前执法趋势等因素。

尽调的第二步是信息收集，除了从公共信源收集而来的信息和目标第三方自愿提供的信息外，合规人员主要依靠目标第三方应本方的要求提供的特定信息。企业可以要求的信息包括各种文件，如对方企业的内部政策和程序、组织结构图、内部报告、战略文件、销售、分销和供应链信息、采购数据以及审计和诉讼文件。此外，本企业还可要求目标公司披露特定信息，必要时甚至可与关键人员（如营销和销售总监、财务总监和首席财务官）进行现场考察和面谈，以补充目标第三方提供的书面信息和文件的不足。

调查过程的最后一步是分析与报告。在收集了相关数据之后，尽职调查将进入深入分析阶段，这个阶段的工作是对目标第三方的风险进行评估和确定，并将最终结论（高、中或低风险）汇报给决策层以供参考。作为合规部门，对第三方的分析应涵盖腐败相关的所有关键方面。这些风险包括目标第三方或其关联方可能参与的腐败行为的关键风险以及尽职调查中确定的特定危险信号和实际腐败行为。合规人员将通过调阅目标第三方过去的记录以及业务目标的范围、行业、地理位置和性质来评估其本身固有的腐败风险。在此基础上，要继续评估其内部合规框架的存在和运作情况。最后，将控制措施的效果和原本的风险集中对比后，评估出最终面临的风险。根据评估的情况，合规部门还需要尽可能确定潜在的腐败风险对目标第三方的可能影响，并最好以货币形式对影响进行量化，以便决策层在评估收益时有所参照。

尽职调查对企业的重要作用在应对执法部门时已经越来越明显，最新发生的"Amec Foster Wheeler 公司海外贿赂案"是体现尽调重要性最典型的案例之一。2021 年 6 月 25 日，美国司法部和证交会宣布与 Amec Foster Wheeler 公司就其英国子公司在巴西行贿从而违反 FCPA 的指控达成和解。该公司与司法部达成了为期 3 年的暂缓起诉协议并同意支付约 1840 万美元的罚金，同时还须向美国证交会支付约 2270 万美元的和解金。[1]在这个案件中，Amec Foster Wheeler 公司被处罚与其对第三方尽调不到位有很大关联。根据披露的案件材料，该公司被处罚主要是因为其于 2012 年到 2014 年通过向巴西官员支付贿款争取与巴西国有石油公司签订合同。这些贿赂是通过第三方代理进行的，其中一名代理未能通过该公司对潜在第三方的尽职调查程序，但被允许"非正式"继续从事该项目。Amec Foster Wheeler 通过第三方就巴西合同支付了约 110 万美元的贿赂，而其账簿和其他记录却未准确反映任何不当付款，表明其内部的反腐败合规机制不足以发现或防止不当行为。

具体而言，在巴西石油的招标过程中，一名意大利代理人和巴西中介公司极力说服 Amec Foster Wheeler 聘用其作为第三方代理协助办理投标事宜。2012 年 4 月，在意大利代理人所属的摩纳哥中介公司未能通过该公司的尽调审核程序的情况下，公司依然与该公司签订了临时代理协议。而后，公司收到了对该代理人的尽调报告，结果显示其简历上的既往工作经历均无法得到证实。在这种情况下，公司既没有正式引入该代理人作为工程项目的代理人，却也没有解除此前已签订的临时代理协议。在后续的招标过程中，意大利代理人与该公司的高级雇员以私人邮箱的方式一直保持着后续工作的沟通。直到 2012 年 8 月，该公司在意大利代理人和巴西中介公司的协助下获取了有利于竞标的机密信息和文件并最终取得了项目合同。同年 11 月，在巴西中介公司未提供任何实质性服务的情况下，Amec Foster Wheeler 与其签订了一份代理协议，约定支付给其合同标的金额的 2% 作为佣金。[2]与意大利代理人及巴西中介公司的合作充分体现了 Amec Foster Wheeler 第三方合规管控的缺陷。在合规人员明确提示风险的情况下，公司高管仍然默许意大利代理人以"非正式"的形式参与项目并在实质上赋予其代理人权限，完全违背了第三方管控的原则和要求。而给第三方用以贿赂巴西石油官员的款项也是通过所谓"代理协议"的签订以及相应的款项支付来完成的，其中每一笔贿赂款均以"佣金"的名义计入公司的会计账簿。这种掩饰在一定程度导致了内部检查无法起效，直到最后东窗事发。

---

[1] "SEC Charges Former Financial Services Executive With FCPA Violations", https://www.sec.gov/news/press-release/2020-88 [2021-8-30].

[2] The Securities Exchange Act of 1934 Release No. 92259 / June 25, 2021 Administrative Proceeding, File No. 3-20373

四、合作过程中的监控

在与第三方的合作过程中，和尽调一起发挥重要作用的是合作过程中的监控措施。在通过尽调筛选出适合的对象之后，企业需要通过不同的方式防范腐败风险，其中最重要的手段就是通过合同约定，将反腐败的责任确定在第三方。作为企业在合同执行前和合同有效期内未从事与合同有关的腐败活动的证据，这些约定能帮助公司免于承担由该第三方风险引发的刑事责任。正如瓦林（Warin）所论述的，企业将反腐败合同条款与对第三方的适当尽职调查相结合具有显著的优越性，因为这样的组合可能会大大降低监管机构指控公司"故意忽视腐败付款的可能性，即使第三方确实支付了此类付款"。[1]如果起草和执行得当，本条款可保护公司免受其第三方中介机构的腐败行为以及与任何相应的刑事、民事或行政诉讼有关的腐败行为。除了降低刑事和行政风险之外，企业与第三方的合同中包含反腐败合同条款可以使其在代理人实质上违法的情况下针对违约行为提起民事诉讼。

虽然各国和主要国际组织已经对以合同方式约束第三方行为形成了一致的认识，但是对于具体的条款内容尚未达成统一。许多国际组织发布的反腐败文件都强调在与商业伙伴的合同中纳入反腐败承诺的重要性，但在承诺的具体类型和建议的违约补救措施方面有所不同。[2]例如，国际商会（ICC）发布的反腐败条款模板约定："各方同意其高管、董事或员工不提供、承诺、给予、授权、索取或接受任何不正当的好处……并且已采取合理措施防止……受其控制或决定影响的第三方不得这样做。"而如果一方提供证据证明其交易对手严重违反了上述反腐败规定，且对方未能采取必要的补救措施，则其有权暂停或终止合同。[3]全球基础设施反腐败中心（GIACC）为组织选择提供了更全面的反腐败承诺模板，其中包括业务合作伙伴同意其本身、雇员、子公司以及关联公司将不会参与与合同相关的任何腐败行为，并将采取合理措

---

〔1〕　F. Joseph Warin et al. , "The British are Coming!: Britain Changes its Law on Foreign Bribery and Joins the International Fight Against Corruption", Tex. Int'l LJ, 2010, Vol. 46, No. 1, p. 38.

〔2〕　Neil McInnes, "Addressing the Bribery Act in Your Contracts: A Tiered Approach", http://constructionblog. practicallaw. com/addressing-the-bribery-act-in-your-contracts-a-tiered-approach〔2021-10-9〕.

〔3〕　Anti-corruption Handbook: Implementing the PACI Principles for Countering Bribery.

施确保其代理人和关联人不会参与任何腐败行为。对于组织自身因业务合伙人违反反腐败规定而遭受的任何责任或损失，业务合伙人也同意赔偿。[1]

从合同内容的角度上说，对第三方的监控主要有三种：第一是要求对方作出与反腐败合规相关的保证；第二是确认企业对对方进行审计的权利；第三则是在对方违规时以终止、暂停合作和赔偿等方式弥补损失。

就反腐败的最低要求而言，企业可以要求在与对方的合作合同中加入禁止腐败条款，该条款的内容为双方同意不存在也不会出现实施与合同有关的任何腐败行为。例如，国际运输业巨头 ASCO 与客户签订的合同中包含一条体现反腐败要求的条款，内容为"各方保证并声明，在谈判和签订合同时，在履行其在本合同项下的义务时，其已遵守并应遵守所有适用的反贿赂法律"。[2]从更严格的要求上看，企业还可通过扩大本条款的适用范围以拓展其保护范围，以便合作伙伴同意确保其人员、合伙人、分包商、供应商、顾问和其他代理人以及其子公司和相关公司都不会参与与合同相关的任何腐败行为。在实体表现上，合同条款可以要求对方确认其本身、股东、董事和高级职员不会因腐败而被调查、定罪或处罚，否则就视为违反了反腐败合规的要求。此外，企业还可以要求机构主体的第三方保证其已实施反腐败合规计划，包括一切旨在遵守适用反腐败法律的充分程序，而且对方将在合同期限内必须维持并遵守这些程序。例如 Veolia 集团在其与供应商的协议中采用了明确规定："供应商承诺制定并实施所有必要和合理的政策和措施以防止腐败。"[3]这些条款可以促进合作对象在合同期间保持内部反腐败合规计划的有效运行。

合同中反腐败合规的第二项要素是获得对对方进行审计的权利。由于腐败本质上是秘密进行的，通常不会留下任何证据线索，因此企业在确定其业务合作伙伴是否违反协议中的反腐败条款时将面临实际困难。审计是企业发现腐败的少数有效手段之一，但是对业务合作伙伴的财务账簿和记录的审计结论可能会产生侵权风险，故而需要以合同条款的方式规定一方允许另一方对自己进行审计，以监督其反腐败承诺遵守情况的机制。在合同中约定审计

〔1〕 GIACC, Contract Terms § § 1-5.

〔2〕 Boles, "The Contract as Anti-Corruption Platform for the Global Corporate Sector", *U. Pa. J. Bus. L.*, 2018, Vol. 21, p. 807.

〔3〕 Veolia, Anti Corruption Clause § 1. 3.

权条款，以确保交易对手保持准确的财务账簿和记录以及良好的反腐败内部控制，以保证企业支付的任何款项均未被不当使用。当然，实施审计的一方必须相应地保证所有获得的数据和信息不会被用于任何其他用途。当然，从现有的商业实践来看，由于审计过程的深入性及由此产生的商业秘密泄漏风险，审计权条款可能极具争议。如果双方争议很大，则可缩小审计权范围，仅适用于与履行相关合同有关的财务记录，或制定审计条款，以便第三方进行任何审计，以克服此类异议的可能性。

第三种制约手段是约定违约后的责任承担方式和补救措施。如果一方违反其在反腐败条款下的义务，该行为可能直接导致合同终止或无效，也可能留有补救的余地。作为前提，企业有义务就任何腐败事件发出通知，在合理时间内向合作方通知其任何违反反腐败条款的行为。当然，无论是否发出通知，企业明确发现对方的腐败行为后或在认为有必要调查其业务合作伙伴涉嫌违反任何重大反腐败规定的时间内都可以对合同行使暂停权，即暂停履行相关合同及其任何相关付款。在起草暂停权条款时，企业应当明确其不会因行使暂停权而对另一方承担责任或义务。与暂停权相关的还有协助权，即企业要求其业务合作伙伴在发起反腐败调查的过程中向自己提供所有必要信息、相关文件和其他的协助，包括审查与基础交易相关的任何电子邮件和银行账户信息。[1] 如果对方同意采取一切合理措施，防止与涉嫌侵权行为相关的任何文件证据丢失或销毁，则合同还可以约定对方对相关文件的保护措施。当然，如果因为一方违反反腐败条款而导致合同无法继续履行，可以通过设置赔偿条款的方式要求违约方赔偿其交易对手的损害或因违约而产生的费用。该条款可涵盖被赔偿方因违约方的活动导致的任何腐败调查或起诉而产生的费用，但对于刑事罚金是否能被包括其中尚存争议。

---

[1] Michael Volkov, "Contracts and Anti-Corruption Compliance", https://blog. volkovlaw.com/2011/07/contracts-and-anti-corruption-compliance [2021-10-9].

第五章

反腐败合规机制的危机应对之维

如果由上一章的四个模块所组成的机制运行正常，那么随着时间推移总能或多或少地发现企业中存在的腐败问题。当遇到相关问题时，企业反腐败机制的另一个阶段也将自然到来。如果说合规制度的构建是运行的基础，常态运行属于企业日常管理的一部分，那么遇到问题时的处理便是对反腐败合规机制最直接而严峻的考验。倘若以战争为比喻，前两者大体属于备战范畴，而这个阶段则属于应战范畴。

虽说备战情况对胜负起到基础性影响，但是应战水平的高低还是判定体系有效性的最直观标准，同时应对得当与否还将直接决定企业受处罚的情况。进一步说，如果应对得当，即使前两个阶段存在问题，也可以获得更大的调整空间。反之，之前投入再多的人力、物力也仿佛只是在做无用功。

无论是作为贪腐行为的被害者还是获益者，只要涉及行政违法和刑事犯罪，企业便没有办法以私权对事件进行终极处置，而必须交由相关的公权力机关处理。因此，企业的反腐败合规机制在这一阶段的作用在很大程度上表现为如何做好与公权力机关的衔接和配合工作。另外，腐败问题的出现意味着现行的合规体系存在缺陷，那么这个机制本身应当在自身权限之内对腐败行为进行处理。总结来说，反腐败合规机制在危机应对阶段主要由内和外两个部分组成。对外的部分是自我报告，主要内容是与执法部门相互配合，而对内的部分则是自我修正，主要内容是有针对性地弥补现有机制的不足。

第一节　自我报告

企业主动与执法部门的对接主要表现为自我报告，这也是反腐败合规机制在发现问题后的重要工作内容。无论是国家还是企业，对自我报告这项工作都有明确的诉求和期待。从国家层面说，在过去三十多年的时间里，多个国家已经相继建立起了企业自我报告制度，希望企业在遭遇各种问题时积极向相关部门报告，有效降低执法部门的办案难度。各国的执法部门对于企业自我报告通常都持一种非常正面的态度，因为各国面临的调查和起诉海外腐败案件的难度和成本都很大，而这也导致各国查办的相关案件数量相比于真实发生的腐败要少很多。例如，澳大利亚近年来发布的企业自我报告指南在很大程度上也是受到 OECD 对这方面问题的压力。[1]同样，我们在舆论场中也能看到很多企业对内部腐败问题的高调自曝。例如近年来中国各大互联网企业的反腐热潮，企业普遍将内部腐败的情况进行公开，并且将涉嫌违法的责任人移送有关部门处理。[2]

由此可见，执法部门与企业在自我报告这一问题上能够达成共识，只不过双方基于各自利益和立场而对自我报告抱有不同期待。执法部门更期待的自我报告是企业以违法者身份所进行的披露，也就是对自身犯罪事实的坦诚，这样就能方便执法部门开展查处。而从目前积极性最高的企业自我报告来看，企业更多是以腐败犯罪的受害者身份发声，要求执法部门及时介入，帮助自己挽回损失并追究相关人员的责任。当自身就是犯罪者的时候，企业是否还有这么高的积极性？这显然需要打一个问号。但是，无论是站在哪一方的立场上，自我报告客观上都是以一些方式使执法部门获知企业内部发生的犯罪行为并采取措施的流程。这也为企业设置一种自我报告的机制奠定了基本的可能，正如前面的章节所论述的账目查询、合同监管等措施，或许企业开展这些措施的本意更多地在于预防员工侵害企业利益的行为，但是这些制度无疑在客观上能一定程度地预防为了企业利益而实施的腐败行为。

但是，和发现内部腐败问题的机制相比，自我报告机制的设置有更高的要求。例如，美国的各个行政部门早在数十年前就分别开始对企业的自我报告制度进行实践，包括医疗卫生、隐私保护、反垄断、环境保护和反腐败，

---

〔1〕 "Australia Takes Major Steps to Combat Foreign Bribery, But OECD Wants to See More Enforcement", https://www.oecd.org/corruption/australia-takes-major-steps-to-combat-foreign-bribery-but-oecd-wants-to-see-more-enforcement.htm〔2021-12-21〕.

〔2〕 《互联网反腐，愈演愈烈》，载虎嗅网：https://www.huxiu.com/article/411608.html，访问日期：2022 年 4 月 20 日。

但这些尝试一度遇到了困境。尤其是在 2008 年金融危机之后，SEC 取消了对投资银行开展的自我监督计划，理由是"过去 6 个月已经非常清楚地表明，自我监督不起作用"。[1]而一些学者的学术研究似乎同样表明，没有证据证明自我监管计划能够提高监管合规性。[2]虽然在 2010 年以后，鼓励企业自我报告又重新成为执法部门倚仗的重要形式，而关于自我报告实效的肯定性研究也陆续问世，但我们在如何构建有效的举报这个问题上依然要保持谨慎，尽可能考虑更多因素。

一、自我报告的定义

在英文文献中，自我报告可以被表述为"Self-Disclosure"或"Self-Reporting"。不同国家的执法部门对自我报告的定义虽然有所差异，但核心要素都是在相关部门关注到企业的违法行为之前，主动将线索告知执法者。例如，美国的 FCPA 发布的执法政策认为，企业在评估自我报告时，执法部门应当对报告的情况进行仔细评估。只有当企业满足以下要求时，才能因自愿自我报告不法行为而获得立功。第一项是报告发生在"迫在眉睫的披露威胁或政府调查之前"。第二项是企业"在意识到违法行为后的合理时间内"向执法部门披露该行为。第三项则是企业应当披露其已知的所有相关事实，包括与所有严重参与或应对违法行为负有责任的个人有关的所有相关事实。[3]澳大利亚的 AFP 和 CDPP 最佳实践指南所定义的"自我报告"是指，企业在收到任何转述或 AFP 开始调查相关企业自我报告的行为之前，向 AFP 报告企业或其高管或其雇员或其代理人涉嫌犯罪行为的报告。企业可自行报告其高管或雇员的行为而不承认公司的刑事责任。[4]

二、自我报告机制的运行逻辑

企业自我报告机制的原理虽然清晰，但是其实际运行的逻辑却值得仔细

---

〔1〕 Stephen Labaton, *S. E. C. Concedes Oversight Flaws Fueled Collapse*, New York Times, 2008-9-26.

〔2〕 Jill Ebenshade, *Monitoring Sweatshops: Workers, Consumers and the Global Apparel Industry*, Philadelphia: Temple University Press, 2004.

〔3〕 9-47. 120-FCPA Corporate Enforcement Policy.

〔4〕 Best Practice Guideline: Self-reporting of Foreign Bribery and Related Offending by Corporations.

探讨。在全世界的执法部门都越来越依赖企业自身来发现和阻止犯罪的背景下，企业是基于什么样的考虑选择自我报告，又有哪些因素会影响企业的行动都需要明确。

从运行的基本逻辑上看，自我报告是一种在执法双方的博弈中作出的合理应对。即执法机构使用威慑和宽大相结合的办法应对企业犯罪，以减少处罚的形式鼓励企业自我举报，而企业正是顺应并利用这样的外部条件实现自身利益的最大化。

执法部门是否能通过自我举报在内的宽大政策强化对犯罪的威慑力度，同时提升发现犯罪的水平？以往的论述多是基于个案经验和逻辑，而兰迪奥（Landeo）和斯皮尔（Spier）用设计实验的方式证明了一定程度的宽大处理的确能实现这两个目标，尤其是宽大处理显著增加了自我报告的可能性。当实施强效宽大或轻度宽大政策时，研究者可以观察到及时的自我报告，而且也可以确定地检测到有害行为的存在。[1]兰迪奥（Landeo）等人的实验与先前一些犯罪威慑的研究成果相互印证。这些研究认为，相较于真实存在的威慑，参与犯罪的人员自己能感受到的威慑水平和其是否采取犯罪行为更加相关。[2]前后的研究成果都能证明有序的宽大政策可能具有造成被感知的威慑水平被提升的效果，通过增加被发现的可能性，有序的宽大政策有助于调整个体对潜在风险和实际风险的主观看法，因此可能会对不法行为者是否实施非法活动具有更高的威慑力。这项研究的重大政策意义在于，其明确证明了执法机构可以通过不同程度的宽大处理来实现囚徒博弈困境中的违法活动的最有效检测。尤其是在实施轻度的宽大处理时，即使违法者主观拒绝通过与执法机关合作实现共同受益，但由于博弈策略上的不确定性，他们最终会被诱使与执法机关开展合作。

具体到企业犯罪的语境中，岩崎正树（Masaki Iwasaki）认为，企业采取的博弈手段并不能简单和自然人相等同，因为在企业中，高管和股东的利益之间存在明显差异，所以其设置了一个包括总经理和董事会在内的双主体理论模型，以研究企业犯罪的自我举报问题。这个模型包括两个参与者（总经

---

〔1〕 C. M. Landeo & K. E. Spier, *Ordered Leniency*: *An Experimental Study of Law Enforcement With Self-reporting*（No. w25094）, National Bureau of Economic Research, 2018.

〔2〕 Chalfin, "Criminal Deterrence: A Review of the Literature", *Journal of Economic Literature*, 2017, Vol. 55, No. 5, p. 48.

理和董事会）和三个阶段，其中预设总经理也拥有一定比例的企业股份，并使自己的预期收益最大化，而董事会的目的则在于使企业价值最大化。在第一阶段，总经理私下决定是否实施企业犯罪。在第二阶段，董事会决定是否开展内部调查。如果董事会发现犯罪并向执法机构自我报告，执法机构将根据自我报告的情况减少处罚。在第三个阶段，如果董事会在第二个阶段未能进行调查，执法机构将以一定的概率对该企业进行调查。如果执法机构发现存在企业犯罪，该企业将受到制裁，总经理本人也有一定概率被起诉。[1]这个设定的合理之处在于，企业高管和董事会之间各有诉求，并非铁板一块，二者之间的利益矛盾之处可能恰好是自我举报制度开展的基石。

岩崎正树的实证研究发现，如果执法部门对采取自我报告的企业减少制裁，则能有效提升企业自我报告的积极性，同时增加对总经理的威慑力。而在有效范围内，对企业的制裁水平与威慑度之间存在着非线性关系：随着对企业的制裁水平降低，对总经理的威慑先上升后下降，而企业犯罪发生的概率则先降低后增加。产生这种结果的原因是，在企业犯罪过程中，总经理面临两种预期惩罚：间接惩罚和直接惩罚。如果他个人被起诉，那么受到个人制裁属于直接惩罚，而如果企业受到制裁，其所持有的股份价值减少，则属于间接惩罚。当执法机构需要增强威慑力时，它可以使用企业自我报告计划，通过降低对企业的惩罚力度来激励企业处理总经理的犯罪行为。如果执法机构存在一定的犯罪侦查威胁，且给予企业的宽大程度比较合理，企业将有动机处理和自我报告犯罪。如果发现犯罪的概率增加，则更可能对总经理实施间接和直接惩罚。虽然对总经理的直接惩罚是固定的，但由于企业被惩罚程度的降低，总经理所承受的间接惩罚也有所减少。如果企业被惩罚的力度没有过度降低，则其自我犯罪侦查的概率将几乎保持不变，总经理预期中的间接和直接惩罚总量也几乎保持不变。而如果企业惩罚的力度过度下降，将意味着总经理的间接惩罚规模也被过度减少，那么尽管发现犯罪的可能性增加，总经理的预期受到惩罚的总额也会几乎没有变化。在这种机制之下，企业自我报告计划可以在一定范围内增强威慑力。

简而言之，这项实验所得的主要结论是：对犯罪企业进行制裁总体具有

---

〔1〕 Masaki Iwasaki, "A Model of Corporate Self-policing and Self-reporting", *Forthcoming in International Review of Law and Economics*, 2020, Vol. 63, 105910.

必要性，可以促使企业事前防止其组织成员实施犯罪，但这些制裁的力度应该降低，以促使企业事后发现和自我报告这些犯罪。

可是，想要促进企业的自我报告，执法机关又应当在多大程度上降低制裁程度？本书认为，至少有两个重要因素需要加以权衡，而不是随意降低。首先，要对以总经理或首席执行官为代表的高级管理者追究个人责任存在事实上的困难。高管的角色和职能更多地在于制定企业发展策略，同时参与日常管理，某些违法行为可能是出于他们的默许和授意，但要从法律上对此进行举证，并且明确证明他们实际参与了企业犯罪是较为困难的，由此而产生的个人责任追究也并不容易。即使法律对这类犯罪规定的制裁力度很大，不法行为人能感受到的直接惩罚预期也将比较有限。其次，间接惩罚对高管的影响可能也很大。在现代企业模式下，高管的财富中有相当一部分是以企业股份的形式存在的，因此当企业被制裁而产生的价值贬损会直接影响他们的利益。无论是普通员工还是高管，获得报酬的方式除了工资还有奖金，而奖金往往也和企业的绩效相挂钩，企业受到制裁也会影响这一部分收入。在一家企业受到制裁时，其价值将不可避免地下降，而高管和员工的薪酬也可能下降。当企业破产时，所有以股权形式存在的、因为犯罪而获得的非法利润都将被清零。此外，企业被制裁也会对他们的名誉造成损害，这将对他们今后在人力资源市场的议价能力产生影响。

三、自我报告机制的设计

不同学者的实证研究至少明确了这样的共识，即企业的自我报告制度是对执法机关宽大政策的回应，或者说没有宽大政策就没有自我报告。只有在执法机关减少对自我报告企业所采取制裁的前提下，企业才能作出相应的制度设计。具有可操作性的反腐败合规机制应当具备以下四个特征。

第一个特征是权衡风险与收益。权衡风险与收益是反腐败合规机制基本原则的体现，也是一个合理机制能长久运行的保证。否则，如果举报的必然结果是企业倒闭，那无论自我举报在道德上具有多么高的正当性，这个机制也恐怕不具备运行的期待可能性。除了上文所论述的降低惩罚以外，还可能带来的另一项收益是尽可能保持企业的社会声誉。不同学科的研究已经反复确认，承担社会责任能带来有利于企业的结果。在和用户的关系上，这种利益具体表现包括消费者购买意愿、忠诚度和认同感的提升，以及愿意为同等产品支付更多费用。而在与其他利益相关方的关系上，承担社会责任也能带来政企关系的改善。最关键的是，行使符合社会道德规范的善举能提升企业的盈利能力。[1]虽然目前这种提升的运行方式还没有能得到明确总结，但是研究者们普遍认识到，在向公众传递企业如何承担社会责任时，企业自身和第三方来源都占据重要的地位。研究进一步发现，如果企业发生了负面新闻，消费者和利益相关者可能会更加关注第三方提供的结果信息，并且对这些信息产生更高的信任感。换句话说，让消费者和利益相关者通过第三方发现企业负面信息的成本可能更高。[2]因此，通过及时与执法部门合作，企业能把不利消息用一种对自己伤害更小的方式向社会展现，还能顺便展现减少这些负面影响的意识和决心。虽然主动报告自身丑闻会把潜在的威胁变成真实的损失，似乎有违人性的直觉，但其收益却是被实验所证明的。所以，当决策层在考虑是否要自我报告的时候，这些因素应当被作为重要的参考依据。

自我报告机制的第二项重要特点是应当尽可能快。这种快速既包括决策速度，也包括报告速度，一旦决定向执法机关自我报告，就要以最快速度把信息传递给相关机关，以获取最大的优势地位。欧美各国的执法机关都曾经表示，企业应当在"合理时间"之内完成自我报告，否则便可能无法获得法律上的优待。例如，英国DPA守则规定，与执法部门的合作涉及在犯罪曝光后的合理时间内报告检察官所不知道的犯罪，[3]与此相对的是量刑委员会的规定，隐瞒罪行可能会导致更重的处罚。[4]但对于什么叫"合理时间"，不同的执法人员有不同认识。例如，SFO的主要负责人之一马修·瓦格斯塔夫（Matthew Wagstaff）就曾经表示，指望一家企业在第一次意识到潜在的不当行为时立即拨打SFO的电话是不现实的，企业对发现的问题进行自我评估也是合理的。[5]但SFO曾经的另一位负责人大卫·格林（David Green）爵士则在

---

〔1〕 L. Gatti, "The Role of Corporate Social Responsibility, Perceived Quality and Corporate Reputation on Purchase Intention: Implications for Brand Management", *Journal of Brand Management*, 2012, Vol. 20, No. 1, pp. 65~76.

〔2〕 Zachary Johnson, "Self-Reporting CSR Activities: When Your Company Harms, Do You Self-Disclose?", *Corporate Reputation Review*, 2018, Vol. 21, pp. 153~164.

〔3〕 Deferred Prosecution Agreements Code of Practice.

〔4〕 Fraud, Bribery and Money Laundering Offences Definitive Guideline.

〔5〕 Matthew Wagstaff, "The Role and Remit of the SFO", http://www.sfo.gov.uk/2016/05/18/role-remit-sfo〔2021-11-20〕.

演讲中公开表示，企业一旦发现涉嫌犯罪行为，应立即向 SFO 进行初步报告。[1]

相比之下，FCPA 规定，如果要被视为自我报告，企业的报告必须发生在迫在眉睫的披露威胁或政府调查之前或在意识到违法行为后的合理时间内作出，内容则要覆盖与违规相关的所有已知事实。[2] 在 FCPA 的语境之下，企业要满足自我报告可能面临着重重困难。如果是针对同一个违法事实，来自任何渠道的、任何数量的公开信息都可能使企业失去率先披露的资格，即使该信息非常不容易被获得。而且，即使在披露时不存在公开信息，"迫在眉睫的威胁"也可能取消企业的披露资格。如果执法部门确定该信息可能已为人所知，它就可以拒绝认定企业的自我报告。此外，"政府调查"还意味着政府可以对企业进行秘密调查，虽然企业根本不知道这项调查的存在，但是报告也会被认定为无效。因此，在众多苛刻的条件之下，公司可能只能根据不完整的信息作出关于是否自我报告的决定。

目前，被认为比较具有代表性的自我报告案例是 SFO 处理的"XYZ 公司贿赂案"，通过 XYZ 公司的做法，我们能感受对"合理时间"有更清楚的理解。XYZ 公司是一家中小企业，其大部分收入均来自对亚洲市场的出口。在 2000 年 2 月收购之后，它一直是美国 ABC 公司的全资子公司。在 2004 年 6 月至 2012 年 6 月期间，XYZ 公司通过其一小部分但重要的员工和代理人参与系统地支付贿赂以在外国司法管辖区获得合同。总的来说，在最终审查的 74 份合同中，有 28 份被认为是"牵连的"，也就是说，有具体证据表明每份合同都是通过支付贿赂获得的。在 2004 年至 2013 年期间，就 28 份涉及行贿的合同向 XYZ 公司支付了总计 1724 万英镑。该金额占同期总营业额的 15.81%（1.09 亿英镑）。在 3140 万英镑（即 20.82%）的总毛利润中，涉及合同的总毛利润为 6 553 085 英镑。XYZ 公司估计，涉及合同的净利润约为 250 万英镑。XYZ 公司在 DPA 中承认其在 2012 年之前都没有适当的合规制度规定。为了解决这一问题，ABC 公司在 2011 年末通过在 XYZ 公司内实施其全球合规计划来改善这个子公司的合规情况。正是在这一合规方案的背景下，2012

---

[1]　"Guide to SFO Self Reporting", http://thebriberyact. com/self-reporting-the-definitive-sfo-guide [2021-11-20].

[2]　9-47. 120-FCPA Corporate Enforcement Policy.

年 8 月底，一些合同的担保方式开始被注意到。

随后，XYZ 公司立即采取行动：2012 年 9 月 4 日，其聘请了一家律师事务所进行独立的内部调查。其重点是 2006 年 1 月 1 日后签订的合同。2012 年 10 月 2 日，在征得 XYZ 公司同意的情况下，处于调查期间的律师事务所口头告知 SFO，一名身份不明的客户可能正在向 SFO 进行自我报告。2012 年 11 月 13 日，律师正式与 SFO 会面，确认 XYZ 公司将在内部调查结束后进行书面自我报告。双方同意，书面自我报告将于 2013 年 1 月 31 日前被提交给 SFO。随后，该律师事务所在约定日期向 SFO 提交了自我报告，在此后的时间里，该律师事务所继续扩大调查范围，并陆续又提交了 2 份自我报告。SFO 在对其进行起诉的文件中认为，鉴于 DPA 的申请需要以符合正义利益的实现方式。因此评估需要考虑的若干因素，包括"鼓励揭露和自我报告公司不法行为的重要性"。在"XYZ 公司贿赂案"中，如果不是因为自我报告，检察官可能仍然不知道犯罪行为存在，因为该行为已经持续了 8 年而没有被发现，而且也没有任何迹象表明，当局可能已经注意到了这些犯罪。[1]

如果梳理整个 XYZ 公司自我报告的时间线，我们会发现其报告速度的确比较快。XYZ 公司从发现内部问题到外聘律师事务所仅用了 1 周时间，而在大约 4 周后就向 SFO 口头告知可能由身份不明的一方进行自我报告，再经过 5 周披露身份，前后总共也就大约 10 周。SFO 也认可了在自我报告之前进行大约 2 个月的内部调查，因此企业在进行自我举报时可以进行参考。此外，XYZ 公司的自我报告还体现为分段式，符合"先完成、再完美"的特点，即根据自我掌握信息的程度决定向执法部门报告的程度，从一开始的匿名含糊汇报，到后来一次比一次更完整地提交报告，XYZ 公司其实既占到了及时汇报的先机，也为后续的实质内容提供预留了更充裕的时间，可谓一种较为合理的做法。

自我报告机制的第三项重要特点是提交的材料应当尽可能全面。执法机关鼓励自我举报的本质是减轻自己的办案压力，更快速地把案件办理完成，这显然对企业提供的线索提出了质量要求。否则，如果企业只是汇报可能存在一些违法行为，但具体证据仍然需要执法人员自己去搜集整理，那么执法部门的工作并非得到真正减轻，对企业处以宽宥的实质合理性依据也难以存在。

---

〔1〕 SFO v XYZ Ltd, Case No：U20150856.

　　在 XYZ 公司的 DPA 文件中，对于报告信息充分性的要求也非常明确。协议认为，一个组织自我报告后能获得的优待取决于向检察官提供的全部信息。具体而言，企业必须确保在提供材料作为自我报告的一部分时，不会保留任何可能危及有效调查的内容。应当提供的信息包括确定有关证人的身份、账户和文件，在可行的情况下，还包括按要求提供证人进行面谈。而在这方面，XYZ 公司在其最初的自我报告中提供了全面的信息，该报告是该律师事务所广泛调查的结果。SFO 的独立调查也有效地证实了该报告所述的内容。XYZ 公司随后通过律师事务所确定了进一步的相关信息，并提交了进一步的报告。对于证人证言，XYZ 公司提供了被采访者第一次陈述的口头总结，并对信息和材料的请求提供了及时和完整的回复。[1] 综合上述情况，执法部门认为，XYZ 公司及时的自我报告非常有利于实现司法公正。

　　我们仅以律师事务所在第一次向 SFO 提交报告时所完成的工作量，就可以对"充分"有一个大概的推测。在匿名报告后，受聘的律师团队收集、处理和搜索了超过 90GB 的电子数据，包括来自公司服务器的 .pst 文件、笔记本电脑硬盘的图像以及外部存储驱动器；审查了超过 27 000 份电子记录；收集和审查了硬拷贝文件，包括个人笔记本、代理文件、合同文件、发票和装运文件；对 4 名 XYZ 公司的员工进行 13 次面谈。基于如此详细的调查，律师事务所第一次提交的报告长达 39 页，列出了与 16 份牵连合同有关的证据细节。此后，在 2013 年 4 月 26 日至 2016 年 1 月 14 日期间，在 XYZ 公司的充分合作下，SFO 进行了自己的调查。此外，XYZ 公司通过律师事务所继续努力调查和补充自我报告，特别是扩大了调查范围，包括 2006 年 1 月 1 日之前的合同。2014 年 11 月 27 日，该律师事务所代表 XYZ 公司出具了第三份自我报告，其中包含了 32 份之前未确认的合同的详细信息，其中 7 份涉及其中。这使得因涉嫌腐败付款而被调查的合同总数达到了 74 份，其中 28 份涉及腐败。[2] 可以说，DPA 文件中记录的这些信息既是有助于执法部门调查的"功劳"，也是证明其良好态度的"苦劳"，这些也无疑是有效的企业合规机制在这个阶段应当有的体现。

　　自我举报制度的第四项特点是完成企业与个体的责任切割，尽可能减轻

---

〔1〕　SFO v XYZ Ltd，Case No：U20150856.

〔2〕　SFO v XYZ Ltd，Case No：U20150856.

企业可能受到的处罚。各国的企业合规普遍呈现出一种"放过企业，惩罚自然人"的趋向，而为了满足宽缓的要求，企业完成与个别违法者的切割也是应有之义。在岩崎正树的理论框架内，执法人员期望提高犯罪侦查的概率，实质上是牺牲对不法行为人的预期间接惩罚，从而增加对个人的预期直接惩罚。[1]在美国，自 2015 年司法部副部长莎莉·耶茨（Sally Yates）发布备忘录以来，司法部一直要求企业向其提供有关参与犯罪的个人的信息，以符合企业宽大处理的资格。[2]虽然以罚款减少为代表的宽大程度是否适当是一个应该进一步研究的问题，但已经发生的事实证明，执法机关也在实践中寻求威慑个别违法者。尽管要求自报企业提供有关个人不法行为人的证据可能会在一定程度上增加个人起诉的数量，但在其他条件相同的情况下，这不会必然导致对职员或高管的起诉量大幅增加。为了实现切割的目的，企业可要求其员工提供相关涉案文件，并接受与调查有关的外部律师的面谈。而如果员工拒绝提供文件或参加面谈，企业可以根据所在地的法律对其进行处理，譬如解除与员工的雇佣合同。当然，这与企业所在地的劳动法规定密切相关，例如在美国的企业一般可以因拒绝配合内部调查而解雇员工。[3]但是，与个体的责任切割并不意味着企业可以以侵害员工的合法权益为代价进行"甩锅"。一方面，因为调查而产生的必要支出应当由企业承担，而不能随意转嫁到员工身上；另一方面，员工有权享受法律赋予的沉默权等合法权利。

四、自我报告与配合调查

在企业与执法部门的关系中，另一个与自我报告经常一同出现的概念是配合调查（Cooperating with government investigations）。通常来说，配合调查被用于归纳执法部门开始对企业进行调查以后，企业所采取的种种有利于调查的所作所为。在有些国家的官方文件中，自我报告和配合调查是两种并列的概念。例如，美国的检察官手册和律师手册都提到企业要想获得宽大资

---

〔1〕 Masaki Iwasaki, "A Model of Corporate Self-policing and Self-reporting", *Forthcoming in International Review of Law and Economics*, 2020, Vol. 63, 105910.

〔2〕 Harrington & E. Joseph, "Corporate Leniency Programs When Firms Have Private Information: The Push of Prosecution and the Pull of Pre-Emption", *Journal of Industrial Economics*, 2013, Vol. 51, pp. 1~27.

〔3〕 "DOJ Issues New Policy Encouraging Self-Reporting FCPA Violations", https://bracewell.com/insights/doj-issues-new-policy-encouraging-self-reporting-fcpa-violations#1〔2021-11-20〕.

格，则必须"自觉地自我披露潜在违规行为"和"全力配合政府后续的调查工作"。[1]那么，在构建企业反腐败合规机制的理想模型时，是否也需要将配合调查进行单列便是值得思考的问题。

对这个问题的回答要以这两个概念的实际内容为基础，如果概念对应的工作内容之间存在明显区别，则自然是要单独列出，而如果二者并无本质性差异，则单列的必要性也就不存在了。如果对现有的执法和司法实践进行对比，我们不难发现，自我举报和配合调查之间的内容存在高度重合性。例如，最近发生的 Beam 公司和 SEC 的和解协议就是典型例证。Beam 是世界著名的烈酒制造和销售商，从 2006 年到 2012 年，其印度子公司 Beam India 为了获取或保留印度市场的业务，向各政府官员支付了不当款项。其中，Beam India 的高级管理人员利用其第三方促销员、分销商和其他与销售有关的人员制定了各项计划促销、分销和其他商业活动。促销员、分销商和其他第三方人员向政府控制的仓库、零售店和各个政府办公室的员工支付非法款项以增加销售订单，在商店货架上获得更好的定位，确保获得许可证和标签注册等不当优势。第三方合作者通过向 Beam India 提供伪造或虚报的发票，收到非法付款的资金或获得补偿，而以上这些费用都被 Beam India 虚假记录。而根据和解协议的记录，Beam 公司的自我报告和合作（Beam's Self-Disclosure, Cooperation）表现为：主动向 SEC 委员会工作人员披露了这一不当行为，并及时分享了其董事会特别委员会在内部调查过程中发现的事实。Beam 还通过自愿制作文件、总结事实调查结果、翻译大量关键文件、及时提供证人访谈报告以及向委员会工作人员提供现任或前任员工，包括需要前往美国或其他地方进行访谈的员工，进行了合作。[2]对比之后不难发现，Beam 公司所谓进行的"合作"和前文中所列举的英国 XYZ 公司的自我报告的内容基本一致。

这并非个例，在案情相似的能源企业"Linde 公司贿赂格鲁吉亚官员案"中，美国司法部对其进行宽大处理的理由是涉及自我报告和配合调查的分别是"Linde 公司对该事件的及时、自愿的自我披露""Linde 公司进行的彻底、全面和积极的调查"和"Linde 公司在该事件中的充分合作（包括提供有关参与不

〔1〕　"Deputy Attorney General Rosenstein Delivers Remarks at the 34th International Conference on the Foreign Corrupt Practices Act", https://www.justice.gov/opa/speech/deputy-attorney-general-rosenstein-delivers-remarks-34th-international-conference-foreign［2021-11-20］.

〔2〕　Beam Inc. and n/k/a Beam Suntory Inc., No. 3-18568.

当行为或对不当行为负责的个人的所有已知相关事实）并同意继续合作进行个人调查"。[1]同样，司法部对充分合作的解释并未超出提供信息的范畴。

对比研究合规的文献，我们可以发现，实务界人士在对自我报告和配合调查进行表述的时候，其指代的内容经常是难以区分的，例如大卫·佐尔诺（David M. Zornow）、[2]劳伦·贝尔（Lauren Bel）[3]等所写的文章都是如此。对此，弗吉尼亚·查韦斯·罗马诺（Virginia Chavez Romano）作出了简洁而精准的分析。他认为，虽然多年以来获得优待所需的表现发生了变化和进步，但企业合作的核心始终是提供有助于政府调查的信息。[4]因此，无论是自我报告还是配合调查都是旨在实现"提供有助于政府调查的信息"这一目的。从上述案件中可以看出，有效的自我报告不是简单的"一锤子买卖"，而是随时间的发展和调查的深入而不断变化的动态过程，从这个意义上说，本书所设定的自我报告机制能够覆盖配合调查所要具备的条件。而如果企业的违法行为是因为其他原因（比如被员工举报、媒体披露或者执法部门自行发现），无论有没有合规机制，企业都应当配合调查，而不是掩饰、隐瞒相关的证据以对抗调查。在这种情况下，所谓的配合是比自我举报等而下之的做法，也不是一个良好的企业反腐败合规机制所应当包括的内容。

第二节　自我补救

在腐败危机爆发后，企业反腐败合规机制的另一项重要工作是及时地完成体系的自我补救和更迭。鉴于创设有效运行的反腐败合规机制是一项长期而艰巨的任务，每个企业都随时面临着合规失败的问题。作为一个产生时间

---

〔1〕 "Letter from Jacob T. Elberg, Chief, Health Care & Gov't Fraud Unit, U. S. Attorney's Office, Dist. of N. J. & Laura N. Perkins, Assistant Chief, U. S. Dep't of Justice, Criminal Div. , Fraud Section, to Lucinda Low & Thomas Best, Steptoe & Johnson LLP", https://www. justice. gov/criminal-fraud/file/97 4516/download〔2021-11-20〕.

〔2〕 "Cooperating with Government Investigations in USA", https://www. lexology. com/library/detail. aspx? g=b9044534-4c6a-4579-b806-2ced1fa66b75〔2021-11-20〕.

〔3〕 "Corporate Investigations 2021", https://iclg. com/practice-areas/corporate-investigations-laws-and-regulations/3-corporate-cooperation-benefits-and-challenges〔2021-11-20〕.

〔4〕 "Americas Investigations Review 2022", https://globalinvestigationsreview. com/review/the-investigations-review-of-the-americas/2022/article/the-evolution-and-current-approach-corporate-cooperation-in-us-enforcement-investigations〔2021-11-20〕.

并不太长的企业治理理念，合规的内容涉及企业的方方面面，前文逐条分析的每个领域都可以延伸出数以十计乃至百计、千计的具体问题，对这些问题的处理不当可能会导致合规机制不同程度的失灵。而对于企业来说，自我补救是反腐败合规领域中最困难也最综合的要求。从困难上说，对比所有前文中阐述的合规机制所应当具备的要素，自我补救的抽象程度明显高出一筹。从制定规范、组建团队到开展培训、日常监督，甚至是自我报告，这些做法仅从字面含义里就能把最核心的要求明确阐述，而自我补救显然不具备这样的特征。从综合来说，发生错误的原因可能多种多样，要改正错误也必须全面考虑所有的原因，否则就难以真正改良。因此，本节将从自我补救要注意的不同问题展开，尝试把这个似乎浮在半空的概念落到实处。

一、自我补救的逻辑

对于企业反腐败合规机制的构建和运行来说，自我补救体现了典型的"于无疑处有疑"的特点。从自我补救的原因来说，这似乎是一个不证自明的问题，合规机制出现了错误便自然要修正，哪里错了便改正哪里。这样回答当然没有问题，但却可能把自我补救变成一种口号。探寻自我补救的逻辑不是解决要不要补救的问题，而是具体解决路径问题。作为反腐败合规机制上的重要一环，自我补救涉及成本投入，既然是成本投入，就应当尽可能做到在合理范围内追求更好的效果。尤其是如果在短时间内不能立刻完成改进，或者企业现有的资源条件有限（这也是企业可能面临的常态），那么补救的各种工作在顺序上应当孰先孰后，投入上应当孰轻孰重就必须有排序。在自我补救的过程中，的确有两种本质不同的诉求。第一种诉求是为了应对执法部门的调查，并尽可能降低被惩罚的力度，而第二种诉求是完善合规机制本身，使其更好地运行。两种诉求之间虽然有相当大的交集，但也有潜在的矛盾，梳理自我补救的逻辑本质上就是理顺二者的关系。

第一种诉求的驱动力来自公权力的要求，这种要求既表现在立法上，也表现在执法的过程之中。例如，英国的《暂缓起诉实务守则》"反对起诉的其他公共利益因素"规定："当企业的管理团队注意到违规行为时，可能会采取非常积极的方法……并采取补救措施，包括在适当情况下赔偿受害者。"[1]

---

〔1〕　Deferred Prosecution Agreements Code of Practice 2.8.2.

《美国联邦量刑指南》则规定，企业的合规机制应当能采取合理步骤：①对犯罪行为作出适当反应，包括提供赔偿或补救、自我报告以及与当局合作；②防止类似的犯罪行为，包括对合规和道德计划进行任何必要的修改。[1]2020年最新修订的《FCPA指南》在其"有效合规计划的特征"中增加了一个关于"不当行为的调查、分析和补救"的新章节，其内容包含了有效合规计划最真实的衡量标准是如何应对不当行为。因此，为了使合规计划真正有效，它应该有一个运作良好、资金充足的机制，以便及时、彻底地调查公司、其员工或代理人对不当行为的任何指控或怀疑。一个有效的调查结构也将有一个记录公司反应的既定方法，包括采取的任何纪律或补救措施。[2]

相比之下，意大利的231法令对企业自我补救的要求更具体，其中第12条规定的"可以罚款减半的条件"包括机构如果在初审法院程序开始之前：① 该机构为此目的采取有效行动，该机构将就损失或损害提供全额赔偿，并消除犯罪或其他行为的所有有害或危险后果；②采用并实施了一种能够防止此类犯罪发生的组织模式。[3]而第17条"补救罪行的后果"规定，在不影响罚款的情况下，在初审法院程序开始之前，如果企业满足以下条件，则不适用取消资格措施：①该机构已就损失或损害提供全额赔偿，并消除了犯罪或其他行为的所有有害或危险后果，前提是它已为此采取有效行动；②该机构通过采用和实施能够防止以前发生的此类犯罪的组织模式，消除了导致该犯罪的组织缺陷。[4]意大利对初审开始前的时间限制给企业合规的自我补救划定了明确的截止日期，这对企业提出了更高的要求。

第二个方面，企业内部也有对制度进行完善的动力。前面几个章节论述的各项合规事宜都需要企业投入相应资源。如果将企业视为一个整体，哪怕最初其对合规机制的态度并不积极，但是花费高昂的代价去构建一个毫无用处的纸面合规并不符合企业的利益。除非企业主观上就追求违规所带来的利润，目的就是要合规变成无用的摆设，那么这种情况就不属于此处讨论的范畴。只要不是这种情况，企业自身就有动力去完善合规机制。在企业整体之下，合规负责人以及合规部门也有自身的诉求。从理论上讲，合规人员业绩

---

〔1〕　U. S. Sentencing Guidelines Manual § 8B2. 1（b）.

〔2〕　A Resource Guide to the U. S. Foreign Corrupt Practices Act, p. 67.

〔3〕　Article 12, DLgs 231/2001.

〔4〕　Article 12, DLgs 231/2001.

考核在很大程度上与合规机制的运行情况挂钩，如果一项机制总是出现弊端，对内部的问题也无法防范，那么合规人员的绩效恐怕难言光彩，而这种结果也可能会影响到其收入与自我评价。因此，企业内部也有动力去补救出现问题的现行机制。

这两种诉求如果达成一致自然最好，但当二者存在矛盾的时候就会引发问题。譬如，从便于查验的角度上说，企业的整改应当清晰、明确，而从长效提升合规有效性的角度上看却未必如此。更具体地举例而言，提升员工的反腐败意识以营造良好的反腐败氛围是防止公司腐败的重要举措，但是从开始到生效所花的时间周期显然比较长，而且效果也难以证明。如果企业只是以重新改进了内部合规制度为理由申请宽大处理，执法部门很可能不予认可。从逻辑上说，立竿见影的整改更有利于体现出整改本身。因此，当这二者矛盾的时候，企业采取的策略应当是"应急为先，提升为本"。从企业利益来看，这个阶段最明显的预期收益是降低惩罚，获得执法部门的认可才是最重要的事情。但从根本上看，合规补救不是为了把本次危机应付了事，把执法部门糊弄过去，而是切实提升合规机制的有效性，真正达到预防犯罪的目的。若这个原则以医疗为喻，就是面对处于抢救阶段的病人，第一要义首先是保证其安全度过危险期，在体征趋于稳定以后，增强体质等问题才有施展的余地。

二、自我补救的临时负责机构

鉴于合规机制的自我修复具有时间紧任务重的特点，合规专家里克曼（Rickelman）曾提出过设立补救管理办公室（a remediation management office，RMO）这一构想，即企业成立一个专门的临时性机构来负责合规机制的修复问题。[1]虽然 RMO 最早是针对银行业的行政法合规而提出的理念，目的在于避免高额的罚金，同时节约修复过程的组织成本，但其理念对企业的反腐败合规机制同样具有重要的借鉴意义。在 RMO 理念的基础上，本书认为，企业应当在自我补救的阶段创设名为合规补救工作领导小组的专门临时性机构。合规补救工作领导小组的设定不仅能覆盖 RMO 原有的功能，还能进一步体现反

---

〔1〕 "Integrating Remediation Management Into Your Operations"，https://www. corporatecomplianceinsights. com/integrating-remediation-management-into-your-operations〔2021-11-20〕.

腐败企业合规的特点。

根据里克曼（Rickelman）的设定，RMO 作为项目管理办公室的主要目的在于处理监管部门发现的不合规问题，帮助企业在给定的较短时间内解决监管机构强调的关键问题。其基本原理在于企业合规的风险往往分布在整个组织结构中，要调整这些风险带来的缺陷也需要整个组织层面的配合，如果仅仅是依靠现有的合规部门将很难实现。而且，如果将整改的任务下放分配到各具体职能部门，那么各部门认为的优先事项和目标也可能存在不同，这也可能最终导致真正需要优先处理的事项被延误。因此，需要一个协调性机构来提供明确的目标和优先排序，使得整个企业的行动节奏和执法部门的要求保持一致。而且，只有在这种相对独立的项目制度之下，才能暂时打破原有的部门关系，企业才能从各个部门抽调人员协同分工。对于执法部门的要求来说，企业所有的整改时间均十分有限，因此不允许把时间浪费在上下级的请示和批复上，一线的工作人员必须要在最短时间内明确知道自己的工作内容和截止时间。在这个问题上，合规补救工作领导小组完全能覆盖 RMO 的工作要求，小组成立的目的就是解决合规机制的补救问题，在这个目的之下可以调动一切必需的资源，其他部门也必须予以配合。对于被抽调进入小组工作的员工来说，其在小组存在期间只接受来自小组负责人的指令。

合规补救工作领导小组存在的第二个重要意义是明确体现合规机制的高层负责原则。正如其名字所表现的那样，企业应当指派级别、能力和影响力都足够的人员担任小组负责人，这不仅对内有利于补救工作的开展，对外也可以向执法部门展现出企业合规从最高层开始的态度。无论是亲自担任具体工作还是挂名并牵头，企业的最高决策层都应该在合规补救工作领导小组中有突出表现。也只有在决策层的直接指挥下，企业哪些业务领域受到的影响最为严重、主要资源要投向何处、哪些风险点需要优先处理等问题才能被最快解决。正如一句俗语所说的："老大难，老大难，老大出面就不难。"合规补救工作领导小组既是"老大"的明证，也是直面难题的手段。

创设合规补救工作领导小组需要考虑以下几个重要因素。首先是对企业因为腐败问题而所处的境遇有清晰、完整的把握，包括了解当前不合规问题的范围和严重性、继续不合规将造成的后果、必须采取补救措施的时间以及对企业的影响程度。其次是领导小组的决策权限应当足以匹配补救工作的进行。除了小组本身的决策权限，小组内部某些个人的责任和决策权也要清楚地定义，这既是基于开展工作的必要也是基于落实责任的要求。最后是最小限度地影响企业的正常运营。合规机制的存在本身就是为了避免企业停摆造成股东损失和员工失业，因此如果许多需要补救的措施会影响日常运营，领导小组的存在就是要设法将这种影响降低到最小，实现在补救期间保持业务运行的平衡。

三、自我补救的行动框架

"零犯罪"的目标不具备可实现性，致力于"完美"的合规最终可能既完不成任务还导致效率低下。[1]因此制定有效的反腐败合规计划并不是为了达到十全十美。企业知道他们必须实施合规计划，但这些计划中的失败也会持续出现，正是这些失败导致企业不断思索如何制定更有效的合规计划，从而更加有效地阻止潜在不当行为。认知心理学、行为经济学和行为伦理学领域的研究表明，人的选择在一定程度上取决于问题陈述的方式。[2]因此，通过将问题从"这种合规失败是如何发生的或为什么发生的"表述为"合规过程中哪些阶段出现了问题"，企业内部的合规人员或者外聘律师可能会以合规机制的失效进行更深刻的研究。在这个前提下，维罗妮卡·鲁特（Veronica Root）认为，改变评估合规失败的框架可能有助于更好地确定企业合规体系失灵的根本原因，并提出了合规流程框架理论，即企业合规分为预防、检测、调查和补救四个阶段，合规人员需要对这四个阶段的工作进行审查，以确定合规机制失效发生在哪个阶段。[3]一旦了解了合规失败发生在哪个阶段，企业便能够更好地采取旨在确保合规完善的适当措施。

本书对于反腐败企业合规机制的框架论述同样是基于流程视角，即假设企业从零开始先设定预防犯罪这一目标，然后逐步着手开始实现这一目标。相比于鲁特（Root）的四阶段论，本书认为的反腐败企业合规机制需要经历"构建—运行—补救"三个纵向阶段，每个阶段又可以横向分为若干项内容。在机制的构建阶段，企业应该完成规章制度、内部治理以及举报流程三项内容

---

〔1〕　Veronica Root, "Coordinating Compliance Incentives", Cornell L. Rev. , 2017, Vol. 102, pp. 1033~1036.

〔2〕　Richard H. Thaler & Cass R. Sunstetn, *Nudge*: *Improving Decisions About Health, Wealth, And Hkppiness*, Penguin Books, 2009, p. 40.

〔3〕　Veronica Root, "The Compliance Process", *Indiana Law Journal*, 2019, Vol. 94, p. 203.

（可形象化表述为一部法典、一个部门和一条热线）。在机制的运行阶段，企业的合规内容应当包含合规培训、日常审查和第三方监控三大支柱。而在出现腐败问题后的应对阶段，合规机制的功能可以被归纳为两个自我（自我报告和自我补救）。这个模型从理论上把反腐败合规工作的内容按照腐败可能出现的环节进行了划分片区，对于应对阶段的自我补救来说，其筛查也是按照这个标准，这也是本书相比于鲁特（Root）等学者的研究成果更进一步之处。这个模式化流程本身的设计理念就是不断地自我迭代，为了实现风险防控和预防犯罪的根本目标不断努力，以达到合规水平的螺旋式上升。

四、自我补救的常见措施

通过 DPA 等形式，各国的执法部门已经处理过多起企业腐败案件。通过对执法部门发布的文件公告进行总结归纳，我们可以发现有几项共性的措施得到了认可。这些常见措施未必是自我补救的全部，但是可以被列入企业采取措施时的选项清单。

第一项措施是对应当承担责任的企业成员进行纪律处分。这里之所以使用"承担责任"而不是"参与腐败行为"的提法，主要是因为有一些组织成员虽然没有直接参与不当行为，但却对案件的发生负有不可推卸的责任。譬如，明明意识到不当行为的存在却不报告、处于监督岗位的成员本可以停止该行为但未能进行有效监督。此时，这些成员也应当受到处分。追究责任是执法部门对自我补救的一项基本要求。例如，美国司法部就很注重企业对"包括直接参与或未能监督而被认定为对不当行为负责的人员，以及对犯罪行为发生的领域拥有监督权的人员"的处理方式。[1] 当内部发现腐败问题的迹象时，企业就应考虑是否立即采取人事方面的措施，例如把相关人员调离目前岗位或者暂停工作，而一旦对不当行为的担忧得到证实，就应权衡调查结果，以评估是否有理由终止合同。例如，SFO 在"空中客车公司案"中达成的 DPA 就提到了作为补救措施的人事变动，包括首席执行官、首席财务官和首席法律顾问在内有 31 名高管和员工被公司解除了职务。法院认为，这种转变使得空中客车公司变成了"实际上不同的公司"，是一项能达成 DPA 的有

---

〔1〕 Evaluation of a Corporate Compliance Program, Justice Manual § 9-47-120（2）（c）.

利条件。〔1〕反之，某些企业会因为没有适当地惩罚涉事员工而无法得到执法部门的优待。例如，美国司法部在处理"爱立信腐败案"的过程中认为该公司未能获得优待的部分原因在于没有"对参与不当行为的某些高管和其他员工采取适当的纪律措施"。〔2〕

对员工采取人事措施当然不只有解除劳动合同一种做法，否则就变成了无差别对待。如果某些涉事人员责任相对轻缓，可以继续维持聘用关系，企业也可以给予其他的处罚，例如减少或取消激励性薪酬、降低职务、企业内通报批评和警告等。如果决定保留应受惩罚的员工，企业在惩罚员工之外更要为其提供量身定制的补救培训，以确保员工清楚公司未来的要求以及他们应该做些什么来符合企业的基本合规制度。同时，加强对这些成员的监督也是可以采取的措施，特别是在这些人有权批准企业支出、聘请第三方或与政府官员互动的情况下，应当对其行动保持一定的监督。毕竟，惩罚不是最终目的，能将不当行为再次发生的风险降至最低才是合规机制的追求。

第二项措施是处理与第三方合作者的关系。和处理内部员工的原理一样，对于提供服务过程中参与了腐败行为的第三方，企业采取适当行动也是至关重要的。在某些情况下，企业最好在获得第三方参与腐败行为的确切证据之前采取补救措施（例如停止与第三方的关系或冻结未支付的款项），直到符合性问题得到充分的调查。中止关系或冻结付款并不总是意味着与第三方关系的终止，这应传达给第三方和业务利益相关者，毕竟采取这些措施可能会导致与第三方之间关系紧张，因此进行调查的人员必须开展工作，并与负责阻止付款和与第三方联络的关键人员保持定期沟通。停止或中止与可能与不当行为有关的第三方的关系对于最大限度地降低不当行为再次发生的风险和满足执法机构的期望至关重要。美国司法部在 FCPA 执法行动中多次提到终止与第三方关系的举措，例如通用电缆公司终止了与参与不当行为的 47 名第三方代理人的业务关系，〔3〕费森尤斯终止了与涉及不当行为的第三方代理和分销商的业务关系等。〔4〕相反，企业也可能因未能终止与第三方的关系而受到

---

〔1〕　Serious Fraud Office v. Airbus SE, Case No: U20200108, pp. 76~78.

〔2〕　United States v. Telefonaktiebolaget LM Ericsson, No: 19-CR-00884-AJN.

〔3〕　Eric W. Sitarchuk, Esq., Re: General Cable Corporation Criminal Investigation, 2016, p. 2.

〔4〕　Maxwell Carr-Howard, Re: Fresenius Medical Care AG & Co. KGaA, (2019).

否定性评价。例如，伟历信集团旗下的子公司在面临行贿调查的过程中未能立即终止向第三方付款，而是考虑向托管账户付款，法院认定这样的行为属于"对冲其赌注的玩世不恭的商业决定"。[1]

第三项措施是加大合规投入。投入资源的数量是考察企业对合规重视程度最直接的指标（虽然未必最科学），因此被执法部门盯上的企业往往会采用大幅度提升投入的形式展现自己改过自新的决心。例如，康宝莱在达成的DPA中明确自身大幅增加了致力于合规的人员和资源，并且实施了额外的合规测试、监控和审计程序。[2]开展大规模培训也有助于公司更好地发现风险，因此被认为是补救措施的重要部分。例如，JF投资同意对一百二十多名董事进行利益冲突、防止洗钱和反腐败方面的培训，并加强了对所有管理层和相关员工的反腐败培训。[3]加大合规投入还有一个非常重要的形式，即聘请独立第三方对企业的合规情况提出整改意见并进行评估。例如，空中客车公司为了避免英国和美国政府强行指派合规监督员，因此特意聘请了一批德高望重的合规专家来指导，其成员包括戈尔德勋爵（英国最资深的诉讼律师之一，在公司、政府和监管机构的最高级别工作方面拥有丰富的经验）、诺埃尔·勒诺瓦（前法国欧洲事务部长，有史以来最年轻的法国宪法法院任职法官）和西奥多·怀格尔博士（曾担任德国联邦财政部部长、西门子的外部合规监督员）。[4]聘请这些专家所花的费用可能极为惊人，但是也能体现出企业对合规投入的决心。毕竟，企业自己说自己已经完成整改缺乏公信力，只有客观的第三方才能提供独立证据"证明"补救措施和合规计划的有效性。

五、自我补救的典型例证

2019年，美国零售业巨头沃尔玛公司（Walmart Inc.）以支付1.37亿美

---

〔1〕 "Sweett Group PLC sentenced and ordered to pay £2.25 million after Bribery Act conviction", https://www.sfo.gov.uk/2016/02/19/sweett-group-plc-sentenced-and-ordered-to-pay-2-3-million-after-bribery-act-conviction〔2021-12-9〕.

〔2〕 United States v. Herbalife Nutrition LTD; Docket No. 20-CR-00443.

〔3〕 "J&F Investimentos S. A. Pleads Guilty and Agrees to Pay Over ＄256 Million to Resolve Criminal Foreign Bribery Case", https://www.justice.gov/opa/pr/jf-investimentos-sa-pleads-guilty-and-agrees-pay-over-256-million-resolve-criminal-foreign〔2021-12-9〕.

〔4〕 "Airbus Establishes New Independent Compliance Review Panel - Company", https://www.airbus.com/newsroom/press-releases/en/2017/05/Airbus-establishes-new-Independent-Compliance-Review-Panel.html〔2021-12-9〕.

元的代价结束了在墨西哥、印度等地的腐败行为调查。美国检察官特尔维利格（Terwilliger）认为，沃尔玛"违反了《反海外腐败法》，因为它没有实施必要的内部控制来查出腐败行为……十多年来，沃尔玛经历了指数级的国际增长，但未能在各个国家建立防范腐败风险的保障措施"。[1]纵观沃尔玛从被调查到被处罚的全过程我们不难发现，其合规机制在很多地方表现不佳，因此未能获得更多优待（例如自我披露的不及时），但是其自我补救的措施可以说既全面又有力，也获得了执法部门的认可。正如前检察官、资深合规律师迈尔·沃尔科夫（Mike Volkov）认为的："沃尔玛展示了一家全球性公司在建立和加强其道德和合规计划方面所做的最好的补救工作之一。致力于这项工作的专业人士应该为他们的成就感到自豪，特别是在扭转沃尔玛这样一艘大船方面。"[2]因此，分析沃尔玛的补救措施对理解自我补救的方式确有裨益。

　　沃尔玛的补救措施包括以下内容：第一项是大规模的人事变动，具体表现为让对腐败问题负有责任的最高管理层人员离开公司，包括美国沃尔玛的首席行政官托马斯·A. 马尔斯（Thomas A. Mars）、沃尔玛墨西哥分部的总法律顾问何塞路易斯·里维拉（JoséLuis Rivera）以及沃尔玛的首席执行官李·斯科特（Lee Scott）。虽然这些调整没有被大规模报道，但被业内人士认为是影响处罚力度的一项重要因素。第二项是处理与第三方的关系，沃尔玛采取了彻底的手段，终止了所有涉及腐败问题的第三方合作关系。同时，沃尔玛在未来的第三方合作过程中还加强了关于选择和使用第三方的反腐败内部会计控制，包括建立一个定制的第三方自动化门户，以评估、管理和识别第三方中介机构，并对第三方进行审计和基于风险的反腐败培训。第三项是内部合规机构的调整。在总部层级，沃尔玛聘请了一名头衔为执行副总裁的全球首席道德与合规官、一名国际首席道德与合规官和一名专职的全球反腐败官，并分别向董事会审计委员会报告。同时，沃尔玛在公司总部和公司海外市场增加了专门的区域和市场首席道德与合规官、外国市场反腐败董事和反腐败

---

〔1〕 "Walmart Inc. and Brazil-Based Subsidiary Agree to Pay ＄137 Million to Resolve Foreign Corrupt Practices Act Case", https：//www. justice. gov/opa/pr/walmart-inc-and-brazil-based-subsidiary-agree-pay-137-million-resolve-foreign-corrupt〔2021-12-9〕.

〔2〕 "Walmart FCPA Enforcement Action：Part 3-The Penalties and Remediation", https：//www.jdsu-pra. com/legalnews/walmart-fcpa-enforcement-action-part-3-30655〔2021-12-9〕.

合规人员，向董事会审计委员会分别报告。此外，沃尔玛还强化了日常的反腐败合规监测，在各个市场都设立了专门财务控制和持续改进团队，以月度和季度为单位开展反腐败监控，并在集中、实时的自动化监控系统中跟踪结果，同时以年度为单位对国际市场的反腐败风险作出评估。此外，沃尔玛还加强了全球范围内的反腐败培训，针对董事、高级管理人员和最有可能直接或间接与政府官员互动的员工，强化入职培训、年度培训和网络反腐败培训。除了以上三种普遍性的措施，针对腐败案件中利用慈善捐赠这一手段，沃尔玛还实施了全球捐赠管理系统，以加强对慈善捐赠的控制。[1]

---

〔1〕 "Benchmarking Alert: Here's Walmart's Full Global Anti-corruption Policy", https://fcpablog.com/2021/05/12/benchmarking-alert-heres-walmarts-full-global-anti-corruption-policy [2021-12-9].

第六章

反腐败合规机制的组织文化之维

　　在前几章里，我们分别从制度构建、系统运行和危机应对的维度对企业反腐败合规机制进行了论述。作为一个各部分相互作用以实现目的的过程，这三项内容是否已经完整，进而足以实现预防和消除内在腐败犯罪因素的目的并支撑起企业长期有效的反腐败要求？答案是否定的。从犯罪学理论的角度看，针对企业腐败的内生性因素所采取的应对措施集中在两个方面：第一是增加犯罪的实施难度（包括增加实施行为本身的难度和提升被发现的可能性）；第二是以威慑的方式抑制犯罪人的主观因素。这些内容大概都属于"不能腐"和"不敢腐"的范畴。

　　如果仅从狭隘的短期效果出发，只要没有发生最后的犯罪结果，以上措施似乎也能满足要求。但是，纵观古今中外的各项社会制度，即使设计得再严密合理，也无不由一开始的严格向后来的松弛演变，这种类似物理学中熵的无序化转变也就是各种混乱和犯罪行为逐渐增加的过程。如果不施加人为的难以逆转的文化力量，制度出现败坏和失效便只是时间早晚问题。而从动机到行为的过程来看，威慑的抑制作用是对已然生成的犯罪意愿进行阻断，但并不能从源头上消除这种犯罪意愿的产生。并且，威慑效果也在很大程度上取决于制度的有效性，并会随着制度的松弛而衰弱。因此，一种着眼于长期时效的犯罪预防机制不可能撤除更本质的犯罪预防方式——组织合规文化或守法文化的着力营造。

　　自人类与犯罪作斗争到近代犯罪学产生，通过改善社会环境的宏观方式来减少犯罪一直是研究者们的共识，但由于这些方式往往周期长、见效慢，因此不能立刻解决社会当下严重的犯罪问题。为了弥补这些措施的短板，20世纪以来兴起的犯罪学理论有不少都重视直接的防止措施，但这并不是在否定传统犯罪学提出的改善社会环境、提升教育等长期措施，而是与其相互配合，并为其创造一个更稳定的社会环境。从事物的另一面来说，通过长期社会治理提升国民道德素质可以减轻直接性犯罪预防的压力。毕竟，防范措施或多或少总有被突破的可能，但如果从源头上遏制社会成员犯罪的想法，那具体行为就会失去其依附的核心，自然不可能产生。正如法律是底线的道德，除非极个别的冲突情况，否则一个道德感很强的人对自我的要求完全可以覆盖并超过法律对普通人的要求，这样的良好公民自然也是守法的模范。在腐败犯罪的语境中，这种状态也就是"不想腐"，是一种预防腐败的较高境界。如果能通过一系列措施塑造组织内成员的主观意识，使大多数成员都"不想腐"，甚至是自发与腐败行为做斗争，那么这样的组织又何愁做不好反腐败合规。

从各国的合规实践来看，只强调制度的建立和运行也无法解决令立法者和监管部门头疼的纸面合规。所谓的纸面合规即企业投入了人力、物力，构建了合规制度，而这些制度或许还处于运转之中，但合规制度存在的意义并不在于防止违规行为的发生，而是让执法部门误以为企业具有良好的守法性。相比于明显缺乏合规要素，纸面合规具有更大的欺骗性。多年来，美国司法部为检察官所制定的合规手册不断增加细分项目，以至于达一百多条，这些细节的列入在某种程度上也是执法部门与企业纸面合规斗争的结果。面对层出不穷的新漏洞，立法者只能不断地为稽查工作打补丁。从主观因素的角度看，纸面合规的本质就是行为人从内心不认可合规的价值要求。一方面，部分企业和个人忌惮于违法所要承担的重大责任；另一方面，他们又积极追求违规带来的不法收益，寻找形似合规而实质违规的"两全其美"之道便自然合乎逻辑了。在达成纸面合规的诉求下，这些企业和个人甚至可能会把合规的制度形式做得比一般的守法企业更好，但这样的合规目的不在于更好地消除企业内生性犯罪因素，而是为自己的犯罪行为作掩护。可以说，纸面合规是始于作伪而终于犯罪的。要想打破这种局面，必须引入高于制度层面的文化力量。

无论基于理论还是实践，反腐败合规机制要达到较高的水平都必须再增加一重维度，这重维度既要能承载更高的要求，也要区别于前两章的具体措施，并要能与之存在紧密的联系。本书认为，这便是反腐败合规机制的文化之维。在"不能腐"和"不敢腐"的基础上，只有通过文化之维的构建，企业才可能达到"不想腐"的更高层次。《小王子》的作者埃克苏佩里曾在一首诗歌中这样写道："如果你想造艘船，不要老催人去采木，忙着分配工作和发号施令，而是要激起他们对浩瀚无垠的大海的向往。"[1]在企业这个环境里，想要普遍性地激发成员产生一种守法的"道德向往"，企业本身就必须系统地、有步骤地开展一系列过程，而这种过程最终将构建某种特定的企业文化。

在过去的几十年中，从文化角度指引企业合规也成了一种普遍趋势，各国的政府越来越强调合规文化（compliance culture）在企业"有效合规"中的引领作用。最早将合规计划与企业刑罚直接联系起来的《美国联邦量刑指南》将合规计划称为"有效合规与道德计划"（Effective Compliance and Ethics Program）。从这一术语本身不难看出，刑事法语境下的企业合规，重在"合规的有效性"；而"有效合规"的落脚点不在于有无形式上的合规管理体系或内控制度，而是在于有无实质性的"道德推进计划"。也正因如此，该指南在其后多次对合规计划的构成要素进行修订时，日益突出文化要素，不仅将"提倡鼓励道德行为和遵守法律的组织文化"与"预防并调查犯罪行为"相并列，而且将合规文化提升到了企业合规基本目的的高度。[2]这种强调企业有效合规的实质在于合规文化的基本导向，这在不少国家的司法实践中也得到积极反映。如曾担任澳大利亚联邦法院首席大法官的罗伯特·弗伦奇（Robert French）在一起涉及企业合规的刑事判决书中指出："组织需要详细而具体的证据来说服法庭自己有合规文化的存在，尤其是在发生违反法律的情形时。因为违反法律的事实至少意味着合规文化可能不存在。"[3]这表明，企业"有无竭尽余力构建合规文化则成为评价犯罪和刑罚之际的基本依据"。[4]

基于上述的理论和实践情况，本章将继续围绕消除和减少内生性腐败犯罪因素的目的探讨合规文化的相关问题。

---

〔1〕　［美］莎拉·弗莱尔：《解密 Instagram：一款拍照软件如何改变社交》，张静仪译，中信出版社 2020 年版，第 254 页。

〔2〕　1991 年的《美国联邦量刑指南》首次在其第 8 章专门规定区别于自然人量刑的"组织量刑"，并引入企业合规概念作为评价组织刑事责任的基本依据。See Federal Sentencing Guidelines Manual § 8B2. 1 –Effective Compliance and Ethics Program，2004.

〔3〕　See Australian Securities and Investments Commissionv Chemeq Limited［2006］FCA 936.

〔4〕　［日］甲斐克则：《企业的合规文化·计划与刑事制裁》，谢佳君译，载李本灿等编译：《合规与刑法：全球视野的考察》，中国政法大学出版社 2018 年版，第 300 页。

第一节　组织文化的内涵与运行机制

一、组织文化的内涵

当谈及文化这一概念时，我们难免会产生熟悉又模糊的感觉，因为文化的概念天然就比较抽象，每个人对其的理解也不相同。国内外的著作对"文化"的界定数以百计，其中大多数都是从宏观角度阐述。例如，英国人类学家泰勒（Tylor）于 1871 年在《原始文化》（*Primitive Culture*）中提出的"文化"概念是："一种复杂的包括知识、信仰、艺术、道德、法律、风俗以及其他社会上习得的能力与习惯。"[1]这个对后世影响巨大的界定就是宏观视野的经典例证，几乎可以包括所有由人所创造的文明成果，或者说一切肉眼可见的成果都是文化的外在表现。但是，这样的宏观界定与减少组织犯罪之间似乎相隔较远，因此我们需要寻求更具象的表述。自 20 世纪 70 年代以来，以格尔茨（Geertz）为代表的学者则借鉴了韦伯的解释性社会科学观念，将文化定义为"一个以符号形式表达的继承观念体系，人们通过这个体系来交流、延续和发展对生活的认识和态度"。[2]这种符号学的定义路径把文化研究列入了"寻求意义的解释科学"范畴，通过将其元素分离出来，明确这些元素之间的内在关系，并根据它所围绕的核心符号和底层结构以及它所依据的意识形态原则对整个系统进行一般性描述来探究其真正含义。[3]对于组织文化的解释和研究也正是基于上述逻辑展开，而行为科学、管理学、文化人类学在此达成了高度一致性，普遍认同组织文化是一种由有形元素与无形元素组合成的复杂体。企业作为一种以营利为目的的社会组织，其文化在管理学领域被直接指称为组织文化（Corporate Culture 或 Organizational Culture）。合规文化作为一种特定的组织文化，其对企业犯罪的作用机理遵循着组织文化发挥作用的一般原则。

对组织文化的理解，目前受到广泛认可的观点是由有"组织文化"之父

---

[1]　李淑梅、宋扬、宋建军编著：《中西文化比较》，苏州大学出版社 2016 年版，第 1 页。

[2]　Clifford Geertz, *The Interpretation of Cultures*, New York: Basic Books, 1973, p. 89.

[3]　James D. Wright, *International Encyclopedia of the Social & Behavioral Sciences*, Oxford: Elsevier, 2001, pp. 860~865.

之称的埃德加·H. 沙因（Edgar H. Schein）提出的理论模型。在其看来，组织文化是群体在解决外部适应性和内部整合性问题的过程中所积累的共享习得的产物，由外而内分为三个层次，分别是人工饰物、信奉的理念和价值观、潜在认为理所当然的基本假设。[1]第一层次的"人工饰物"，即组织体内可被观察到的现象的总称，是组织文化的直接体现，包括组织构架、产品与技术、操作流程以及公开成文的"价值观"等。第二层次的"信奉的理念和价值观"，包括组织成员间共同的理想、目标和价值观，它们也可以表现为意识形态或者对组织行为的合理化解释。这个层次的文化无法被直接观察，但在和组织成员的交流之中可以感受到。最深的第三层次"潜在认为理所当然的基本假设"，根植于组织内部，这些假设已经深入到组织成员的无意识层面，因而被认为是理所当然的，也正是这些假设决定了内部成员的思想和行为倾向。组织文化的三个层次之间彼此密切关联，基本假设构成了价值观的基础，价值观又通过规范影响成员的行为。如果将组织文化比作一个荷花池，第一层面的人工饰物就像水面的花朵与茎叶，价值观就像种子、根系、池水和肥料，而第三层次便是基因，虽不可见却有着最深刻的影响力。[2]沙因（Schein）的理论不仅在学术界得到了广泛认同，很多国家和企业的合规实践也深受其理论的影响。例如，澳大利亚的合规系统标准就将"合规文化"定义为"整个组织内存在的价值、道德和信念，与组织的结构和控制系统进行交互以产生有助于合规结果的行为准则"。[3]无论是共享假设、价值观还是规范，组织文化的内容实际上都是一套指引人们行为的规则体系。这些成文和不成文的规则通过显性或隐性的方式被传递给每一个组织成员，并期待和要求他们以组织认可的方式来思考和行动。

组织文化并非封闭固定，而是始终处于动态变化之中。一方面，组织文化的内容随时间变化而变化。对企业而言，创始人的性格、经历以及在初创期遭遇的问题和解决问题所形成的经验都会直接塑造企业文化。随着规模扩大、业务拓展，企业决策和执行程序也日益复杂，组织文化会逐渐丰满成一个体系。这个体系奖励某些实践和行为，同时对另一些实践和行为作出否定

---

〔1〕 E. H. Schein, *Organizational Culture and Leadership*, 4nd. San Francisco: Jossey-Bass, 2010, p. 23.

〔2〕 E. H. Schein, *Organizational Culture and Leadership*, 4nd. San Francisco: Jossey-Bass, 2010, p. 23.

〔3〕 AS 3806-2006 Compliance programs, p. 3.

评价，并在这个过程中不断自我强化。另一方面，组织文化的三个层次之间也互相影响。当组织要引入一种新的文化时，往往只能从组织架构、行为规则等表层开始调整。但经过一段时间的普遍执行，这种文化就可能沉淀为组织的价值观，最终甚至可能变成第三层次的基本假设。同样，组织文化中已有的基本假设和价值观也并非一成不变，在内外的原因作用下可能逐渐消亡或者被其他内容所替代。组织文化的这种动态变化正是企业塑造以诚信、守法为基础，以自我监管、自我完善为核心的合规文化具有现实可行性的基础所在。

按照沙因（Schein）的理论框架，本书前两章所阐述的制度构建和运行都属于组织文化的不同层次，或者说，所有与反腐败合规机制相关的内容都可以从组织文化视角阐述。这当然是一种可取的研究视角，但在以"机制"为视角的本书中却并不能照搬，否则前后标题就会呈现包含而非并列关系，从而造成逻辑上的混乱。因此，本章论述的与反腐败相关的组织文化实际上是沙因（Schein）的文化概念中的一部分，而这部分内容与前两章的制度构建和运行虽然存在紧密关联，但层次上有所不同。

参照上述组织文化模型理论，我们可将合规文化的内部结构分解为由浅到深的四个层次：第一层次是合规制度，即成文的"价值观"。无规矩不成方圆。合规制度为企业依法运行提供基本框架，为员工依法开展业务活动提供基本遵循，是营造守法风气的必要条件。这也是本书第三章主要阐述的内容。第二层次是制度运行中的保障和监督，徒法不足以自行。合规制度要产生约束企业和员工行为的效果，使其养成守法意识，在追求经济效益的过程中不违背内控制度就必须有相应的管理构架与监督措施予以保障，这也是本书第四章主要阐述的内容。合规文化的第三个层次，可以理解为组织内的一种风气（群体性的守法自律意识）。越来越多的研究表明，企业是一个独立自在的组织系统，有其基于自己独特的相对独立于外在法律规范体系而形成的组织风气（group climate）。这种组织风气作为公司的"无形之法"（law without state），长期且强有力地存在着，置身于其中的个人无不受其影响。当组织风气之价值观及规则与法律体系的价值观及规则一致时，公司风气支撑着员工的合法行为；当公司风气之价值观及规则与法律体系的价值观及规则相反时，公司风气侵蚀着员工的合法行为。尤其是当公司风气的侵蚀作用与公司权力相结合，公司中违法行为的风险就会趋于高发。[1] 企业内部的守法风气虽然是无形的，但却体现于企业活动的方方面面，具有现实的可感知性，而这就是本章要阐述的内容。

至于第四层次也是最深层次的合规文化可以被理解为一种深入组织成员潜意识的信念，此时企业的合规文化建设已达群体性的"敬畏规则"与"违规零容忍"状态。每个员工不仅能自觉守法，而且能自觉抵制违规，监督他人守法，违规行为在企业内部已无容身之地。这种境界不论怎样称赞都不为过，但能达到的企业恐怕寥寥无几，任何国家都可能将其作为合规机制建设的实际目标和考核标准，因此本书也不深入展开。

对照沙因（Schein）的框架，合规文化的三层次结构也不是静态的，而是一个动态的发展过程。以反腐败为例：一方面，组织文化中的各个层次会随着企业规模扩大、业务拓展和企业决策和执行程序的日益复杂而逐渐丰富和提升。对于初创企业或小型企业，企业内部对腐败的态度主要取决于企业创始人或负责人个体性的意识与态度，负责人厌恶腐败行为，企业内部出现腐败的可能性就小，负责人宽容甚至热衷于腐败行为，企业也难免上行下效。真正群体层面的反腐败风气，只能产生于成立时间较长的较大规模企业。另一方面，文化的三个层次之间也互相影响，一种反腐败文化建设是一个渐进的过程。它只能首先从行为规则、组织架构、监督措施等表层开始，经过一段时间的贯彻执行，方能逐渐发展出群体性的意识，形成相应的氛围从而达成更高层次的合规。这种组织文化自身的这种多层次性与动态变化特征，也适应了在评价企业合规有效性时，可根据企业规模与发展程度不同予以相应的把握，无论是企业自己提出相关的发展目标还是有关部门对企业进行考核，都要避免对合规文化提出不切实际的要求。

二、组织文化的作用机理

在前述组织理论基础上，需要进一步解决的问题是：企业文化在运行之中是如何具体影响组织成员行为的。企业内部成员都是有高度自主思考能力的成年人，他们早在进入组织以前就已经在家庭、学校和社会的长期影响下形成了复杂的价值和道德观念体系。同时，企业在合规文化的构建方面，既

---

[1]　B. Dominik, *Regulating Corporate Criminal Liability*, Berlin：Springer, 2014, p.66.

没有像国家那样的强制执行力，企业与其成员之间也不具有像黑帮团伙那样的人身依附关系，组织文化对其成员行为的引导也难以像老师教导孩童乃至演员操纵木偶那般，轻易使他们在观念上遵之照之，行为上亦步亦趋。因此，在解释组织文化对成员的影响时，不能将其简化为类似机械加工的过程。组织文化对成员观念和行为的影响以改变人的思考和行为逻辑为基础，是一个复杂的潜移默化的熏陶过程。基于对这种复杂性的考量，有域外学者提出了组织文化的双重功能模型，即合规文化在组织中发挥作用的区域有两层：首先是在组织与外部环境之间的界面上，其次是在组织与其员工之间的界面上。[1]前者着重于处理组织与外部环境的关系，后者着重于处理组织和内部成员的关系，组织文化在这两个层面分别发挥着不同的作用。

一方面，在组织与外部的关系上，组织文化的作用类似一张滤网，能够筛选特定的规则与价值作为组织成员共同遵守的规范。在当代社会，一个组织不可能凭空创造出全新的组织文化，也不可能独自创造新的道德价值或者评判标准，它所能做的只是对原本多元化的社会价值进行筛选，并选取符合其自身发展需要的规则与价值加以组合。由于人类崇尚的价值理念之间本身存在模糊甚至彼此冲突的地带，厚此薄彼的选择就会带来完全不同的结果。例如，在高科技市场发展的公司倾向于创造一种客观文化，即鼓励使用科学理性主义作为主导框架，倾向于要求决策必须依靠"硬的"定量数据和分析。[2]这种单一的视角实际上削弱了组织成员对道德价值观以及可能与决策相关的合规问题的关注敏感性，而在商业世界中备受推崇的"创新"理念，本身就包含着对现行制度和规则的突破，因而与"守法"理念之间往往存在天然对立，这种对立在实践中可能表现为直接的合规冲突。实证研究证明，企业员工在从事不道德行为时往往以"创新"作为自我安慰的借口。[3]在组织文化的滤网效应下，组织特意强化某些规则而淡化其他规则，并将选定的规则作为组织内部共同的价值取向，营造出特定的行动氛围。只要进入这个组织内

〔1〕 I. Lisa, "Compliance Culture: A Conceptual Framework", *Journal of Management & Organization*, 2010, Vol. 16, pp. 235~249.

〔2〕 S. P. Feldman, "The Culture of Objectivity: Quantification, Uncertainty, and the Evaluation of Risk at NASA", *Human Relations*, 2004, Vol. 57, No. 6, p. 698.

〔3〕 F. Gino & D. Ariely, "The Dark Side of Creativity: Original Thinkers Canbe More Dishonest", *Journal of Personality and Social Psychology*, 2012, Vol. 102, No. 3, pp. 445~459.

部，成员就会感受这种氛围并受其影响。

另一方面，在处理组织与内部成员的关系时，组织文化主要起到指引的作用，其效果类似于指引路人或指引车辆的路标。就行为导向功能而言，组织文化所包含的规范给员工的行为提供了一种比国家法律更为贴近的基本遵循，使其能按照特定的要求和程序完成在组织内承担的工作。同时，组织文化会将员工的自我形象与组织联系在一起，通过和团队成员分享成功和失败的体验，个体逐渐形成对组织的归属感和认同感。[1] 在这种 "润物细无声" 的氛围中，成员逐渐对自己在组织内的未来抱有希望，愿意认可组织的目标或发展愿景，也愿意将自身的价值与组织的工作联系在一起。相比于外部的规则或指令，基于认同而产生的一致性对员工行为和思想具有更深刻的影响。这种一致性可以被视为组织中的亚文化。在每一种亚文化中，既包含主文化的一些特征，也具有自己的特点，当亚文化脱离主文化或与主文化相对立时，就容易诱发违法犯罪行为。[2] 换言之，身处一个提倡道德文化的氛围中，人们更能学会遵守规范。反之，容忍违规行为或对之视而不见的亚文化（实为违法亚文化）则会将成员指向一条歧路。

三、合规文化对企业犯罪的作用机理

合规文化作为企业的守法文化，是企业文化的核心构成。合规文化对企业犯罪的作用机理，遵循着组织文化发挥作用的一般原理。合规文化对企业成员的影响，主要在于为其维持积极的自我概念提供支持，尤其是在他们明知自己行为违规的情况之下。在社会生活中，人们都会在内心中为自己划出一道门槛，实施在这个门槛以下的不道德行为本身并不足以改变自己是一个好人的自我评价。[3] 作为身处社会环境中的个体，个人内心的这个门槛会因外界因素的影响而不断调整，而合规文化正是在这个动态过程中发挥作用。为了维持积极的自我概念，犯错的个人需要给自己一个 "正当的理由" 或者 "虽然

---

〔1〕　R. L. Moreland & J. M. Levine, "Socialization in Organizations and Work Group", in M. E. Turner (ed.), *Groups at Work: Advances in Theory and Research*, England: Psychology Press, 2001, pp. 69~112.

〔2〕　有关亚文化对犯罪影响的论述，参见张远煌主编：《犯罪学》（第 4 版），中国人民大学出版社 2020 年版，第 148 页。

〔3〕　N. Mazar, "The Dishonesty of Honest People: Atheory of Self-concept Maintenance", *Journal of Marketing Research*, 2008, Vol. 45, pp. 633~644.

犯了错，但并不严重"的解释。这种自我合理化心理辩解的形成正是个人犯罪的心理动因。在萨瑟兰经典的"差别交往论"看来，个体成为犯罪者，是因为该个体在实施行为之前已形成了相应的犯罪思想观念，也即"一个人之所以变成违法者，是因为赞同违法的解释超过了不赞同违法的解释"。[1]这一论断也得到了美国注册舞弊审核师协会（ACFE）相关研究的证明：压力、机会和行为合理化机制是导致欺诈的"神圣三角"。任何一家企业中 80%～90%的员工都会受到"神圣三角"的控制。当面临压力、拥有越轨机会且能够说服自己采取越轨行为时，他们就会越过违规的"红线"。[2]值得注意的是，ACFE 所定义的欺诈与本书所定义的腐败之间存在许多交集，因此可以视为对腐败行为的解释。

现实中，因合规文化缺失诱发或促成组织成员犯罪的作用机理具体表现为：一方面，当合规文化回避组织成员的违规问题，或者虽然在纸面上强调守法但实践中默认、鼓励违规做法时，成员对是非的判断就会逐渐模糊，就会习惯于在守法与违法的模棱两可中忽视自身行为的合规性，即越轨者感觉不到自己行为的不道德性。因为，违规者一方面可以利用从众效应，以"大家都在这么做"为自己的行为做辩护，把本该由自身承担的责任推卸到其他主体身上，使自己变成一个无辜的跟随者。即使错误行为的性质已经无法否认，违规者也能用对组织利益的维护、对组织保持忠诚来减轻自己的负罪感。另一方面，当组织成员的行为与其原本所认可的价值或规则发生冲突，使其产生消极的自我否定情绪时，组织文化可以为其提供减轻负罪感的支持，使个体得以继续维持积极的自我概念。

合规文化的上述作用机理也得到了晚近兴起的文化动力学（the dynamics of culture）理论的支持。该理论认为，组织文化具有三大基本功能，即外部调适（External Adaptation）、内部整合（Internal Integration Issues）和减少焦虑（Anxiety Reduction Function）。组织文化的外部调适功能是指任何组织必须适应不断变化的外部环境而得以存续，它具体包括就组织的任务和战略、追求目标、达到目标的手段、衡量标准等达成共识；内部整合功能是指就组织内的共同语言、概念类型、吸收或辞退成员的标准和界限、权利及规章、亲

---

〔1〕　张远煌等：《犯罪学专题研究》，北京师范大学出版社 2011 年版，第 65 页。

〔2〕　Jamaliah Said, "Integrating Religiosity into Fraud Triangle Theory: Findings on Malaysian Police Officers", *Journal of Criminological Research Policy and Practice*, 2018, Vol. 4, No. 2, pp. 111~123.

密关系和友谊、奖惩制度、思想意识等达成共识；减少焦虑功能则是指有助于减少认知上的不确定性和压力过大所带来的焦虑。[1] 由此可以看出，合规文化对企业守法氛围的形成及其成员守法意识的养成具有持续性的根本影响。

同时，合规文化对组织成员发挥作用的过程，始终都处于动态反馈之中。受到轻视规则遵守观念影响的组织成员会不断抱团，并倾向于排斥遵从守法价值观的成员，从而使持违规价值观成员的群体性认同不断强化，并赋予身处其中的组织成员违法但符合组织利益的行为"更高尚"的合理化辩解。正是在"违法无所谓"或"违法有理"群体性意识的作用下，组织内部违法犯罪行为的蔓延具有了必然性。这既是合规文化的性质决定着组织成员行为性质的根据所在，也是犯罪现象在很大程度上可以还原为文化现象的根本原因。[2]

第二节　企业违规背后的文化因素

在明确了合规文化的内涵和作用机理后，需要进一步探究更为具体的问题：合规文化中有哪些因素容易诱发或促成企业及其成员的腐败行为。鉴于文化特征自身的复杂性，该问题并没有现成的答案。但通过总结国内外典型合规案例和相关实证研究成果，可以发现在企业腐败犯罪背后，无一例外地都存在如下的共性文化因素。

一、唯利文化

包括腐败行为在内的所有组织越轨诱发因素中，最为普遍的文化因素可以被概括为唯利文化，其最典型的表现是企业的业务模式本身欠缺合规要素，譬如目标设定和考核制度中缺乏对合规性的衡量。[3] 无论是对于组织还是个人来说，一切行为都是实现目的的手段，因此目标的设定对于行为方式有着

---

〔1〕　E. H. Schein, *Organizational Culture and Leadership*, 4nd, San Francisco: Jossey–Bass, 1986, pp. 49~84.

〔2〕　事实上，对什么是犯罪的判断，首先是一种文化上的理解。从文化角度来看，犯罪并非都是不道德的。同时，文化对犯罪的特殊意义在于，文化是影响犯罪的深层因素，并具有超越一定时空范围的效力。参见张远煌：《犯罪学原理》（第2版），法律出版社2008年版，第264~267页。

〔3〕　在北京师范大学中国企业家犯罪预防研究中心历年发布的《企业家犯罪报告》中，日常经营和财务管理两个环节发生刑事风险的比例之和超过60%，表明企业合规的要害不在于有无合规制度，而在于必须将合规要素嵌入企业的业务活动。

本质的影响。一个企业如果将不切实际的盈利或增长作为目标，或在组织内部形成了"唯业绩论"的气氛，就必然造成高度压力的环境，而道德和合规因素在这样的高压环境中将难有容身之处。为了实现利益最大化目标，设置相应的绩效考核和激励制度是现代企业通常使用的方法。每一个身处企业内部的成员无论其地位和想法如何，只有持续完成职责所对应的业务才能继续留在组织之中，否则就会因为不称职而遭到处分甚至解雇。如果一部分员工因为无法完成业务要求而被解雇，另一些员工因为超额完成任务而获得大额奖励，任何处于旁观地位的员工都会感受到现实的压力。斯霍尔滕（Scholten）等学者研究表明，在一个有限的业绩差异会对员工晋升和待遇有巨大影响的企业，员工无法感受到良好的公平，同时更容易产生对同僚的嫉恨，而这会滋生更多的不道德行为。[1]当员工的守法、合规和诚信等理念普遍面临现实的压力冲击时，系统性的违规行为就可能爆发。

这种违规的典型例证在国内外不胜枚举。2016 年，美国第二大银行富国银行的数千名员工在大约 15 年的时间内未经客户允许违规开设了数百万账户，通过财务造假方式完成销售业务配额，给相关客户带来重大损失的系统性违规便是这方面的典型例证。而造成这一系统性违规的根本原因就是富国银行长期奉行不良商业模式。因为客户购买的产品数量对银行利润有重大影响，富国银行长期奉行"交叉销售模式"，并提出了"Gr—eight（伟大的8）"战略，即希望实现平均每个客户拥有 8 个产品，这几乎超过了美国银行平均水平的一倍以上。为了完成这项几乎不切实际的目标，银行将员工薪酬与销售业绩直接挂钩，并通过各种方式不断对员工施加压力。最终大量员工铤而走险，以损害客户利益的虚假销售实现业绩达标。事后，富国银行的独立董事在针对销售情况的调查报告中总结："（富国银行）销售实践失败的根本原因是销售文化和绩效管理体系的扭曲，当这种扭曲与积极进取的销售策略相结合时便对员工造成了压力，要求他们向客户销售不想要或不需要的产品，在某些情况下还要求他们开立未经授权的账户。"[2]虽然富国银行拥有形

---

〔1〕 Scholten, "Bad Apples or Corrupting Barrels? Preventing Traders' Misconduct", *Journal of Financial Regulation and Compliance*, 2016, Vol. 24, pp. 366~382.

〔2〕 See Independent Directors of the Board of Wells Fargo, 2017, "Sales Practice Investigation Report", https://www08. wellsfargomedia. com/assets/pdf/about/investor - relations/presentations/2017/board - report. pdf〔2021-12-14〕.

式齐备的合规部门、合规章程以及相关处理程序，但是这些合规要素在商业实践中却被排除在了最核心的业务模式之外，因而对持续发生的普遍违规情况起不到阻止效果。

类似情形在我国同样存在，例如中国的制药企业为了提升药品的销量和价格，将销售费用作为企业运营支出的"大头"，导致经销商行贿医生的行为长期存在。中国医药工业百强企业中，超过一半的企业有行贿记录，其中最多的一家医药企业 7 年涉案 47 起。[1]知名药企步长制药的行贿历程尤其具有代表性。该企业被多次曝光行贿丑闻，裁判文书网站显示，步长制药有关行贿的 5 份判决书都有其在药品推广过程中带金销售的情节，例如业务员向乡卫生院领导和县医院医生行贿，金额为 6 万~11 万不等。层出不穷的行贿案件是步长制药"销售先行"模式的恶果，步长制药的销售费用从 2011 年的24.45 亿元跃增到 2019 年的 80.81 亿元，增长了 2.3 倍。相比之下，其每年的研发费用仅有两三亿元，甚至不到销售费用的零头。

作为一家本应以研发为本的大型药企，步长制药九成以上的销售费用被花在了所谓的"市场、学术推广费及咨询费和其他费用"上，而这些都是医疗行业商业贿赂的惯用名目。[2]如果步长制药不改变畸形的"重推广轻研发"模式，更多贿赂案件被曝光恐怕也只是时间问题。作为上市公司，步长制药表面的合规内控机制应当远比中国的大多数企业更完善，之所以无法遏制腐败行为，根源就在于只唯利而不合规的商业模式。企业生而为逐利，但"唯利"之恶在于"唯"，一旦这种文化因素在企业内部生根发芽，合规作为一种组织内的价值理念就会逐步陷于衰微，违法犯罪行为的发生就具有了内生性的土壤和条件。一旦既有的合规制度和保障措施阻拦了组织成员获得超额利益，他们就会将其视为障碍并想方设法地绕开。

二、威权文化

组织的高层领导在企业文化中扮演着重要角色，不仅由于其岗位的重要性，更因为对其他员工有重大的示范与激励作用。对于企业员工而言，良好

---

〔1〕 参见《药企商业贿赂违法成本大增》，载《经济参考报》2020 年 7 月 1 日。

〔2〕 《步长制药再涉行贿案，5 年来第 8 起，销售费用上半年超 35 亿》，载新京报网站：https://baijiahao.baidu.com/s? id＝1677984499650481741&wfr＝spider&for＝pc，访问日期：2022 年 4 月 20 日。

道德氛围的塑造需要高层领导与普通员工的不断互动，而高层保持开展经营活动的自我克制与规则敬畏在其中发挥着关键作用。[1] 国内外爆发的重大企业违规案例无一例外地表明，企业越轨的一个主要原因就是高层在工作中无视合规承诺，具体表现为以个体威权取代了合规程序在决策中的地位。为保持个人权威，领导人总是力图自己掌控尽可能多的权力，从组织的政策、任务确定到运行模式的选择直至员工的奖惩。任何不遵守、不服从的人都可能受到现实威胁或受到某种形式的惩罚。"大多数威权领导（Authoritarian leadership）背后的意图是保持控制，行使权力者通常需要毫无疑问的服从，他们为此采取一系列公开和隐蔽的操纵行为，甚至使用恐吓等手段，以确保自己的意愿得到遵守。"[2] 在威权领导的眼中，行为是否合规并不重要，是否唯命是从才是考核下级的主要标准。久而久之，企业内就形成了一种威权文化。

这种文化对组织和员工越轨行为最直接的诱发功能在于：领导的个人好恶取代了正式规则，成了组织成员思考问题和采取行动的主要依据，逢迎文化、鼓励违规的亚文化逐渐占据了合规文化应有的地位，内部越轨行为的蔓延无法避免。在组织中，这种领导是以单纯的任务为导向而不是以人和社会责任为导向来组织企业经营活动，下属对他们来说更像是完成任务的工具。至于任务本身，既可能是合理确定的，也可能是随其好恶而制定的，但是无论如何下属都必须无条件执行。在这种失衡的组织权力结构下，组织内部即使有完整的合规风险控制体系也会全面失灵，组织的可持续发展能力因此被严重削弱，直至最终走向崩溃。比如，锦州银行的严重腐败问题与领导威权密切相关。原董事长张伟多年以来牢牢把控银行，"三长"（董事长、监事长、行长）等公司治理架构形同虚设。他推崇"一言堂"，令专业化退位，以至上行下效，不正之风长期存在。锦州银行内部人士这样评价他："任职期间选

---

〔1〕 根据 2020 年《企业家刑事风险分析报告》的统计，在 3063 名犯罪企业家中，企业负责人（包括法定代表人、董事长、经理、厂长、矿长等正职和副职，下同）共 2012 人，占 65.69%；实际控制人、股东共 388 人，占 12.67%，两项之和占据了绝对多数。而《企业家刑事风险分析报告》多年的跟踪研究显示，无论是国企还是民企，主要负责人涉罪比例一直稳定在 60% 左右，这表明企业合规的关键不在于企业有无合规监管部门，而是在于企业高层是否切实履行合规承诺。

〔2〕 See K. Kiazad, "In Pursuit of Power: The Role of Authoritarian Leadership in the Relationship Between Supervisors' Machiavellianism and Subordinates' Perceptions of Abusive Supervisory Behavior", *Journal of Research in Personality*, 2010, Vol. 4, No. 4, pp. 512~519.

人、用人，不看水平，只看是否忠诚……这样的后果就是，他在一堆毫无专业水平的人的追捧下，按照自己的想法与股东进行利益交换，其实又被这些人围猎，底下人跟自己的客户也在套取锦州银行的资金。"[1]

除此以外，威权文化还会直接导致不正常的高人员流动率，而当流动率达到一定程度时就会产生恶性的连锁反应。例如，美国近年来最大的企业欺诈案主体希拉洛斯公司自创立之初就深陷威权因素所导致的畸形文化。公司主要合伙人桑尼习惯于威压员工，要求他们完成某些不切实际的任务，并以各种方式进行侮辱和恐吓，阻止员工以任何方式曝光公司内幕，以此达到掩盖真相、欺骗合作伙伴和客户的目的。在他的影响之下，大量有良知的员工相继离职，公司逐渐被欺诈成性的文化所包围。[2]希拉洛斯的员工贾斯汀（后来最重要的"吹哨人"之一）在离职信上这样抨击公司管理层："请一定要信任那些与你有不同意见的人……撒谎是一个令人憎恶的习惯，它在我们这里的对话中流动，就像我们的钱在流通一样。在试图解决肥胖症之前，我们应当先治好这里的文化痼疾。"过高的人员流动率使新老成员之间无法完成良好的文化传承，公司同事更像彼此关系淡漠的陌生人。这会导致新成员更容易在威权的压力下专注于完成上级交办的任务，而不去考虑这些要求是否合乎法规和道德。

三、沉默文化

在相当数量的企业犯罪案例中都出现过"吹哨无效"的尴尬情况，即涉事企业内部发现违规迹象的员工尝试通过各种方式进行示警，但这些警报却无法被传递给能够影响决策的人。这种无效性的根源在于组织内部产生了一种沉默文化，其最重要的表现是沟通渠道不畅。对于企业来说，保持内部沟通渠道的畅通并非易事，虽然各国的大中型企业已经广泛采用举报热线、举报信箱等做法，但是这些形式却经常沦为摆设，并没有发挥应有的警报功能。内部举报体系之所以失灵，在很大程度上是因为组织文化中的不良风气压制了对合规问题应有的讨论。卡普坦（Kaptein）研究认为，组织内部的员工如

---

〔1〕 参见吴红毓然：《包商、锦州与恒丰：处置问题银行探路》，载《财新周刊》2019年第32期，第42~52页。

〔2〕 参见［美］约翰·卡雷鲁：《坏血：一个硅谷巨头的秘密与谎言》，成起宏译，北京联合出版公司2019年版，第49页。

果想要保持良好的行为合规性，就应当有机会以各种方式参与合规问题的讨论。这种讨论既包括支持符合道德的行为，也包括对违反规则的行为发表意见，在彼此的交谈和学习中，员工之间逐渐形成直言不讳和互相倾听的企业文化。[1]正常来说，对观点、任务、情绪和困境的讨论能否保持开放态度是判断一个企业内部是否具有良好合规文化的重要指标。反之，如果员工因为沟通受阻而害怕说出自己的心声，甚至担心说真话会遭到报复，整个组织就会逐步培养出与合规要求完全不符的沉默文化。沉默文化会导致高层领导不能得到来自一线的真实情况汇报，也不能得到对现行政策的评价反馈。

当日常工作中出现违规或越轨的迹象时，基层员工通常是最初发现的，而他们对于如何补救过失也最有发言权。但正是沟通不畅导致的相互推诿，让来自业务一线的警示和补救呼声无法传递到公司的决策层，一直拖延到事故最终爆发。这种情况最典型的案例是英国石油公司（BP）所犯下的环境污染罪行，虽然不是腐败，但二者的行为逻辑本质上并无差别。英国石油公司几十年以来连续发生重大安全事故，造成严重的环境污染和经济损失。在多起事故发生前，都有一线员工向管理层发出警报，但这些信息根本没有传达到高层。阿拉斯加的一个作业小组曾经在 1999 年向时任首席执行官约翰·布朗举报基层"骇人听闻"的安全生产情况，并劝说他停止大规模削减预算计划。公司高层对此没有任何答复并持续进行大额预算削减，果然在不久后就发生了重大泄漏事故。仅仅 5 年后，得克萨斯城炼油厂经理想通过提交报告让高层对极为恶劣的员工安全问题进行关注，结果依然石沉大海。[2]正如阿拉斯加员工在举报信中说："我们所说的任何话要么停留在这个级别，要么在上升到'说了算先生'的过程中被过滤掉……我们的反馈因为不支持公司既定战略而被忽略……只要你批准（这项计划），一线的管理和监督经费将被继续削减，公司会一步步靠近灾难的悬崖并且最终跌落。"显然，英国石油的内部已经形成了自动压制、过滤举报信息的沉默文化，即使个别的举报行为也无法改变整体的行为模式。相比于国外，中国企业的内部沟通障碍问题可能更为严重，根据《企业家刑事风险分析报告》的统计，目前企业犯罪主要靠

---

〔1〕 Muel Kaptein, "Why Do Good People Sometimes Do Bad Things?: 52 Reflections on Ethics at Work", Available at SSRN 2117396, 2012.

〔2〕 See Abrahm Lustgarten, *Run to Failure: BP and the Making of the Deepwater Horizon Disaster*, New York: WWNorton & Company, 2012.

外部监督发现。在内部监督发现的比例上，国企和民营分别仅占 5.8% 和 4.3%，再对照犯罪潜伏期普遍较长的事实，足以说明中国无论国企还是民企，内部监督机制形同虚设或完全缺失。[1]

沉默文化与威权文化存在密切关联，企业内之所以产生不愿把问题反馈到决策层的情况，主要原因在于汇报会导致自身利益受损。这固然可能是汇报人担心自己作为中层对问题要担负相关的职责，但也可能是出于对决策层的逢迎和讨好。从威权文化所倡导的绝对服从中，很容易发展出报喜不报忧的行为，因为领导在心情愉悦的氛围里才对下属更有利。既然如此，遇到问题时合理解决思路就是"不解决问题，只解决发现问题的人"。只要没有大到无法掩盖，不让领导接触到坏消息就能继续维持繁荣乐观的气氛。从人和事的关系上说，沉默文化和威权都是过分注重"人"的因素而忽略了客观的"事"本身。从某种程度上说，沉默文化是威权文化的必然结果，同时也进一步强化和巩固了威权文化。

四、投机文化

第二章关于腐败犯罪的学理基础中提及了便利理论，即腐败犯罪具有强烈的便利导向。追求便利本身是一种中性的行为，将资金、时间和人力等资源投入最有利于产生利润的地方也符合企业经营的基本原则。但是，如果放任这种追求便利的行为无度扩张就会产生一种充满恶性的投机文化。这里投机文化中的"投机"并非指与投资概念相对的、法律允许的市场投机行为，而是一种不安于本业正当的利润获取方式，尽一切可能快速、高额谋取利润的行为倾向。用通俗化的语句表述，投机文化就是一种以本分经营为耻，以投机耍滑为荣的文化。投机文化与腐败行为的密切联系源于其对规则的态度产生的连锁反应。不同于赤裸裸地犯规，投机文化对规则的态度秉持了一种实用主义的圆滑，时而钻规则的空子，时而借助规则最大化牟利，时而还要消除打擦边球带来的风险。这些行为在很大程度上需要与掌握公共资源分配权力的人进行勾兑，谋求一种灰色的便利。

近年来中国发生的腐败大案中，江苏省委原秘书长赵某麟之子赵某的诚

---

[1]　参见《企业家刑事风险分析报告》（2020 年版），北京师范大学中国企业家犯罪预防研究中心编制。

基公司案是投机文化的典型例证。不同于很多依靠父辈荫庇而致富的权贵二代，赵某依靠房地产生意谋得巨额财富有相当程度源自自身的能力。他不仅准确地把握了中国房地产市场蓬勃发展的时代红利，而且精心钻研开发，其业务能力亦为地产界同行所认可。房地产毫无疑问是主流的正当生意，诚基公司也并非权钱交易的空壳平台，之所以最终因为腐败问题而坍塌，主要是由于赵某穷其所能取巧谋利，在拿地、开发、销售和售后全部流程的环节中都极致地榨取利润，导致各种违规风险相叠加。譬如，赵某最擅长手段是"赠送阳台"，即压缩房产证上的面积，使之低于实际面积，证外面积则以"景观阳台"方式赠送。这种手段将购房者实际购买的面积浓缩成1/3，逃脱了应纳的国家税收，还降低容积率，逃避了政府对巨额土地出让金的追缴。同时，开发商以景观阳台的形式赠送面积，这种赠送并无法律效力，这类房屋在二次买卖和房屋征收时，业主权益会严重受损。这种两头占便宜的做法只有获得当地主管部门的默许才可能成功，而且在维权行动发生后，赵某还习惯于借助政法部门的力量压制业主的正当诉求。之所以这些部门的领导能为这家公司大开绿灯，是因为赵某打通了从当地主管到分管领导在内的关系网，对关键人物不遗余力地进行长期利益输送。当业主维权势大，自己的保护伞也无法掩盖的时候，他便从容地注销公司前往下一个城市，把一堆矛盾留给地方政府。[1]多年来，赵某正是依靠这种打一枪换一个地方的流窜式开发聚敛了高额财富。

投机文化的隐蔽性使得其不像明火执仗的犯罪那样容易暴露，但是其违法犯罪的本质并未改变。同时，当事人往往还自得于玩弄规则带来的满足感，认为能够在形式上做到没有破绽。这种行为的本质是把腐败的风险越来越深、越来越多地埋在企业里，最终可能因为某个不可知的因素导致风险集中性爆发，将企业彻底埋葬。

五、战争文化

在围绕腐败和企业文化为主题所进行的实证研究中，格里茨（Göritz）发现相当数量的被采访者不约而同地使用"战争"一词来阐述企业所面临的环

---

〔1〕《赵衙内的房产帝国》，载《财新周刊》2015年第20期，第32~42页。

境，并为企业和自己的违规行为进行正当化辩护。[1] 格里茨（Göritz）虽然在采集第一手资料的基础上归纳了这一现象，但并未对"战争"概念进行更深入的阐释。实际上，通过整体性地运用"战争"的概念，违规企业能够构建起一套自洽的行为逻辑，并在此基础上发展出与合规要求背道而驰的组织文化。例如，有企业高管这样描述自己的行动："我在（某公司名称）的人是士兵……我们必须杀人才能吃饭……（该公司）使高管们面临着实现盈利目标的巨大压力，这几乎就像战争的迷雾。当你在战斗中，你是在试图打败敌人……"[2]战争之中，正常环境中调整人们行为和观念的规则（法律和道德）就会变得不合时宜，应当被抛弃。同样，处于战争状态的各方关系也与和平时期完全不同，而对待他们的行为方式也要相应调整。因此，在自我设定的"战争"语境下，组织的越轨行为找到了文化上的支持。

相比于正常环境，企业经营语境中"战争时期"的规则可以简要归纳为胜利至上，生存唯一，即当处于战争状态的时候，任何谋求生存的手段都是正当的、被允许的，而这种"规则"的本质实际上是否定所有其他规则。对此，平托（Pinto）的研究结论是成功的结果决定手段的正确性，[3] 只要能达到预先设计的目的，那么所有采取的行动自然具备合法性。在商业竞争中，获取利润是最主要的目的，因此对战争状态的宣传就成功地为唯利是图的文化赋予了正当性的表象，而这种文化几乎在所有的国家都是被批判的对象。在日常经营中突出战争要素的案例之一是美国的安然公司，从组织文化的角度看，安然公司的丑闻是以时任 CEO 斯基林为代表的领导层多年以来在企业内部推广特定价值观的必然结果。斯基林本人热衷于冒险活动，倡导为达目的不惜手段的作风，在他大刀阔斧的改革下，安然公司从实体企业转型为金融公司。在安然公司的高速扩张时期，他将宽松监管、投机泡沫、技术进步和对高收益的极度渴求等多项要素融合在一起，创造出一种"雇佣军行为的文化"。这种文化渗透在安然公司内部和外部宣传的方方面面，时常表现为刻

---

[1]　Jamie-Lee Campbell & Anja Göritz, "Culture Corrupts! A Qualitative Study of Organizational Culture in Corrupt Organizations", *Journal of Business Ethics*, 2014, Vol. 120, pp. 291~311.

[2]　Jamie-Lee Campbell & Anja Göritz, "Culture Corrupts! A Qualitative Study of Organizational Culture in Corrupt Organizations", *Journal of Business Ethics*, 2014, Vol. 120, pp. 291~311.

[3]　G. Beenen & J. Pinto, "Resisting Organizational-level Corruption: An Interview with Enron Whistle-Blower Sherron Watkins", *Academy of Management Learning and Education*, Vol. 8, No. 2, pp. 275~289.

意的角色扮演和夸张的修辞表达。例如，在 2000 年，安然公司曾在其入口处悬挂了一面巨大的横幅，要求员工参与将安然公司"从世界领先的能源公司转变为世界领先的公司"的征程之中，而配套的宣传内容大量使用了来自战争甚至是极端主义的隐喻。[1]

战争文化的否定规则所产生的另一个毒害是让成员和其他主体之间的正常关系遭到破坏。这种关系既包括成员和组织之间，也包括成员彼此之间，同时还包括成员和其他组织之间。在正常的概念中，组织成员之间是共同工作的同事关系，成员和组织之间是劳动雇佣关系，成员所在的组织和其他组织或是商业上的竞争合作关系，或是监管和被监管的关系，这些关系都是基于一定的制度规定而产生，主体之间一般也不存在过于浓厚的情感色彩。但是，当语境被转换到战争模式下，组织内的同事即变成了战友，战友间相互帮助的义务显然高于同事之间。在组织要求一致对外的情况下，成员在面对其他成员所实施的违背道德和法律但是对组织有利的行为时很难像平时一样进行举报，因为这种行为无疑会被认为是对战友和团队的双重背叛，而任何军队在战时对叛徒的态度都是最为严厉的。同时，对于处于战争状态的组织来说，不仅竞争对手可以被定义为敌人，任何其他主体只要在必要时都可以变成广义上的敌人，例如监管机构因为严格监管会成为敌人，银行因为贷款审核的正常程序会成为敌人，行使监督权的媒体和记者也可以成为敌人。任何在正常履行自己本职工作的其他主体都可能因为对本组织获取利益产生潜在威胁而被视为敌人。例如，广东振戎集团原董事长熊某辉言必称所谓的"国家战略"，以国家安全"特殊使命"的承担者自居。但他同时也在经营中大肆违规，通过自我交易的方式套取银行贷款并最终造成百亿级坏账。坏账爆发后，他在对媒体发布的材料中将公司困境完全归结为不法分子算计和银行方面不负责任的抽贷，认为造成这种局面的原因包括敌对势力、媒体、抽贷的银行、大股东珠海振戎的支持不力等，却唯独没有对自身违规行为的反省。[2] 而对待敌人的方法，一是收买，二是弄虚作假地掩饰，三是公然对抗。这也大致代表了企业违法犯罪的基本形态。

---

〔1〕 C. Free & N. B. Macintosh, "Management Control Practice and Culture at Enron: The Untold Story", *In CAAA* 2006 *Annual Conference Paper*.

〔2〕 季天琴、于宁：《广东振戎黑洞》，载《财新周刊》2018 年第 42 期，第 40~52 页。

在中国的企业发展历史上，曾经盛行过包含战争文化特征的另一种文化——狼性文化。所谓的狼性文化与小说《狼图腾》中对草原狼群居生活的方式展现有密切的联系，有三大主要特征：一是敏锐的嗅觉，二是不屈不挠、奋不顾身的进攻精神，三是群体奋斗。[1] 狼性文化中倡导奋斗的内容对企业发展有相当大的正面激励作用，与中国企业追求高发展的时代特点高度契合。但是，其中包含的负面影响也不可小觑。隐藏在奋斗背后的另一面内核是为了争夺有限资源而你死我活以及为达目的不惜手段，这些都与战争文化如出一辙或者说只是换了一重形象的外衣。从企业长期发展与行为合规的角度看，这种狼性文化绝非企业发展的正途，如果不能够全面否定也至少需要加以改造。

六、诿责文化

正如烈火识真金，组织在问题发生后的作为更能真实地反映出其价值观和组织文化，并对组织成员产生更大的影响。在不同的组织文化影响下，企业处理问题的方式截然不同。企业合规的基本要求是问题发生之后的责任追究与针对性改革，但从各国企业违规的案例来看，大多数企业在问题爆发之后往往会秉持一种"权宜之计"策略，其基本原则是以最快速度和最小代价平息问题。这种策略的效果类似止疼药，只求在短时间内压制异常的表象，却不求根治。这种无效的问责与改革本质上是对企业应尽责任的逃避和推诿，而这种诿责文化也是合规文化无法真正建立的重要原因。

从实际操作的角度来看，诿责文化通常会有三个阶段的表现。第一阶段是危机刚爆发的时候，企业尽一切可能封锁信息确保尽可能少的人了解事实真相。追求合规的企业在面对丑闻时也会采取各种方式进行危机公关，以避免对股价、商誉等利益造成过大伤害，但其本质上是积极追求问题的解决，而"权宜之计"主导的行为几乎不考虑问题的真实解决。大众汽车曾因为使用作弊装置修改车辆排放数据而被曝光造成重大丑闻，但早在这种行为开始之初，大众内部的报告就已经预判监管机构必然会发现这种行为，公司为此还专门开会讨论应对策略。大众可以选择承认问题并召回事故车辆，也可以修改发动机软件来减少排放量，但却最终在权衡利弊后选择拒绝承认问题并

继续拖延和撒谎。对最符合合规要求的第一种做法，决策层根本"似乎没有认真讨论过"。[1]相比于大众汽车，希拉洛斯更擅长利用法律规则隐瞒自身丑闻。其子虚乌有的血液快速检测技术之所以持续欺骗众多投资人和患者，很大程度上是因为希拉洛斯公司雇用了全美顶级的律师以"泄漏商业机密为由"对得知内情并想要曝光的员工进行了诉讼威胁。面对可能的天价赔偿金，绝大多数员工只能选择闭口不言，希拉洛斯的骗局也在当事人的一片沉默中越做越大。[2]

当企业丑闻已经大范围曝光到无法掩盖的阶段时，企业会将主要责任推卸到少数成员的身上并迅速与之完成切割。通过这种切割，违规企业将体制性问题偷换为少数害群之马的个人行为，以谋求自身责任的减免。被切割的对象可能是基层员工也可能是高管，甚至是公司的最高领导人。当然，倡导合规文化的企业在发生事故后也会把企业责任和个人责任区分开，但这两种区分同样存在本质区别，违规企业为摆脱责任而采取的说辞往往存在严重不合理之处。例如，英国石油公司在事故丑闻无法掩盖的情况下，总是选择将责任推到一线工人身上。管理层为了增加盈利不负责任地削减预算，导致用于安全生产的资金一再缩减，一线工人多次就设备安全问题向管理层进行预警，却完全被忽视。但在事故发生后，公司却屡次把在事故中受到伤害的工人污名化为元凶。[3]

如果这种寻找替罪羊的做法无法奏效，违规企业则会开始第三阶段的操作：积极和解付款，消极改革制度。面对即将承担的责任，涉事企业往往会积极和监管部门洽谈，在不至于导致在公司瓦解的情况下支付巨额和解金以结束责任追究的程序。监管部门在处以罚款的同时会要求企业进行针对性改革，但违规企业会对改革采取消极态度，或仅在纸面作出调整，或先紧后松，总之想尽办法避免对体制性问题进行实质改革。譬如，大众汽车这一次的大规模排污造假并非初犯。早在1973年，大众就因篡改作弊装置被环保部门处以罚款，但在随后的几十年内却屡罚屡犯，多次故技重施，最终酿成公司有史以来最大的欺诈丑闻。这正是因为在以往的作弊案例发生后，大众公司都

〔1〕 Jack Ewing, *Faster*, *Higher*, *Farther*: *The Volkswagen Scandal*, New York: Norton, 2017, p. 179.

〔2〕 参见［美］约翰·卡雷鲁：《坏血：一个硅谷巨头的秘密与谎言》，成起宏译，北京联合出版公司2019年版，第49页。

〔3〕 Loren C. Steffy, *Drowning in Oil*: *BP & the Reckless Pursuit of Profit*, New York: McGraw Hill Professional, 2010.

选择睁一只眼闭一只眼，一方面缴纳罚金，另一方面却总是拒绝明确规定违规行为"不可接受"。对于违规企业而言，这种积极付款消极改革的做法最终会导致越轨的常态化，组织成员从上到下会将这种违规行为视为正常的商业操作，进而使违规文化由此进入到公司的价值观甚至基本假设的层面。

第三节　企业合规文化之构建

前述五种文化背后对应着大量企业犯罪的实例，这些案例有相当一部分发生在法治发展水平较高、合规工作开展较早的国家，而涉事企业本身也是公认治理水平较高的知名企业。对于有的企业，执法部门曾进行过不止一次惩处，却依然未能阻止其持续性的违规行为，这不得不说是合规执法遭遇的挫败。对于正在从国家层面大力推动合规治理的中国而言，这更是值得引以为戒的教训。企业合规的工作主体虽然是企业本身，但是各国合规工作的开展无一不是基于"监管要求—企业响应"的逻辑，而中国政府在推动企业合规的力度上比其他国家要更强。在检察机关已经开展的合规试点中，有的地市甚至尝试逐步对事前合规机制企业进行正面评价和政策激励，推动完善政府、司法机关在对企业税费减免、资质评定、评先评优以及行政处罚、刑事追究时给予从宽处理等"一揽子"优惠政策。[1]这也证明，我国政府对企业合规的期待始于但又不限于消除犯罪因素，包括防止资本无序扩张、维护国家经济安全和提升经济发展质量等都被纳入考量范围。因此，对其他国家在合规发展中暴露的短板和教训更应当进行充分研究，防止"后人哀之而不鉴之"的情况出现。

就本章所探讨的合规文化而言，沙因（Schein）理论框架中的文化改变部分清楚地揭示了一种组织内文化的形成和消失将经历怎样的过程。合规文化的构建离不开具体的技术性操作，其整个建构机制也基于合规制度而展开。但和纯粹的技术性措施相比，合规文化要突出的内核或本质性要求是致力于强化员工的合规意识，形成内部的合规风气对有效合规评价各要素的统领作用，从而将合规价值、合规理念、合规意识融入企业发展目标、政策、规则与业务流程之中，以克服因企业合规与企业运营"两张皮"问题而出现的

---

〔1〕　杜洋：《检察机关联合多部门引导企业完善合规机制》，载《法治日报》2021年1月28日。

"纸面合规"通病，达到企业合规的政策目的。无论是企业的构建过程还是监管部门对其进行考察和定性的工作时，要把握的基本原则都是不苛求形式完备，注重于实际风险。尤其是考虑到中国现阶段的实际情况，一方面合规推广时间较短，合规的内生动力相对缺乏，另一方面传统社会人情高于规则、遇事多求变通的惯性力量巨大，如果只是注重合规的形式要素完备，其结果很可能是让企业设置一套又一套光鲜亮丽但效用薄弱的合规体系，既达不到政策目的还大量耗费社会资源。基于实用性的要求，对合规文化的倡导需要切实"抓手"，从最容易实际发生违规情况的节点切入，杜绝摊大饼和喊口号，以解决问题为导向进行精准治理。同时为了防止纸面合规的出现，监管部门应当在发现不合理迹象之后采取举证责任倒置的做法，要求企业对自身合规性作出解释，如果企业对此无法作出必要而充分的解释，则可以判定为企业没有建立符合监管要求的合规文化。唯有将合规有效性考察聚焦于企业是否采取了提升员工合规意识、着力营造企业合规风气的具体措施或实际行动（用证据说话），才能压实企业守法自我监管的社会责任。

既然想要构建一种能遏制腐败的合规文化，必然要从肉眼可见的最表层入手，然后使其影响随着时间的推移而深入成员的意识深处，因此前两章所阐述的制度构建和运行保障如果能切实做好，一样是属于构建合规文化的过程。但除了这些以外，针对本章上文所总结的五种引发企业犯罪的恶性文化，企业还要有针对性地构建与之相对应的良性文化。或许合规文化的内涵永远无法获得唯一的答案，但如果连这五种良性文化都不具备，企业的反腐败机制在组织文化这一维度也难说合格。

一、合规融入业务构建守法文化

经营模式是合规文化构建的基础，只重商业利益而忽视社会责任的不良经营模式是造成企业违法犯罪的根本原因。所谓君子爱财取之有道，合规文化的构建就是要打破唯利文化影响下企业对利润的过度追求。所以，合规文化的构建首先要将合规作为设计业务模式的必要因素。对于合规有效判断而言，判定业务模式的合规性，应抓住具体反映企业决策理念与经营导向的三个基本考察点：盈利模式、费用支出和薪酬结构。

首先，如果企业主要盈利所依赖的模式潜藏着较高的违法风险，对于其合规有效性的判定应当从严把握；对于盈利模式本身不存在特别风险的企业来说，违规行为往往源自企业设定的超常盈利目标。在不合理的高目标刺激下，企业难以掌握短期业绩和长期发展的平衡，很容易出现为达到特定业绩要求而排挤必要合规工作的现象。

其次，考察费用支出对于判断企业经营活动的合规性具有重要意义。如前述所引述的有行贿行为的药企，无一例外都是将支出费用的主要部分用于销售而非研发。对于严格限制广告宣传的处方药来说，所谓的药品销售费用，大多通过层层环节变为对医疗工作者的不正当利益输送。如果药企的费用支出模式不进行根本性改革，无论制定了多么完备的合规准则，终究难逃纸面合规的宿命。

最后，薪酬方案对所有员工的行为具有重大影响，必须纳入合规考察的重点。如果单纯的业绩考核成为决定员工收入的唯一要素，法律要求、职业道德和客户利益等合规因素就必然被忽视。尤其是在底薪和提成比例的设计上，如果底薪难以满足基本生活需要，员工迫于生计压力而不择手段完成业绩也就具有了必然性。

因此，衡量企业是否实质合规，应重在引导和监督企业在盈利模式、费用支出、内部惩罚机制中嵌入合规要素。如果在这些方面合规要求无法得到明显体现，则可以认为企业建立和实施的合规计划，是欠缺合规文化支撑的形式上的合规计划。

二、高层以身作则构建平等文化

在现代企业管理中，企业领导力的内容日益集中于道德领导力。"就企业领导人而言，更为重要的领导力是道德领导力，也即他们所表现出的卓越的道德能力，也即始终聚焦于道德眼光、道德投入、道德勇气以及激励他人寻求道德指南并依据道德指南生活的能力。"[1]

虽然高层的合规承诺早已成为各国监管部门的共识，而大量企业违规的实例一再证明要实现这一点绝非易事。单从形式化的要求上看，高层相比于一般员工有更多机会展示自己的合规意愿。譬如，高层可以花费重金聘请专业团队帮助公司维护合规体系，可以在公司合规章程的序言部分表现热烈拥

---

〔1〕 Lynn Fountain, *Rthics and the Internal Auditor's Political Dilemma : Tools and Techniques to Evaluate a Company's Ethical Culture*, CRC Press, 2017, pp. 37~38.

抱合规的态度，也可以在各种公开场合高姿态地倡导合规，但这些都不足以真正实现高层对合规工作的义务。因为高层完全可能在明知有违规可能的情况下，通过职权优势对下属员工提出不合理要求，同时既不参与具体行为也不对操作作出指示，从而将承担违规责任的风险全部推卸给下属。从企业越轨的实例来看，公司高层在合规工作中必要的表现之一是将自己和其他员工共同置于规则的约束之下，不追求凌驾于规则之上的特权。如果高层在这个问题上无法做到旗帜鲜明，而是态度上模棱两可或者暧昧不清，那么很难避免威权领导对合规文化造成的恶劣影响，也很难构建监管部门和社会所期待的合规文化。

企业高层应当切实履行合规承诺，倡导组织架构层面的成员平等。合规文化所倡导的平等关系不是职权平等，而是组织成员在人格平等基础上的相互尊重。威权领导能产生危害性并非因为权力等级的存在，而是自身滥用权力形成的优势地位。只有处于平等状态的组织内部才可能有效遏制攀附文化的兴起，员工才会将专注力放在业务本身而非不正当的人际关系上，更不会为了博取某个领导的欢心而罔顾规则。当管理层独断专行，把下级员工视为附庸、奴隶甚至机器，企业中就不可能建立良性的合规文化，而当基于共识而产生的规则高于个人的主观好恶，合规文化才有成长的保障。因此，如果监管部门发现企业高层虽然对合规经营有笼统抽象的要求，但是在经营过程中对违规行为并未有过任何的监督和制止，除非企业能给出有力的解释，否则高层在履行构建合规文化的义务上应当被认定为不合格。

三、内部交流通畅构建坦诚文化

对于一定规模以上的企业来说，构建合规文化的重要工作是保持内部沟通渠道的畅通。由于行政和管理的权力天然具有自上而下的特性，良性的内部沟通更加需要重视自下而上的信息传递。在良好的沟通环境下，决策层不仅能接收到来自一线员工的赞扬，更能接收到质疑、反对和改进建议等批判性意见。这些意见在向上传递的过程中不能被中层所压制和中断，而是能传递到真正有权改变现行政策的决策者之处。构建合规文化要求决策者面对来自基层的信息时能充分阅读并对真实存在的问题进行回应。这种回应不仅证明了高层对于具体问题的处理态度，更是企业有主动发现并解决问题这一意愿的重要体现。这种主动性标志着企业可能有足够的内在动力完成从"要我合规"向"我要合规"的升级。如果企业能切实做到沟通顺畅,其合规性将得到相当程度的保证。

从有效监管的角度看,企业内部沟通渠道的畅通应当有两个主要表现:首先,高层的回应应当公开可见。为了保障沟通的真实性,相关的意见、回应和改革方案都应当被记录在案以便查询。同时,根据问题的严重性、反映的人数和解决的紧迫程度,决策者应当采取不同的对待标准,例如回应的间隔时间、交办的人员级别都应当有所不同。其次,企业对于沟通所反映的问题应当有实际整改。企业合规对沟通的重视本质上还是因为其有利于经营活动质量的改进提升,因此有效沟通的最后一步应当是对问题进行切实整改。如果决策层仅仅是与员工进行了沟通和互动,而对企业的实际工作并未作出调整,则其对于构建合规文化并无甚用,也不应该基于此而获得宽宥或者优待。

四、踏实耕耘本业构建安全文化

对于获得安全而长期的盈利,中国古人有清醒的认识,无论是"财不走急门,福不入偏门"还是"君子爱财,取之有道",都以经验总结的方式阐明了其中道理。但在商业化的氛围中,投机文化所具备的低成本高利润特征使其不仅在结果上展现优越性,还似乎具备了道德上的正义性。正是这种混淆是非的可能才让企业更应当警惕投机文化的存在。尤其需要辨别的是,投机文化不同于正常的优化流程,所以企业不能认为投机文化的反面是不思进取、墨守成规。企业的发展依靠于创新,有一些创新还具有不同程度的破坏性,但在投机文化和有益创新之间很关键的区别在于创新的落脚点更多在技术改进和提升效率上。创新并不是以损害他人利益为代价获得超额收益,但是投机文化的本质却是从其他利益主体身上攫取不正当的利益。因此,企业在经营过程中应当尤其注意辨别一项措施到底是单纯的技术改进,还是以技术表象掩盖违背伦理的实质。

企业长期发展的基础是获得稳定的利润,而可以长久存续的利润总是有限的,暴利或许高昂但终究短暂。因此,企业应该有意识地培养和推广耕耘本业的组织文化,以正当手段谋取利润,以深挖本业提升利润。尤其是对于企业高层来说,一家企业的生存发展并非朝夕之事,真正成功的企业也不仅在于一时间获得多大的收益,更在于能在多长时间内维持这种成功,毕竟没有一个百年企业是靠投机取巧而成。行稳致远本质上是一种安全文化，从长期来看，结果的安全建构在手段安全的基础上，反对投机文化的背面是尊重安全的文化，即企业安全地赚钱，同时赚安全的钱。

五、内外宣传合规构建崇德文化

相比于硬性的行为规范，公司对内部和外部的宣传在成员维持积极自我概念上能起到潜移默化的作用，而这也是构建合规文化所必须争夺的重要阵地。由前文所引述的诸多例证可知，违规因素往往不是直截了当地出现在宣传内容之中，而是通过各种打擦边球的方式进行渗透。有的越轨者喜欢标榜自己的独特性，通过将所处情况和规则主导的常态相区分而贬低规则的价值，并借此将本来被视为违规的行为正常化。有的将"创新"当作包容违规的庇护所，将自身的违规行为包装成为打破陈规的开拓之举，并以此强调正当性基础的存在。还有的则通过曲解拼搏的含义，将破坏规则的行为隐藏在奋斗的借口之下来逃避道德审视。无论哪一种宣传方式，其实质都是在抑制合规属性的同时强调其他属性，以期完成违规后的自我中和。

从构建合规文化的角度出发，企业在对内和对外的宣传过程中应当注重突出崇尚道德的特点。首先，尊重规则是合规最基本的精神内涵，其内涵和墨守成规不可同日而语，倡导合规也绝不能和否定创新相等同。任何企业成员在商业模式和技术上的开拓创新都应当被鼓励，但遵守法律法规和注重正当程序既是创新的前提，也是不可突破的底线。正确的宣传导向应当是主动学习规则，并在充分了解规则的基础上开展创新活动，实现合规与创新的和谐统一。其次，崇尚道德是构建合规文化不可或缺的重要组成部分。在众多爆发丑闻的企业中坚守底线的员工乃至"吹哨人"本质上都是有良知的普通人。他们的行为并不是受到什么新道德、新思想的指导，而是被强烈的道德信念所感召，由此可见道德对于合规工作的意义。因此，企业的宣传应当尊重一般意义上的道德，同时尽量避免与道德相悖的隐喻。对于监管部门来说，如果在监督过程中发现企业有"不惜一切代价""不管任何办法"等否定规则的提法，或者"你死我活""残酷竞争""不给对方以生存空间"等有违反道德倾向的提法，都应当对企业进行提醒，要求其尽可能不用或者少用，帮助企业构建和谐合规的宣传氛围。

六、有效问责改良构建担当文化

有效运行的合规体系不只是在违规问题发生之前起到有效的阻却作用，在问题发生后也能迅速发挥补救和调整的功能，这既是企业构建合规的共同目标，也是各国监管者的共识。上文中对企业多次违规的研究证实了企业的预防再犯之难，而这个难点也正是构建合规文化必须持续着力之所在。与传统刑事法、行政法偏重事后的制裁所不同，企业合规本质上体现着预防为主，惩防并举的刑事政策导向。因此尤其是当有重大影响的企业违规事件发生后，执法部门不能仅仅对其科处巨额罚款，要更注重后期的责任追究和制度改革工作。对实力雄厚的企业来说，即使是天价罚金有时也难以抵消其继续违规产生的收益，因此缴完罚金继续违规成了理性选择。罚金因其修复和报应功能具有必要性，绝不能等同于企业应当承担责任的全部，对实际责任人进行责任追究以及相关的制度修正才是合规建设中更为重要的部分。这些修正最终要使企业形成一种直面问题、不避责任的担当文化。

站在合规评价者的角度，企业制定和实施的合规计划是否致力于机制化地消除、抑制企业内生性文化诱因，是评价有效合规的基本标准。作为这一实质标准的具体内容，构成了有效合规的基础性评价指标，也是根据需要进一步细化技术评价指标的基本依据。立于企业角度，有效合规的正确努力方向，在于机制化地培育员工的守法意识并形成内部的守法风气，而作为表征已尽实质性合规之勤勉努力的证据，就是杜绝上述的不良文化并切实推行合规计划。这也呼应了前述合规文化"三位一体"的层次结构，体现了有形制度与无形价值观之间以及合规计划与企业运行之间的深度融合，有利于从根本上解决企业合规容易流于形式的顽疾，并为解决"何为有效合规"这一参与企业合规的各方——司法机关、企业及参与评估的第三方——共同面临的现实难题提供建设性解决方案。

第七章

○ **反腐败合规机制中国化的重大问题**

在前面几章中，本书围绕消除和遏制腐败犯罪的内生性因素这一根本目的，从制度构建、运行保障、危机应对和组织文化几重维度对企业反腐败合规机制进行了论述。由于作为理论基础的犯罪学研究成果和作为实践基础的现代企业运营都具有普遍性，因此从这些维度中归纳得出的腐败风险高发点和应对措施也具有广泛的适应性。从理论上说，无论企业地处哪个国家，该国具有什么样的政治制度和文化传统，只要其采用现代市场经济和企业管理体系，反腐败合规机制就能获得一席之地。但古今中外各领域的案例反复证明，涉及社会运行的理论和实践之间总是存在很大差距，如果不以时间地点条件为转移地生搬硬套某个理论，非但无法产生预期效果，还可能会产生副作用。具体到合规制度，这项制度起源于以美国为代表的西方资本主义国家，其发轫之时所具备的各种基础并不为后发国家所拥有，包括较为发达的市场经济、较为完备的现代化法治体系以及深受新教伦理影响的商业文化传统等。欧美的企业合规体系正是在这些因素的影响之下发展完善的，而逐渐形成的一些规则、措施也适应了所在国当时的社会环境和发展水平。但这些措施如果机械地移植到中国恐怕难以落地，譬如被欧美国家视为基本方针的"放过企业，严惩企业家"。以中国目前的社会现实来看，绝大多数的中小微企业与其创始人或高管均存在密不可分的关联，一旦这些企业家身陷囹圄，企业很容易停滞瘫痪甚至倒闭。如果生搬教条，那么合规的实际效果很可能变成打击企业，这显然与国家的政策期许背道而驰。

不同国家的文化传统、法律体系、政治实践、发展水平等都不相同，这些内容共同构成了所谓的国情。在企业反腐败合规中，考虑本国国情不是找借口宽容腐败，反而是确认反腐败实践中的痛点和难点，避免照本宣科甚至削足适履。为了加深对反腐败合规在中国实践的了解，笔者在撰写论文的过程中与多位从事企业反腐和风控工作的资深人员展开了深度交流，他们的许多经验颠覆了笔者之前从纸面到纸面得出的一些结论，也对反腐败合规的具体操作和企业推进反腐败合规的现实之难有了更深层次的理解。反腐败合规作为研究热点和舆论焦点的确是近两年的事情，至于一些文字和表述强调"元年叙事"，即以某个时间或事件作为中国反腐败合规的元年，从此开始的各种措施和之前有本质的不同，但这种一刀两断的区分法实际上并不符合事实。且不说反腐败合规，即使本书所提出的反腐败合规机制是一个相对原创的概念，其中的一些具体措施和流程也已经被中国企业实施了很长时间，只不过没有冠以"合规"的名称而已。其中，一位现任职于某大型金融央企的合规部门负责人 G 提到了这样一段经历："合规不是什么很新鲜的事情，早就有了。我之前还在××××（某国际知名会计师事务所）合规部工作的时候，中石油就来找我们给他设计合规体系了，那应该是实体央企里面最早一批做合规的。你知道当时花了多少钱吗？1000 多万。这个报价当时轰动业内啊，谁也没想到能收这么高的费，我们也给他们从上到下做了很详细的体系，应该是当时在全世界都算最先进的了。但是后来怎么样呢，还不是出了蒋洁敏的事情，窝案，系统性腐败，这一茬也没什么人再提。"我们当然不能因为中石油的腐败窝案就否定反腐败合规的价值，但从"世界最先进"到"纸面合规"的落差的确值得深入思考。

从某种意义上说，这个案件可以被认为是企业反腐败合规中国化不成功的样本。扼腕之后，我们更应该深入思考的问题是：中国有哪些特殊而重要的国情足以影响企业反腐败合规机制的运行？从不同维度思考，笔者认为，至少有以下三点。第一，中国共产党在中国现阶段发挥着全方位的领导作用，如果一项重要工作不考虑中国共产党的因素，甚至完全排除中国共产党的现有体制，那么其生命力恐怕十分薄弱。因此，中国的企业反腐败合规机制在制度构建和改良的过程中不仅不能脱离党的领导，而且要与党的现有体制紧密融合。第二，即使存在个别特例，反腐败合规在中国落地的时间总体也比较短暂，中国人虽然对反腐败合规并不熟悉，但对反腐败可谓非常熟悉。从革命、建设到改革的几十年中，中国积累了大量反腐败经验，总结出了一些适应本土、行之有效的做法。如果能以反腐败合规机制的视角对这些经验进行吸收和改造，将其纳入运行保障的措施，无疑是企业反腐败合规本土化的重要步骤。第三，中国在漫长的历史中发展出了独特的文化和思想传统，其中正向的内容固然占据了主要的地位，但各种思想糟粕也确有一席之地，成了引发腐败行为的重要原因。虽然中国社会已经完成了工业化改造，但这些思想仍然具有顽强的生命力。要在中国推动反腐败合规的机制建设，就必须想方设法排除和减少这些思想糟粕的干扰，以一种新的合规文化取代旧的腐朽文化。因此，本章将分别从以上三项内容展开，对企业反腐败合规机制中国化问题进行论述。

第一节　反腐败合规机制建设与党的领导相结合

当我们在"当代中国"这个语境下研究公共政策或者社会问题时，需要明确的基本前提之一是中国共产党的领导是最需要考虑的国情。这不仅是国内外学者多年来的共识，也是中国共产党郑重的政治宣誓。在《中共中央关于党的百年奋斗重大成就和历史经验的决议》中，中国共产党以集体意志的形式明确表示："办好中国的事情，关键在党"。而习近平总书记在《毫不动摇坚持和加强党的全面领导》一文中也强调，中国最大的国情就是中国共产党的领导。[1]对中国而言，要想实现反腐败合规机制的本土化运行，让这种源自西方的制度成果真正服务于现实，就要将其纳入党领导下的反腐败体系，这便是二者结合的必要性所在。而从制度的目的、实施的主体和具备的功能上看，反腐败合规机制和现行的反腐败体系也具备了结合的可能性。现阶段，二者的结合主要在国企内部展开。

一、二者结合的必要性

办好中国的事情关键在党，对于中国共产党而言是政治宣誓，同样也是一种逻辑推演的结果。对于学者来说，研究不能仅仅是重复某个结果，而是要将这个逻辑本身条分缕析，探究其背后的事实和原理。反腐败合规机制与党的领导相结合之所以具有本质上的必要性，在于以下两点：

第一，从现代法政治学和法社会学的角度出发，理解反腐败合规与党的领导相结合的必要性要从把握国家和社会二者的关系入手。西方资本主义国

---

[1]　习近平：《毫不动摇坚持和加强党的全面领导》，载《求知》2021年第10期，第1页。

家的政党模式普遍都采用了部分性政党，其所对应的结果是政党在国家和社会的关系中侧重于社会一端，社会在治理体系中起到主导性作用。社会中不同的利益团体以组建党派的方式表达利益诉求，完成竞争和妥协。在以社会为中心的体系中，政党更多地起到"通道"的作用，即将不同群体的诉求转化为特定的政治利益。因此，具体的某项制度在西方的代议制之下会体现为不同利益团体的斗争结果，有时还会随着团体势力的此消彼长而左摇右摆。以反腐败合规为例，特朗普所代表的共和党与拜登所代表的民主党在此问题上的倾向可谓截然相反，特朗普对反腐败合规表现出了强烈的抵触和反对，甚至一度考虑要废除《反海外腐败法》。在他执政期间，该法案的执行也表现出因循守旧的趋势。[1]而拜登则非常注重《反海外腐败法》的作用，明确表态要加强执法。[2]二人的观点之争难以用正义与非正义或道德与反道德概括，其体现的是不同党派背后代表的社会团体的利益诉求。可见，从政党对政策的影响来看，西方模式呈现出间接性的特征。

　　但现代中国治理模式的发展轨迹与西方显著不同。无论是建国还是治国，中国共产党的建设都处于前置地位。通过党的建设，中国共产党在国家和社会建设中创设出了一套人为的秩序。相比而言，中国的政治模式是国家中心主义，在代表国家的一方中，中国共产党又处于中心地位。中国共产党不仅是国家公权力不可分割的组成部分，更是领导核心。也正是在这个前提下，"党政军民学，东西南北中，党领导一切"[3]才合乎逻辑。既然是领导一切的执政党，中国共产党就必须代表全社会绝大多数人（广大人民）的利益，否则其权力就会缺乏正当性基础。这种政党性质显然与西方的部分政党不同，是一种整体性政党。通过各种政治性程序，中国共产党将党派意志上升为国家意志，而党派意志是在充分了解广大人民诉求的基础上产生的。这个过程是一种直接性过程，也是韦伯所谓的"任何统治都企图唤起并维持对它的'合法性'的信仰"。[4]具体到本书研究的反腐败合规机制问题上，前面几个

---

〔1〕　"Trump Called Global Anti-bribery Law 'Horrible' His Administration is Pursuing Fewer New Investigations"，https://www. washingtonpost. com/business/2020/01/31/trump-fcpa〔2021-1-21〕.

〔2〕　"Biden Corruption Strategy Puts FCPA in Spotlight Overseas"，https://www. complianceweek. com/anti-corruption/biden-corruption-strategy-puts-fcpa-in-spotlight-overseas/31169. article〔2021-1-21〕.

〔3〕　习近平：《习近平谈治国理政》（第3卷），外文出版社2020年版，第16页。

〔4〕　［德］马克斯·韦伯：《经济与社会》（上卷），［德］约翰内斯·温克尔曼整理，林荣远译，商务印书馆1997年版，第23页。

章节已经对该事项的双重主体属性进行了论述，即虽然实施合规机制的主体是企业，但是引导和推动这一过程的主体却是政府。前者属于社会，而后者属于国家。纯粹由企业自发实施的反腐败合规只是个例，无法成为一国乃至全世界的主流，而以预防犯罪为目的的刑事政策领域，私权主导更是不可能的事情。即使是在欧美这样的社会中心型模式下，各利益集团也要将诉求通过政党进行表达，并在议会达成合意，在当代中国这样的国家中心型模式下，反腐败合规机制只有与党的领导相结合，才可能具有现实中的生存和发展空间。反言之，无党的领导即无国家意志，也就没有以预防犯罪为目的的反腐败合规机制。

第二，反腐败合规机制只有在党领导下的反腐败工作中找到自身定位，才能顺应时代发展趋势，解决现实问题。目前，中国共产党领导下的反腐败工作面临的最大现实矛盾就是原有的反腐败体制"分散、低效、乏力"。[1]从改革开放到监察体制改革以前，中国的反腐败体系整体呈现"九龙治水"的态势，反腐败职能分散在多个不同的职能部门。这种权力的分散导致了反腐工作的低效，而低效的终极结果就是反腐败体系的乏力。大量的腐败窝案、塌方式腐败涉及人员广、腐败金额大、腐败问题与政治问题交织，打击效果一般，预防效果更差。党领导下的监察体制改革正是为了解决这个矛盾。为了解决分散的问题，改革要进行权力集中；为了解决低效的问题，改革要进行增效提质；为了解决乏力的问题，改革要大幅度提升反腐败的整体效能。正如《关于〈中华人民共和国监察法（草案）〉的说明》明确指出的："改革的目标是，整合反腐败资源力量，加强党对反腐败工作的集中统一领导，建构集中统一、权威高效的中国特色国家监察体制。"[2]能否实现这一目的关乎中国反腐败事业的成败，更关乎党和国家的长治久安，因此包括反腐败合规在内的具体组成部分必须和总的趋势保持高度一致。在党领导的新反腐形势下，反腐败合规只有跟紧大方向，保证既不走错也不踏空，才能有长久的生命力。否则，如果盲目照搬西方的某些具体做法，甚至有可能在党领导的权力架构以外形成新的反腐败力量，那就会与集中的趋势背道而驰。在目前中国的环境下，这种情况只会导致无谓的消耗，并最终使得反腐败合规机制

---

〔1〕 王若磊：《论监察体制的制度逻辑》，载《法学评论》2021年第4期，第72~82页。

〔2〕《关于〈中华人民共和国监察法（草案）〉的说明》。

难以正常发挥作用。

二、二者结合的可行性

在必要性的问题解决之后，二者的结合还需要具备现实的可行性，这种可能性分别表现为功能的互补与人员的互通。

第一，功能上具有互补性。即在应对腐败问题的背景之下，反腐败合规机制正好补上了以往纪检监察制度中的短板。目前，党领导下的纪检监察机关将职责定位为监督责任，即对党的组织和党员领导干部、行使公权力的公职人员履职用权情况进行检查督促，这是纪检监察机关的首要职责、基本职责，目的就是发现问题，纠正偏差，把权力关进制度的笼子，防止公权力异化、变质、滥用。[1]虽然明确强调了"防"，但纪检监察部门在实际的工作中却是仍然以"打"为主。以惩治为要点的工作流程都是在腐败行为发生以后才开始，而以结案为止，针对的是单体的腐败行为，而预防腐败的做法往往是宣传教育。这些措施对于普遍性预防腐败的目的实在难有大的助力。以往无论是党的决策层还是纪委人员无不意识到这个短板的存在，但是迫于没有合适的措施，也不得不容忍这个问题长期存在。但是，本书所论述的反腐败合规机制旨在解决的就是预防腐败犯罪这一问题，并有完整的配套措施来实施。可以说，反腐败合规机制就是为党领导下的反腐败事业补短板，让原本漏水的制度之桶严丝合缝，达到更好的反腐败效果。

第二，人员上具有互通性。即从事反腐败合规工作的人员所需要具备的素质与现有纪检监察人员的素质基本一致。在第二章制度构建的部分中，我们对反腐败合规工作应当具备的素质进行了类型化分析，为了对比研究，我们要对纪检监察工作的相关内容进行分析。虽然目前并无具体的权威研究成果直接讨论什么是其应当具备的素质，但是从公开渠道，我们依然可以进行归纳。2018年，中央纪委和国家监委开辟了"优秀纪检监察干部群像"专栏，在全国的纪检监察干部中选拔优秀典型进行宣传。这些被中央纪委和国家监委认定的先进典型各具特点和优点，将这些特点与优点相结合，实际上就能归纳出当代中国语境下，一位理想的纪检监察干部应当具备怎样的素质。

---

[1] 《准确把握纪检监察机关职责定位》，载中国纪检监察杂志网站：http://zgjjjc.ccdi.gov.cn/bqml/bqxx/201907/t20190730_198031.html，访问日期：2022年4月20日。

分析可知，其中最重要的几项素质分别是强烈的责任感与使命感（典型如厦门市纪委驻市场监督管理局纪检组长包远忠[1]）、超乎寻常的耐心（典型如湖北省随县纪委派出第四纪工委书记陈新国[2]）与善于创新（典型如云南省富源县委常委、县纪委书记汪丽[3]），这与反腐败合规人员的素质要求存在明显的重合。这些素质的重叠其实还反映出了内在的关联性。中国共产党是先进的组织，而想要永葆先进性就必须不断吸纳优秀人才。尤其是对反腐败这样重要的工作来说，党组织在吸纳具有同类型素质的优秀人才上具有天然的原动力。因此，这也是反腐败合规机制与党的领导相结合的可行性体现。

事实上，中国企业（尤其是大型企业）中有一些已经自发地尝试：发挥党组织在公司治理中的作用，而且切实地取得了明显的成果。有学者以中国上市公司中的民营企业为对象进行调查研究发现，作为正式化、制度化和常态化的治理安排，企业内部党组织的建立能够有效抑制高管腐败的发生，这得益于党组织参与企业治理过程中的监督和协调。同时，党组织参与治理还能够显著弱化高管权力集中以及家族涉入所带来的不利影响。[4]

三、二者结合的方式

现阶段的实践中，反腐败合规机制与党的领导相结合应当根据企业的性质而有所区分。对于国有企业，应当坚持和完善党的领导，而对于以民企为主的非公有制企业来说，对党的领导应该以尊重和借鉴为妥。

反腐败合规机制与党的领导相结合的主要对象在于广大国有企业。这当然是由企业本身的属性所决定。作为国家实际控制的企业，在其中推行党的领导是天经地义之举，而广大国有企业多年以来也一直致力于党建工作，已经构建起了成熟、完备的党组织体系，积累了丰富的运行经验。在坚持党领导的基础上引入反腐败合规机制，对于国有企业而言只是一种权力框架内的

---

〔1〕 包远忠：《赤胆忠心唱黑脸》，载中央纪委国家监委网站：https：//www.ccdi.gov.cn/special/jjjc_ yxgb/ttxw_ yxgb/201805/t20180510_ 171674. html，访问日期：2021年12月18日。

〔2〕 《郝存喜：善啃"硬骨头"会做"柔文章"》，载中央纪委国家监委网站：https：//www.cc-di.gov.cn/special/jjjc_ yxgb/ttxw_ yxgb/201805/t20180528_ 172671. html，访问日期：2022年4月20日。

〔3〕 《扶贫攻坚战中的优秀纪检监察干部群像⑥》，载中央纪委国家监委网站：http：//v.ccdi.gov.cn/2018/01/19/VIDEzzvmv7QdVfZdovNhIO9l180119. shtml，访问日期：2022年4月20日。

〔4〕 马骏、黄志霖、梁浚朝：《党组织参与公司治理与民营企业高管腐败》，载《南方经济》2021年第7期，第105~127页。

改革，并无本质性的阻力和困难。而且，一定职位以上的国有企业领导层都带有相应的行政级别，可以与行政官僚体系之间双向流动，他们不仅属于法律意义上的公务员，绝大多数都还带有党员的身份，天然适用于开展与党有关的活动。

此外，我国《宪法》与《公司法》等法律也为二者结合提供了法理基础。根据蒋大兴等人对"政治性公司法"这一概念的阐释，我国的公司法中的社会主义本质以及国企"公共财产"的本质已经决定了中国国企应更多地凸显其公共性和人民性的一面。其中，党组织的参与应当包括对业务决策的合规性判断，即党组织在参与公司治理时，还有权对企业的业务决策是否违规提出意见。《党章》第 32 条明确规定："国有企业和集体企业中党的基层组织，支持股东会、董事会、监事会和经理（厂长）依法行使职权。"因此，从《党章》的角度而言，对股东会、董事会、监事会和经理非依法行使职权的行为，党组织应有权予以制止。[1]

在国企内部落实党委领导下的反腐败合规机制，本质上是要充分利用好党的领导所具备的优势，解决普通公司的治理结构下难以解决的问题，这样才能体现出结合的优越性。对于企业来说，利用党委的结构解决一把手监督问题是这种结合的一项重要措施。反腐败合规对"关键少数"的要求在前面几章都有详细的论述，但其语境主要是普适性的现代企业治理环境，即围绕股东会、董事会和监事会的架构开展，没有把党的权力架构和组织体系考虑在内。习近平总书记说过："上级对下级尤其是上级一把手对下级一把手的监督最管用、最有效。"但大多数现代企业的经营权和所有权相分离，企业管理层的权力从理论上来说源自股东的授予，而这个事实上的"上级"很可能由于人数众多、分散且不直接接触业务等原因而无法对掌握经营权的人员进行有效监督，以至于产生事实上的缺位。这个问题在国有企业反而有另一种解决办法。包括国企负责人在内的干部一般以自上而下的任命方式获得权力，故而任命者作为上级，对干部能够进行最具威慑力的监督。在党组织的体系中，党委书记等高级干部是由上级党组织任命，因此可以通过"强化上级党组织对下级党组织和党员、领导干部的监督"实现对企业关键少数（尤其是

---

[1]　蒋大兴：《走向"政治性公司法"——党组织如何参与公司治理》，载《中南大学学报（社会科学版）》2017 年第 3 期，第 27~33 页。

一把手）的监督。一把手和关键少数可以利用权力在组织内直接威压员工，但这种办法对上级党组织几乎无法适用，即使有打招呼、讲人情的可能，那也是一种间接的、力度较弱的手段。

二者结合的另一项重要措施是探索反腐败职能部门的合署，最大效度地凝聚反腐败力量。按要求，国企都设有纪委（纪检组），即使要全方位引入反腐败合规机制，也应该在此基础上考虑部门设置。尤其是在监察体制改革强调"合"的趋势下，如果在原有纪委的部门外再设立也具有反腐败职能的合规部门，那就走到了原本的老路之上，也走向了改革的对立面。因此，国有企业应当探索纪委（纪检组）和合规部门职能的有效合并。本书认为，如果原本的企业内部就有纪检部门的设置，应当为其增添合规的工作内容与相应权力，使得企业内部反腐败的职能统一由纪检系统负责。而其他的合规内容，例如数据、隐私、环保等内容的工作可以由专门的合规部门负责。这是因为反腐败的工作内容有独特的专业性，而且与纪检工作具有高度的相似性。相比之下，一个长期从事纪检监察工作的人员大概率比从事数据等其他合规的人员更容易开展反腐败合规工作。为了加强纪委和合规部门之间的联系，可以采用一岗双职的做法，由纪委书记担任合规部负责人。由于纪委书记必然是所在党组织的常委，天然处于核心权力层，合规部门开展工作所需要的地位和发言权也将从组织架构上得到保证。而一旦出现严重的腐败问题，纪委书记也更难把自己合规机制运行中应当肩负的责任向下推卸。这样的制度设计更容易实现权责的统一，响应了党领导下监察体制改革的趋势。

此外，二者的结合还需要体现在反腐败合规"嵌入"公司治理的结构层面。对于是否要嵌入，虽然学界已经基本达成共识，但对于嵌入的方式却依旧各持己见。最主要的分歧在于到底是集中融入还是分散融入。集中的方式是指党组织自身作为独立决策主体，在"三会"之外对公司内部治理事项进行独立决策。这种方式虽可实施有效控制，但势必降低决策效率并提高商业秘密的保密成本。分散则指党组织成员分散于各治理机构，融入公司治理各环节，各自实现党组织对企业的领导。此种方式虽可提高治理效率，但难以确保党员在各机构中的"多数地位"，难以保证党的领导权在具体事项中的体现。还有学者提出将党组织整体融入现存公司机关。例如，将党委融入监事会，同时赋予其类似德国法上的人事任免权、薪酬决定权和同意保留权，真正树立监事会作为监督机关的权威地位并使之获得对经营管理行为实施有效监督的称手工具。[1]由于缺乏顶层设计，单一国企也无法开展试点，到底采用何种方式推动党的领导与现代公司治理体系的融合最为合适并无现成答案。当理论上各执一词且无法得出结论时，最合理的方案应当是挑选不同的国企进行试点，以探索适合中国国企现状的融合方案。

而对于民营企业、外资企业等其他企业来说，目前暂时不宜用强制性的手段推动。由于内外因素的累加，中国的社会处于矛盾交织的复杂局面中，社会舆论往往会因为多种原因而对某项政策产生误读。尤其是带有公权力色彩的举措，一旦实施的方式出现问题，很容易引发社会大众的质疑乃至抵触情绪。在全球经济发展乏力，中国进入改革攻坚期的背景下，"民营企业离场论"等错误思潮时常泛起，其影响力不可小觑，对此，党和国家的最高领导层都曾直接驳斥。[2]因此，坚持党的领导更要注意方式方法，避免良好的政策目的在执行中取得反面效果。对于这些企业而言，党的领导虽然不是硬性的工作要求，但保持一种尊重和借鉴的态度对于自身的发展而言有利而无害。

对比目前各部门的职能安排，工商联较为适合在这些企业的反腐败合规机制建设和党的领导方面发挥重要作用。工商联作为党领导下，以民营企业和民营经济人士为主体的人民团体和商会组织，在促进非公有制经济健康发展和非公有制经济人士健康成长上起到了重要作用。作为民营企业的"娘家人"，各级工商联能够承担起企业和政府之间沟通协调的作用，而按照统战的基本原则，各地各行业主要的企业也往往在工商联中拥有一席之地。基于这样的便利条件，工商联可以寻找反腐败合规机制与党的领导相结合取得良好效果的典型，并在企业家群体中予以推广。非国有企业的负责人往往自主性更强，对某项制度也往往采取实用主义的态度，如果二者的结合确能帮助企业获得正向效益，那么其他企业也自然有动力效仿。工商联在这个过程中一方面起到挖掘和宣传"样板间"的作用，将相关信息最大限度、最低成本地传递到各企业，另一方面也能为有需要的企业提供帮助。企业则相对应地自由作出选择，确有必要则可以尝试，如果尚处于观望阶段也完全可以。对于

---

〔1〕 杨大可：《论党组织与国企监督机制的融合》，载《当代法学》2020年第2期，第87~95页。

〔2〕 《习近平主持召开民营企业座谈会》，载中国政府网：http://www.gov.cn/xinwen/2018-11/01/content_ 5336540. htm，访问日期：2022年4月20日。

非国企而言，党的领导和反腐败合规机制这样的结合方式既尊重了企业的自主性，避免无谓政治风险，同时也能应需而行，发挥作用。

第二节　充分吸收源于本土实践的治理经验

反腐败合规或者更广义上的合规目前对中国企业来说都是新鲜的舶来品，即使几年内迅速在形式上做到普及，但完成本土化还需要一个过程。但是，这并不意味着中国在反腐败问题上缺乏经验。相反，无论是漫长的封建时代还是中国共产党领导下的革命、建设和改革时期，历代中国政府都在为腐败等治理问题的解决进行各种尝试，并总结出了丰富的实操经验。其中，巡视制度、监督执纪"四种形态"和"枫桥经验"等能为反腐败合规机制的实施提供重要的参考，有一些做法甚至可以直接使用。

一、巡视制度

在十八大以来的反腐败斗争中，巡视制度可谓发挥了巨大威力。作为"党之利器，国之利器"，巡视组的执纪行动犹如利剑出鞘，一次次斩断腐败犯罪的黑手，其动向往往会受到社会的高度关注。考察其历史渊源可知，新时期的巡视制度是中国共产党在吸收古代巡视制度精华的基础上，结合当前环境而创造出的长效机制，目的在于解决大规模治理下的监督失灵问题。对于所谓的监督失灵，瓦尔德纳的论述是："统治者经常征服广阔的区域，其范围太大以至于他们难以有效地进行管理。军队的直接统治只有在核心的地区才可能。官僚可以被分派到各地，但这也意味着分散了有限的政治资源。国家机构掌握的权力有限，这限制了它们迫使地方服从的能力。此外，由于组织因素限制了国家对分散的机构的监督能力，所以永远都存在着这样的危险，即军队和官僚机构的官员被地方社会吸纳、追求自身的利益，并且不再是有效的统治机构。"[1]以上的学术性表述如果用中国百姓流传多年的俗语概括就是"山高皇帝远"，中央对地方的问题或看不见，或管不着，或兼而有之。不独政府，一定规模以上的组织都会存在这种问题，现代大型企业也不例外。

---

〔1〕［美］戴维·瓦尔德纳：《国家构建与后发展》，刘娟凤、包刚升译，吉林出版集团有限责任公司2011年版，第25页。

管理学中经常提到的"大企业病"这一概念就有一些内容与监督失灵有关，[1]而失灵是引发腐败的重要诱因。

监督失灵有两个最常见的表现形态，第一是权威在向下传递过程中逐步流失，也就是俗话说的"县官不如现管"。正如前面几章中论述的中层岗位的重要性，对于一定规模的大企业普通员工来说，他们能接触到的最高领导也就是类似部门经理这样的中层领导，所谓的管理层乃至企业一把手对他们来说实在过于遥远，甚至只是作为一个个熟悉的名字而存在。但是，中层领导却能对其重大利益具有直接裁量权，甚至在去留问题上生杀予夺。因此，来自管理层的指令可能在层层的等级传递中逐渐弱化，刚性的制度约束也可能因丧失强制力而变得松动。尤其是某些人员抱团较为紧密的部门甚至可能形成水泼不进的独立王国，企业的整体利益在部门的利益面前往往会退居二线。在这种情况下，总部对下属部门的违法行为可能确不知情，往往要等到案情曝光以后才知晓，以至于处在被动的局面。例如，被很多学者认为是中国合规无罪抗辩第一案的"雀巢公司员工非法获取公民个人信息案"，从现有的案件材料来看，这个案件的根本原因可能就是雀巢（中国）有限公司西北区的领导层盲目追求业绩效益，违反了法律法规和公司的合规要求。雀巢公司不允许员工未经正当程序或未经公司批准而主动收集公民个人信息，也不允许为此向医务人员支付任何资金或者其他利益。[2]这些违法手段对于雀巢这样的超大型跨国企业而言能带来的收益极其有限，但是一旦案发，导致的刑事后果和商誉损失却非常严重，而对于西北区的部分领导来说，违法获取公民信息却能带来高额的业绩奖金，二者利益的不一致导致了犯罪的产生。虽然雀巢公司因为合规机制运行正常而获得无罪结果，但上级对下级的监督失灵却是客观存在的事实。

第二种失灵形态是委托-代理关系导致的信息差逐级增加。在权力系统中，多个下级部门常常因为共同利益而形成横向的联盟，并对置身于其中的官员实施庇护。作为代理人，下级官员在回应上级关切的时候并非以上级的利益为第一考虑，而是从自己和联盟的利益出发，在传递信息的过程中扭曲

---

〔1〕　参见张冠军：《国有企业集团发展中大企业病的管控模式研究》，对外经济贸易大学 2017 年硕士学位论文。

〔2〕　雀巢员工侵犯公民个人信息案，兰州市城关区人民法院〔2016〕甘 102 刑初 605 号刑事判决书。

真相。这种扭曲可以是夸大对自己有利的部分，也可以是隐匿对自己不利的部分。获得准确的信息是作出正确选择的前提，但委托人与代理人之间的信息不对称天然存在并随着相隔层次的增加而逐步增多。当代理人有意识地利用信息不对称为自己牟利时，腐败等违法行为也会随之产生。

以这个视角看待腐败，甚至可以认为腐败就是委托人与代理人之间信息不对称的结果。前面章节中引用的英国石油公司屡次发生重大安全事故，底层员工的声音无法传达到决策层就是这种情况的经典写照。

为了解决监督失灵的两种情况，作为权力授予者的决策层需要以一种方式"亲临"现场，重塑被扭曲的信息和权力格局，巡视制度也正是在这种情况下出现的。所谓巡视可以被理解为上层与基层共同合作打破中层对权力的不当把控。上层的优势在于掌握权力，基层的优势在于掌握信息，而上层派出代表一方面可挟上层之威，另一方面可集基层之意。通过一轮一轮的巡视活动，最终可以达到预防和及时处置违规乃至犯罪的效果。在这一点上，巡视制度对反腐败合规机制整体可以起到重要的参与作用。

经过多年的巡视实践探索，尤其是十八大以来密集的反腐工作总结，中国的巡视工作发展出了不同的类型。通过不同类型的巡视之间配合施用，能起到更为良好的效果。从行动主旨、行动策略和行动效果等维度，巡视可以分为常规、专项、复检、机动等四个类型。[1]

常规型巡视既是巡视工作的基础，也是所有工作的主要组成部分。根据每年的工作情况，上级部门要对下级单位开展例行巡视，巡视的方式多种多样，例如交叉巡视、异地巡视等。常规巡视总体来说更重视工作的全面性，当然也要突出重点，不能变成大水漫灌式的平均用力。专项巡视作为常规巡视的重要补充，是以上级重点关注的领域为对象的，例如基建施工领域。重点领域由于投入资源多，涉及利益面广，通常是腐败问题的高发地域，因此需要通过专项巡视予以强化。在企业反腐败问题上，如果企业有新的重大项目开工或者人事调整，就可能有必要启动专项巡视，既可以威慑潜在不当行为，也可以对普通员工起到警示作用，保持一种预防犯罪的气氛。复检型巡视是巡视制度在十八大以来的重要创新，其更通俗的名称即"回头看"，侧重

---

〔1〕 周光辉、陈玲玲：《巡视巡察：应对规模治理"失察难题"的长效机制》，载《行政论坛》2022年第1期，第5~16页。

于对上一次巡视中未能深入了解的地方进行深挖，发现之前未能发现的问题。这种巡视制度注重工作的韧性，对之前关注度较低或者问题比较严重的情况都较为适合。所谓病去如抽丝，即使用猛药进行整治也很难保证一次就彻底去除病根，因此反复多次的巡视就是制度基于逻辑的合理产物。第四种巡视类型可以被称为机动型，是四种形式中最灵活的一种。相比于之前的三种巡视，机动型的对象、内容和时间在之前均不予公开也不作限制，而是根据发现的问题线索开展巡查，以突击的方式掌握主动权，以最快速度发现问题的真相。

现行的巡视工作呈现多环节闭环相连的状态，其整体的运行逻辑与前几章论述的反腐败合规机制的逻辑非常近似，都是"发现问题—反馈移交—落实整改—检查效果"这样一个螺旋式上升的过程。其中所有的其他环节都是为了整改环节服务，目的都在于使得整改更加到位，即"做好后半篇文章"。通过发现问题和查处问责，巡视工作可以发挥完善相关制度的效果，在预防腐败、惩治腐败之后还要尽可能减少腐败复发。在实际的工作中，巡视组应当向被巡视的部门或者下级单位明确反馈意见，被巡视对象则要据此制定整改方案。这些内容要尽可能对组织内的其他成员公开，整改的结果也要接受复查复审。公开的目的在于使整改责任落实到人，避免大事化小、小事化无，同时保证整改的效果以维护巡视工作的严肃性。不能落实的意见即使再严厉也只能停留在书面，而不能落实本身将进一步扭曲权力结构。为此，巡视工作的成果评价不只是上级的事情，也要创造机会让基层的员工参与其中，以上下合力保证巡视效力。

二、"枫桥经验"

在新中国构建的法律制度中，以个体经验为基础并最终推广到全国的主要传统有两项，一项是以人为载体的"马锡五审判方式"，另一项就是以地点为载体的"枫桥经验"。"枫桥经验"因发源地为浙江省诸暨市的枫桥镇而得名，枫桥镇在社会主义教育运动中总结出了一系列有特点的经验，得到了毛泽东主席和党中央的肯定，并在全国范围内进行推广。毛主席将其归纳为"矛盾不上交，就地解决"，认为"你们不要忘记动员群众，群众工作做好了，可以减少反革命案件，减少刑事犯罪案件"。[1]随着时代发展，枫桥人民也不

---

〔1〕　赵义：《枫桥经验——中国农村治理样板》，浙江人民出版社 2008 年版，第 14 页。

断总结和发展"枫桥经验",并在改革开放新的历史条件下为探索基层治理新模式作出了重要尝试,得到了几代中央领导层的肯定和赞许。

"枫桥经验"不是固化的行为教条,其内涵直到现在仍在不断创新发展之中,可谓充满活力。"枫桥经验"的发展过程表明其根本并非在于整治对象,否则在"四类分子"不存在以后其就应当退出历史舞台了。其能保持生命力的核心是一种能不断适应新社会环境的方法论。改革开放以来,枫桥镇始终以"依靠群众化解社会矛盾"为主线发展有效机制,其创造的新内容包括"四前工作法"(组织建设走在工作前,预测工作走在预防前,预防工作走在调解前,调解工作走在激化前)、"四先四早"(预警在先、矛盾问题早消化;教育在先、重点对象早转化;控制在先,敏感时期早防范;工作在先,矛盾纠纷早处理)、"大调解"(党政领导、部门参与、上下联动、优势互补)和网格化管理(纵向上分镇、片、村三级,横向上分纠纷化解、土地管理、社会管理、社区警务、安全生产和应急管理六个内容)。[1]从这些内容中我们可以发现,依靠群众和化解矛盾是"枫桥经验"两个最本质的方法论,也是对反腐败合规机制最有借鉴意义的方法。

依靠群众的前提是尊重群众的主人翁地位,在制度设计上相信群众的智慧,在实际工作中发动群众的力量。"枫桥经验"的介绍材料中有一个与腐败相关的处理案例可以充分表明这一点。该案例的基本情况如下:枫桥地区某村的水泥路破损待修,村里拨款1000元作为维修经费,但负责的干部仅用820元便完成了任务。对于剩余的经费,这些干部则将其用于私人聚餐。群众得知后议论纷纷,最终几位村民代表共同要求村干部退款,村干部迫于压力退回了私用的经费。[2]个别村干部将修路剩余的公款用于吃喝是对集体资产的不当使用,本质上是对权力的滥用,属于本书所定义的腐败行为范畴。而这一笔费用数额不大,涉及的村干部也不止一人,实现了小群体内的利益均沾。如果只是依靠成型的正规监督体系,且不说小数额的费用支出是否能够引起关注,即使引起关注也可能因为利益共同体的相互包庇而不了了之。虽

---

〔1〕 吴锦良:《"枫桥经验"演进与基层治理创新》,载《浙江社会科学》2010年第7期,第43~49页。

〔2〕 参见该村学推"枫桥经验"的介绍材料:《完善"七个一"抓手,造就一方平安——岫山村深化"枫桥经验"总结》,转引自谌洪果:《"枫桥经验"与中国特色的法治生成模式》,载《法律科学(西北政法大学学报)》2009年第1期,第17~28页。

然小额的经费不当使用本身并未造成严重后果，但如果不能及时处理则会破坏良好风气，树立错误榜样，引发后续的连锁反应。

"枫桥经验"中发动人民群众的做法有效解决了这个问题。根据人需要维持自身积极评价的理论，行为人即便明知自己犯下了严重违规行为，也要寻找各种理由将其正当化，对于这种给自己带来轻微效益的违规行为则更是如此。作为一个团体之中的成员，如果因为一项仅能带来轻微收益的行为就遭到普遍性的否定评价，对绝大多数人来说都是得不偿失的，因此最合理的做法就是进行纠正或作出补偿，以继续维持内心积极的自我概念。而这种解决方法同样是以有形的方式塑造一种廉洁守法的合规文化，众人通过一致性的批判再一次明确了侵占集体利益这一行为的性质，也为其他人在今后再有此类活动作出了警示，这种声讨本身就体现了合规的内在要求。

"枫桥经验"的另一个核心方法论是化解矛盾。这个方法相比于其他处理方式，更加注重于实质性解决和不引起负面效果。基于程序的刚性处理从道理上说必然是正确的，但是一种柔性的处理方式则可能带来更好的后续效果。还是以上文的干部公款聚餐为例，六位村干部总共消费 180 元，虽然其行为性质严格来说是腐败，但是毕竟人均数额只有 30 元。对于这个较低数额的违规，如果要严格上纲上线进行处罚或许也能找到相关依据，但这样做是否能起到长久的良好效果就值得思考了。人是一种主观情绪多变复杂的生物，道德上善与恶的念头会在脑中交织出现并指导行为，奖励或惩罚的反馈会对其未来的行为产生影响。一般的团体不像军队或者监狱那般讲究绝对服从，应当给成员营造一种正直而宽松的氛围，而不是严苛甚至不近人情，这样才更有利于未来工作的开展。化解矛盾的要义在于让当事人和旁观者都认为事情的处理不仅合乎法理、道理，也合乎情理。在这一点上，华为公司的合规"冷威慑"也有类似的经验。华为的创始人任正非提出"坚持坦白从宽的处理原则。改过以后，要既往不咎，要给人一条出路"，"在打人的时候可以用鸡毛掸子，不一定用大棒打，但是坚持'打'不动摇……处分也要区分轻重程度，如果一定时间不再犯了，可以抹掉"[1]也正是基于一样的内在逻辑。值得注意的是，化解矛盾不是无原则、无底线的和稀泥，适用的对象也只是轻

---

[1]《华为的第三道防线：公司如何通过内审建立冷威慑？》，载搜狐网：https://www.sohu.com/a/503273548_ 121123736，访问日期：2022 年 4 月 20 日。

微的、非恶性的违规行为，如果行为严重违法甚至构成了犯罪，那也不能以化解矛盾为幌子阻碍正常的处理流程。

三、监督执纪"四种形态"

如果说"枫桥经验"是源自人民群众自发的一条经验总结，那么作为执政党检查监督机关的中共中央纪律检查委员会所提出的监督执纪"四种形态"就是基于自觉的工作方法。在"四种形态"提出后，各级党组织都进行了实践并取得了良好效果。所谓的监督执纪"四种形态"，最早在 2015 年时由任中央纪委书记的王岐山在福建省调研期间被提出。随后，在中央纪委六次全会的工作报告中，"四种形态"的提法被进一步概括为"让咬耳朵、扯袖子，红红脸、出出汗成为常态，党纪轻处分、组织调整成为大多数，重处分、重大职务调整的是少数，而严重违纪涉嫌违法立案审查的只能是极少数"。[1]对于反腐败合规机制来说，监督执纪的"四种形态"是一项值得深度参考借鉴的本土经验。

四种形态虽然已经被写入了权威的书面报告，但却依然以口语化的方式表述，其优点在于通俗易懂、便于传播，但生活场景化的表述也可能引起歧义。为了准确区分和界定这几种形态，每一种形态的具体含义还是有必要阐述清楚的。第一种形态包括"咬耳朵、扯袖子"和"红红脸、出出汗"，所指的都是同事间的相互批评、提醒和教育。其中"咬耳朵、扯袖子"是偏非正式的、程度较轻的提醒，而"红红脸、出出汗"则是指正式性的、程度较严厉的批评。第二种形态是"党纪轻处分、组织调整"，具体包括了警告、严重警告和程度较轻的职务调整。第三种形态是"重处分、重大职务调整"，包括留党察看、开除党籍和重大的职务调整。第四种形态是所谓的"双规"审查，如果调查出涉嫌犯罪的证据，就能通过纪法衔接程序移交司法机关处理。所谓的形态，其实也是实现全面从严治党这一目的的方式、手段或措施，四种形态从轻到重的力度对应着不同行为从轻到重的性质。

之所以大力推行监督执纪"四种形态"，正是为了解决过去监督执纪工作中存在的不足之处。有学者将其概括为执行的纪律越来越少，监督执纪的手

---

〔1〕《让监督执纪"四种形态"成为全面从严治党常态》，载新华网：http://www.xinhuanet.com/politics/2016-04/20/c_128914431.htm，访问日期：2022 年 4 月 20 日。

段越用越少。[1]前者是指本来全方位、多领域发挥作用的纪律在执行过程中大多都陷入沉睡，只有廉洁纪律和一些生活纪律在实际发挥作用。后者则是对违规党员的处置手段越来越单一，几乎仅剩下"双规"。这两重越来越少相叠加的效果就是小错没人管，直至变大错，所对应的主体身份要么是好同志，要么是阶下囚。显然，这种极化的处置既不利于防范违规行为，也是对培养这些党员的社会资源的浪费。除了极少数违规者，大多数党员尤其是干部从轻微违规到犯罪都会经历一个过程，有些的时间还相当漫长。如果在这个过程中纪检部门能够及时发现和处理，或许能停留在前几种形态所对应的阶段，避免到达无可挽回的最后一步。

监督执纪"四种形态"所蕴含的预防犯罪的原理与反腐败合规机制有高度的契合，其中最明显的有两点。第一是针对关键少数形成有效威慑。监督执纪的第一种形态即扯袖子、咬耳朵、红红脸和出出汗，所面向的虽然是全体党员，但着重还是针对掌握权力的领导。因为无论在任何一种文明所创造的组织形态里，上级对下级的批评都是不需要特别提示的，否则上下级的权威关系也将无从体现。同理，普通同事之间的批评或者提醒也不需要以制度甚至运动的方式鼓励。但无论是下级向上级提批评意见还是掌握权力的同级之间相互批评，都是比较困难的事情。正是在各种顾忌的影响下，批评与自我批评可能逐步异化为表扬与自我表扬，制造出彼此互不侵犯的一团和气。这种和气蕴含着对潜在违规行为的默许，对预防犯罪的目的显然非常不利。以制度和运动的方式鼓励组织成员之间的相互批评，不是为了引发某种恶性的内斗，因为批评一般不会导致正式的处置。采用这种柔性和缓的方式，使得组织内对掌握权力的少数个体创造一种预防违规的威压气氛，以起到一种有则改之无则加勉的效果。另外，即使是非正式的批评活动也是在提醒那些有严重违规但尚未被发现的犯罪者，他们的行为处在随时可能暴露的风险里。一旦逃避制裁的希望逐渐渺茫，及时停止犯罪并自首就成了一种获得宽宥的合理选项。在中纪委披露的多位落马贪官所写的忏悔录中，最常见的主观心理因素就是侥幸，几乎半数的贪官都是在侥幸心理逐渐扩大的情况下逐步陷入腐败泥潭的。之所以会产生侥幸心理，一方面是随着权力的扩大而出现越

---

[1]　任建明、吴国斌、杨梦婕：《监督执纪"四种形态"：内涵实质、关键要素及运用指南》，载《理论视野》2016 年第 6 期，第 45~49 页。

来越多的恭维奉承，另一方面就是缺乏组织监督和纪律约束。[1]

第二是防止执纪部门因放水养鱼而放任腐败行为。在科层制和考核制组成的组织环境中，任何部门都有可能为了完成本部门的考核任务或者最大化自身利益而实施不利于全体利益的事情。实施这些行为并非源于行为人的邪恶，而是源于制度设计的不当，认可这一点是设计制度的前提。例如，过去多年监督执纪中执纪部门采取的双规手段缺乏其他前置措施，导致好同志一瞬间滑落为阶下囚，这种情况当然不能简单地用执纪部门的惰性来解释。在缺乏前置性处理措施的情况下，如果不能双规那就是无功而返，这对于执纪部门本身也是难以接受的。而在以往的考核评价体系中，如果不办出重案、大案，似乎也无法彰显监督执纪人员的能力。在这种不甚恰当的机制下，执纪部门就自然而然地会形成放水养鱼的做法，一方面等事情发酵到证据确凿易得再介入可以避免徒劳，另一方面处理大案则更能体现办案能力。但从受益的角度看，组织整体的利益明显被损害，本来可能不用背负犯罪人身份的违规人员受到了更严厉的处置，而即使是执纪部门本身也并没有凭空产生额外的效益，因此这种制度设计显然不具有合理性。在新的四种形态之下，由轻到重的惩戒彼此衔接，实际上为监督执纪人员设置了新的工作考核方式。由于轻处分、组织调整是大多数，重处分和调整乃至双规都是少数，因此监督执纪人员的一部分工作就顺理成章地转化为了前者，放水养鱼的必要性也会相应下降。这种转变实际上是预防犯罪方式的本质变化，从犯罪结果产生后的处置到主动介入犯罪的生成过程，阻断严重犯罪结果的出现，体现了应对犯罪思路的重要进步。

第三节 充分考虑本土文化的影响

本书在前面一章的组织文化部分对合规文化和与之对应的不良文化的内涵进行了阐述，同时分析了文化因素对于腐败行为产生影响的原理。作为营利性组织，企业是存在于一个国家和地区环境内的个体，尽管有其独特性，但始终受到当地文化的影响。不同于政权更迭，某一个民族所孕育出的文化

---

[1] 《中纪委网站完整披露 22 名违纪违法者忏悔录》，载人民网：http://fanfu.people.com.cn/n1/2017/0405/c64371-29188402.html，访问日期：2022 年 4 月 20 日。

经历了漫长的过程，而其变化也不可能在朝夕之间完成。尤其是当一种文化观念进入了人群的潜意识之后会具备顽强的生命力，即使与现行的法律法规相冲突，也依然能发挥重要影响。在这些文化因素的影响之下，人的行为可能违反法律规定，包括腐败行为在内的犯罪就此而生成。作为一种预防犯罪的机制，企业的反腐败合规应当对所在地区的传统文化有深刻的理解与把握，一方面预判其中可能带来违规行为的风险，另一方面也要对重塑组织成员的某些观念、构建组织的合规文化起到帮助作用。

按照文化相对主义的观点，人类各民族的文化在价值上具有平等性，没有什么绝对的衡量标准能将其分为三六九等，我们也不能从某种文化本位出发随意贬低甚至否定另一种文化。但一些研究者通过对比观察发现，在某些文化中，腐败现象较之于其他文化更为普遍。[1]例如，缪尔达尔观察到广泛存在于南亚的"腐败民俗学"，即任何一个掌握权力的人都可能为了自己的利益、家庭的利益或自认为应当效忠的其他社会集团的利益来利用权力，而当腐败被认为是理所当然的时候，民众对腐败分子的愤恨便会转变为羡慕。[2]实际上，对于这种情况，合理的解释应当是类似"腐败民俗学"这样的特定文化现象与腐败关联密切，而不是南亚（或者其他某个地区）的文化整体上就是一种腐败文化。而如果与腐败关联密切的文化现象较多，就可能更容易滋生腐败。具体到中国的语境下，作为一个历史悠久且经历了漫长封建时代的国家，中国的确存在一些与腐败关系密切的本土文化传统，而在改革开放的经济大潮冲击下，这些传统也有了"与时俱进"的发展。当代中国的本土文化因素中，存在着类似圈子文化、特权文化和潜规则文化等与腐败密切相关的因素。为了更好地构建反腐败合规机制，我们应当对这些文化现象进行研究，并相对应地探索应对之道。

一、圈子文化

在与腐败密切相关的文化现象中，"圈子文化"是经常被提及的重要概念。在 2014 年召开的十八届中央纪律检查委员会第三次全体会议上，习近平

---

〔1〕 ［美］塞缪尔·P.亨廷顿：《变化社会中的政治秩序》，王冠华等译，沈宗美校，上海人民出版社 2008 年版，第 48 页。

〔2〕 ［瑞典］冈纳·缪尔达尔：《亚洲的戏剧——南亚国家贫困问题研究》，［美］塞思·金缩写，方福前译，商务印书馆 2015 年版，第 178~179 页。

总书记在分析腐败问题时指出部分干部信奉"圈子文化",[1]具体表现为热衷于拉关系、找门路,抱团结伙谋取私利。因此,党的十九大明确提出坚决防止和反对圈子文化。虽然圈子文化在中国的政治语境中已经是彻底的贬义词,但是"圈子"本身是中性概念,指的是因为特定原因而相关联的一群人。马克思曾说:"人是一切社会关系的总和",[2]如果一种社会关系就是串联一些人的圈子,那么每个人都生活在若干大小不同的圈子里。在传统中国,人际关系的重要性则更加突出,费孝通先生总结为"在中国乡土社会中,差序格局和社会圈的组织是比较重要的"。[3]正是各式各样的圈子孕育出了圈子文化,广义的圈子文化可以被视为生活在圈子中的人因为周边环境而形成的价值观、伦理道德、思维方式和行为方式等一切活动的总和。从马克思主义存在和意识的分析方式看,圈子是一种客观的社会存在,而圈子文化是在其基础上产生的社会意识,圈子能决定圈子文化的内容,圈子文化也能反作用于圈子。

广义的圈子文化有关系上亲疏有别、观念上尊崇人情、行为上彼此照应三个基本特征。

第一,圈子之所以能成为圈子是因为有一条区分不同对象的边界线,在线内的成员就是"自己人",而线外的就是"其他人"或者"外人"。无论划定这条线的标准是血缘、地缘还是其他什么,亲疏有别都是必然存在的特点。即使在圈子内部,不同的主体之间也还是存在关系的远近差异。这种亲疏差异存在的意义是为主体采取何种行为提供判断依据。费孝通先生对此概括为:"一定要问清了,对象是谁,和自己什么关系之后,才能决定拿出什么标准来。"[4]如果是圈子里的自己人,那么自然要尽可能优待关照,而对于外人则最多也就是照章办事。在这种人为制造的不平等中,受到圈子文化影响的人会更愿意亲近自己人而排斥圈外人。

第二,圈子文化尊崇人情,在很大程度上将权利义务关系构建在人情的基础上。能够生活在被称为圈子关系中的个体,彼此间通常都要经历一段超

---

〔1〕 《习近平反腐论述:有干部信奉拉帮结派"圈子文化"》,载中新网:https://www.chinanews.com.cn/gn/2014/09-29/6640413.shtml,访问日期:2022年4月20日。

〔2〕 《马克思恩格斯选集》(第1卷),人民出版社2012年版,第60页。

〔3〕 费孝通:《乡土中国》,人民出版社2008年版,第44页。

〔4〕 费孝通:《乡土中国》,人民出版社2008年版,第42页。

越一般社会成员关系的过程，进而产生亲情、友情、恩情等各种情感。这些情感本身是良善的，也不具有可谴责性，但会带来相应的权利义务关系。亲人、朋友、老乡、同事之间的亲密关系意味着彼此负有责任，即费孝通先生所说的"因情而有义……夫妇朋友乃至一切相与之人，莫不自然互有应尽之义"。[1]这种责任很难有明确的内容规定，也不像一般工作那样有清晰的考核标准，而是一种看似模糊，彼此间却心照不宣的东西。通过特定的话术体系，责任会上升到道德义务的范畴，履行责任即是道德上的正确行为，而不履行责任就要被谴责。例如，中国人常说的"人情"就是这样，亲密关系的人之间要时常走动来往，你送人情我就要还人情，人情之间要大致对等。如果没有遵守这样的规则，这个人就是"不近人情"，会遭到排斥甚至被圈子除名。

　　第三，圈子文化要求成员在行动中相互照应。彼此间的帮助和照应是圈子最基本的功能，也是圈子得以凝聚的动力，小到街坊邻居在红白喜事中送礼钱、搭把手，大到在入学、求职中给予帮助，都是照应的现实化表现。可能在一开始这些互助是一种自发的行为，但随着往来增多，逐渐约定俗成，某些要求会上升为圈子成员共同的价值观。例如，当圈子里的成员陷入困难时，其他人不能袖手旁观，而是应当尽力帮助其渡过难关，而这一次你帮助了我，下一次我自然也要帮助你。显然，这种帮助是超越一般社会关系的，否则也称不上要"还"的人情。正是在一次一次的互相帮助中，圈内的成员关系越来越紧密，情感联系越来越深厚。这个过程同样是一个筛选和淘汰的过程，如果不能满足彼此照应的要求，原本的圈子成员就会被逐渐边缘化，直至排除出圈。深受圈子文化影响的人在处理与他人的关系中会使用差序的标准，对自己人竭尽全力，而对陌生人则公事公办。

　　在公共服务无法覆盖到生活各方面的情况下，圈子的存在有天然合理性，盖因其填补了公共服务的空白，切实满足了个人生活的需求。但是，如果不加节制地扩大圈子在不同领域的存在，尤其是在分配社会资源的公共权力领域推行圈子文化，其后果将非常严重。例如，封建社会中长期存在的朋党现象，文艺作品中经常出现的"宫斗"现象都是圈子文化的产物。在现代的法治社会，圈子文化内在的缺陷项与破坏性愈发暴露，主要在于其对程序正义和公共道德的损害。上文所论述的"内外有别"的处理方法是对一般性规则

---

〔1〕　费孝通：《乡土中国》，人民出版社 2008 年版，第 72 页。

的破坏，给予圈子里的人员以优待在很多时候是公器私用的结果，本质上就是滥用权力的腐败行为，少数人获得利益需要社会大多数人来买单。如果放任圈子文化发展，越来越多的人想到的将不是按照程序解决问题，而是遇事即找熟人谋求超国民待遇，尽可能使得自己凌驾于规则之上，其对于法治的伤害性自然很大。同样，圈子文化对于构建公共道德也是有害无益，因为圈子推崇的"感情"是一种内生性的、封闭性的情感，对于非圈子的外人则是冷漠无关。因此，深受圈子文化影响的人很容易产生重私德、轻公德的想法，自己的行为只需要对圈子内的同伴负责，难免会忽视作为社会成员要承担的公共责任。

对于反腐败合规机制来说，圈子文化至少可能产生以下几种表现。第一是在人员选用中的党同伐异现象。圈子文化对选用人员的标准是任人唯亲，只考虑是否对自己忠诚，甚至希望提拔的人员是可以被豢养的家丁打手。而这个标准导致被选上的人员忠于选拔他的个人而非组织。这种风气影响下的人考虑的不是如何把本职工作做好，而是如何以投机的方式实现职业升迁。在他们看来，最重要的事情就是拉关系、找门路，此时看到这位领导有希望便要去"抱上大腿"，彼时看到另一位领导更有希望便可以毫不犹豫地改换门庭。第二是业务处理中的重私轻公现象。从大量曝光的案例可知，无论在哪个群体中，圈子文化的操作本质都是"公权+私利"，不太可能存在一边抱团一边大公无私的情况。圈子成员一方面竭尽可能为自己和所处小团体的成员谋取利益，另一方面对大集体的利益缺乏必要关心。第三是生活习惯中的奢靡享乐现象。从各种公开的案例看来，为了维系圈子的牢固，圈子里的成员需要通过特定的仪式来增进感情，这就滋生出了各种花样繁多的活动。这些活动一般都是带来肉体愉悦的享乐活动，例如饭局、牌局、高尔夫等，圈子成员既享受了快乐也增进了感情。当切实体验到谋取超额利益的好处后，圈子成员就更有动力重复之前的活动，腐败程度也自然会逐渐加深。当然，这两个现象本身也存在程度的差异，更不能简单将这两种现象的存在和腐败直接画等号。参考第五章中阐述的"红灯"预警原理，合规部门在发现这些迹象后应当加以重点关注，并将之与可疑人员工作中的不合理之处密切关联，发现潜藏的腐败问题。

二、特权文化

在中纪委十八届二次全会中，习近平总书记曾指出："反腐倡廉建设，必须反对特权思想、特权现象。"[1]所谓的特权，字面含义为特殊的权力，实际是指一种少数掌握政治、经济等资源的社会主体剥削和压迫大多数主体的特殊权力。自阶级社会以来，无论是封建社会还是资本主义社会都有特权的长期存在。虽然中国的封建制度早已不复存在，但是数千年的制度惯性所形成的特权文化仍有顽固的生命力，这种文化所包含的思想和现象也在当前社会中广泛存在。少数人之所以要行使所谓特殊的权力，实际上是为了谋求特殊的利益，行使特权必然导致腐败。如果一个组织内的特权问题不能得到有效遏制，掌权者的私欲就会在特权的帮助下无度扩张。这就会损害组织内部基本的公平正义，破坏组织成员之间的关系，最后侵蚀整个组织的生存根基。中西文明中的各个团体的败亡教训告诉我们，对特权的治理不力都占据重要的地位。因此，新中国的最高决策层在意识形态领域始终坚定地反对特权。习近平总书记曾说："在我们的国家中，人们只有分工的不同，没有尊卑贵贱的分别。谁也不是低人一等的奴隶或高人一等的贵族。那种认为自己的权力可以不受任何限制的思想，就是腐朽的封建特权思想，这种思想必须受到批判和纠正。"[2]既然腐败是特权的必然结果，作为现代社会中的主要组织形式，企业对特权问题应当具有高度警惕。特权文化与圈子文化有密切的联系，但本质上还有所不同。圈子成员之间依靠密切的关系互相帮助，获取不当利益总的来说还是一种间接手段，但依靠特权获得非法权益显然更直接。

虽然特权问题并非中国独有，但当今中国弥漫的一种特权文化却尤其具有破坏性。一方面，这种特权文化继承了来自封建等级制所形成的文化糟粕，如官本位、皇权至上等。另一方面，特权文化又吸收了资本主义所蕴含的利益至上和消费主义等内涵。二者结合造就的文化体的影响范围上至少数社会精英，下至广大普通社会成员的思维和行为。

费孝通先生在《乡土中国》中开启了对"差序格局"问题的探讨，[3]其实更为通俗的说法就是"贵贱有别"。传统中国的权力格局是围绕君主专制展开的，皇权在伦理上占据至高无上的权威地位，在资源分配上占据绝对的主导权力，也享受着最高级的特权。少数皇亲贵族和高级官员根据血缘或功绩

〔1〕　习近平：《习近平谈治国理政》，外文出版社 2014 年版，第 388 页。

〔2〕　中共中央文献研究室编：《十八大以来重要文献选编》（上），中央文献出版社 2014 年版，第 137 页。

〔3〕　阎云翔：《差序格局与中国文化的等级观》，载《社会学研究》2006 年第 4 期，第 201~213 页。

围绕在皇帝身边，离其愈近便可获得愈大的特权，反之则蒙恩愈薄，权限愈小。然后，再以这些达官勋贵为核心，基于血缘、师徒等关系形成新的差序格局。中国社会的差序格局是由法律明确规定的，例如特权阶层可以享受免于纳税、徭役和兵役的权利。在具体的案件尤其是刑事案件中，中国更是一直推行"良贱异制"，特权阶层可以凭借自己的功劳折抵罪过，"礼不下庶人，刑不上大夫"的传统更是在司法程序上人为区分了特权阶层和一般百姓。为了维系这种特权体系，中国逐渐发展出科举制度等阶层流动方式，允许一般百姓通过考试等形式向上流动成为特权阶层的一员。故而，在中国的文化观念中对特权一直缺乏根本性的广泛批判，取而代之的是鼓励个体通过科举考试等手段成为特权阶层的一分子，然后带领家族共同享受特权带来的福利。所谓的特权文化，或者官本位制度在中国人的谚语中比比皆是，"朝为田舍郎，暮登天子堂"描述了普通人如何通过努力成为特权阶层的一员，成为官员后便迫不及待"一朝权在手，便把令来行"，而"三年清知府，十万雪花银"则充分展现了掌握权力给自己和家人带来的切实好处。

资本浪潮席卷全球的时代到来后，财富获得了比以往更高的地位。默顿认为，美国社会将金钱作为判定一个人是否成功的标准。因此财富在本质属性之上还增添了一重道德的权威，能获得金钱并不只是能力的表现，还是一种全方位的优越性。[1]这种资本的力量塑造的新梦想也成了新的特权文化的组成部分，即拥有金钱的人才是成功，才具有生命的意义，而对金钱的获取是无止境、无限度的。当这种成功没有终点，也就意味着通过特权为自己攫取更多利益的过程不会在外力到来之前停下。这种观念与传统特权观念相结合的结果就是一种自洽的逻辑闭环：利用特权—获得金钱—实现成功—维持特权。特权文化也正是基于这样的逻辑弥散开来。

现代社会得以运行的基本逻辑是法律面前人人平等，而这恰恰是特权文化最反对的特质。无论是面对利益的分配权优势，还是犯下过错后的减轻责任，特权文化始终坚持一部分人比另一部分人更优越，鉴于法规则是面向所有人的，特权人士自然也凌驾于规则之上。具体到本书研究的企业反腐败合规机制，如果企业中有一小部分人是"规"所无法管束的，那合规制度无论设计得多么健全都有根本缺陷。当有人能凌驾于规则之上，那其总会凭借着

---

〔1〕〔美〕罗伯特·K.默顿：《社会理论和社会结构》，唐少杰等译，译林出版社 2006 年版。

反腐败禁区的地位变成培育腐败的沃土。如果企业要想做好反腐败合规机制，就必须取缔（而非减少）特权阶层。在这一点上，阿里巴巴和华为作为中国企业的代表都有深刻的认识。纪检部门曾评价阿里巴巴："除了精准把握市场需求，善于不断创新之外，高度重视清廉建设也是其重要秘诀。"[1] 阿里巴巴的廉政合规部是反腐败合规的主要负责部门，在部门发展过程中有这样一则轶事。马云在将蒋芳任命为部门负责人时曾说："蒋芳可以调查任何阿里员工，除了自己之外。"蒋芳闻言沉默良久，始终未答应。马云明白她的意思后将表述改为："蒋芳可以调查任何阿里员工，包括我自己。"[2] 虽只是一人之差，却是对特权的根本否定，反腐败合规机制也只有在无禁区的条件下才能顺利运行。否则只要有一人能有免于调查的特权，也就事实上宣告组织内诞生了新的"帝王"，围绕着这个人的差序格局也会自然形成。当潜在的腐败分子可以举着"和尚摸得，我摸不得"和"皇亲国戚"的大旗向合规制度一次次发起冲击的时候，反腐败合规机制的失效也只是早晚的问题。

此外，企业的财务制度和问责制度也要摒弃特权阶层的存在。作为中国科技企业的代表，华为集团在反腐败合规上一直走在前列，这与创始人任正非本人严格遵守企业规章有密切的关系。媒体曾披露过两件事：第一件事是任正非因为不慎超额报销洗衣费而被处罚，还被勒令写检讨。第二件事是华为规定员工不允许坐飞机头等舱，否则多出费用不予报销，而即使任正非已年届七十，且因公前往世界各地开会也不能例外，如果要乘坐头等舱则需要自行补差价。同时，华为公司规定病员出差才允许陪同，其他人的陪同人员机票需由陪同者自行承担。任正非被拍摄到孤身一人等候出租车也正是对这一规定的执行。[3] 这两则事例涉及的费用都不高但却具有典型性，当企业创始人本人自觉地把自己和其他所有人一样置于规则的管束之下时，规则才能获得最大的生命力，才能对潜在的违规行为具有强大的威慑力，而合规部门的人员在开展工作时也才能少去麻烦。因此，反对特权文化，培育合规文化，

---

〔1〕《阿里巴巴：坚持公司诚信文化 打造廉正合规体系》，载浙江省纪委监委官网：http://www.zjsjw.gov.cn/yixiankuaixun/201811/t20181114_2609744.shtml，访问日期：2022年4月20日。

〔2〕《失去合伙人身份，职务未变，蒋凡在阿里地位会动摇吗？》，载新京报网站：https://www.bjnews.com.cn/finance/2020/04/27/721791.html，访问日期：2022年4月20日。

〔3〕《任正非曾因洗衣报销写检讨！坐头等舱得自己掏钱，吃饭喜欢给小费》，载新浪财经：https://baijiahao.baidu.com/s?id=1646930314284819338&wfr=spider&for=pc，访问日期：2022年4月20日。

都应当从最高层开始，从每一件具体的小事做起。只有在长久的影响之下，深入大众文化层面的特权观念才能逐渐从组织的文化生态中被清除出去。

三、潜规则文化

另一种颇具中国特色且与腐败问题密切相关的文化现象是潜规则。"潜规则"一词并非古已有之，而是学者吴思在 21 世纪初发表了一系列研究中国历史的成果后才广为人知的。吴思使用潜规则一词的本意是描述中国古代官场中的现象，即行为本身经常与官吏宣称遵循的那些原则相去甚远。实际上支配官员行为的利害关系所形成的潜在规矩，虽然没有明文规定，但对处于其中的每个人都有约束力，吴思称之为潜规则。[1]使用潜规则一词的本意是抨击中国官场长期存在的言行不一现象，即表面上将高尚的道德信条崇奉为行为准则，实际上以损公谋私作为攫取利益的手段。但由于中国社会多年来积累的矛盾，社会大众将自己所感受的种种不公不义现象都纳入了潜规则的描述范围，潜规则一词不仅在民间取得了普遍性的传播，甚至成了官方话语体系中对特定问题的表述用词。例如，习近平总书记也曾在反腐问题上使用潜规则一词。他说："这些潜规则看起来无影无踪，却又无处不在，听起来悖情悖理，却可畅通无阻，成为腐蚀党员和干部、败坏党的风气的沉疴毒瘤。"[2]对于这个难以在短时间内消除又危害较大的文化现象，我们有必要对其成因进行探索，并在企业反腐败合规机制中加以考虑。

周雪光等学者认为："宽泛意义上的规则由调节个体行为以及个体之间互动行为明确或隐含的标准、规章和预期所构成。"[3]客观说来，潜规则并不是中国的独有现象，任何时期或者文明都有难以摆上台面上却行之有效的社会行为规则，但是潜规则发展到蔚然成风却不是普遍现象。因此，我们不能简单地将潜规则的成因概括为人的自私逐利天性。同样，我们也不能将潜规则的有效等同于显规则的失效。对于一种制度或现象来说，存在本身不是天经地义的事情，一旦对人类社会失去了价值，其消亡的速度非常之快。如果简

---

〔1〕 吴思：《潜规则：中国历史中的真实游戏》，云南人民出版社 2001 年版，第 2 页。

〔2〕 《习近平：潜规则是腐蚀党员干部、败坏党风的沉疴毒瘤》，载人民网：http://cpc. people. com. cn/xuexi/n/2015/0120/c385475-26414068. html，访问日期：2022 年 4 月 20 日。

〔3〕 [美]詹姆斯·马奇、马丁·舒尔茨、周雪光：《规则的动态演变——成文组织规则的变化》，上海人民出版社 2005 年版，第 5 页。

单地认为潜规则的盛行源自显规则的无效，那既无法解释两种规则为什么能在漫长的时间中共存，更无法解释为什么潜规则始终见不得光也难以转正。毕竟，取而代之能够进一步增强有效性，对使用主体来说是正向收益增加的事情。更进一步说，我们也难以把潜规则说成是某些特定混乱时期的病态现象。吴晗先生曾经评论中国历史："上下几千年，细读历史，政简刑清，官吏廉洁，生民乐业的时代简直是有如黄钟大吕之音，少得可怜。"[1]可见，潜规则长期存在于中国历史之中，即便繁如盛唐两宋也并不缺席。我们当然可以将封建历史斥为病态黑暗，并把潜规则解释为大黑暗中的小黑暗，但是这种全盘否定的做法无论是对于理解历史还是对于指导当下都缺乏意义。

相比之下，有的学者从传统中国的秩序实践出发对潜规则的成因进行解释更符合历史的真实。他认为，中国传统社会的"秩序"有三个基本特点，分别是以等级差序的存在而不是成员的权利平等作为秩序建立的前提；遵循从内而外的秩序建立方式，即匡正与维持秩序始于人心收拢与修养在秩序的正当性保证上；遵循动机优于程序的观点，如果行为满足实质正义的要求，就不必追究程序正当与否而作出决断。[2]正是在这种社会框架内，绝大多数个体对社会规则的态度既不是全盘接受甘做螺丝钉，也不是嗤之以鼻完全否定，而是采取了折中式的实用主义。这种实用主义的表现在于，个体认可已经存在的规则具有权威性，但是在规则内想方设法表达自己的意愿。其表达的方式不是通过某种程序修改规则本身，而是让自己的行为看起来不违反规则，哪怕实质上与规则追求的价值完全背离。中国人认为"变通"是一种高级的处世智慧，潜规则可以被解释为变通的一种。多年以来，公认的价值与行为的变通相结合，共同维系了中国所谓的超稳定结构。既然是变通，潜规则本质上便并没有确定的形态，这种模糊性也正是其存在的基础。个体之间通过潜规则事实上达成一种契约，这种契约没有任何的成文法或者公开程序能保障其效力，完全依赖双方的共识。共识存在，潜规则即能畅行无阻，一旦共识消失，潜规则便会隐匿无踪。潜规则的这种特性也为应对策略提供了基本的思路。

应对策略的一个基本思路是防止行为规则和实际利益的偏差过大。潜规

---

〔1〕　吴晗：《论说谎政治》，知识出版社 1999 年版，第 4 页。
〔2〕　吕小康：《社会转型与秩序变革：潜规则盛行的社会学阐释》，南开大学 2009 年博士学位论文。

则诞生的重要前提是组织秩序对成员权利关照不够，导致成员严守规则的结果是自己的利益受损。好人没好报的逻辑结果自然是好人越来越少，因此在采取其他措施之前，企业应当考虑一下利益分配机制是否具有公平性和激励性。对此，一位资深的合规从业者 Y 在与笔者的交流中也表达了类似的观点。他认为："企业反内部舞弊，反贪污贿赂，不可能单靠一些条文约束，相关的因素太多了。一个能力强的业务经理，在你企业干了十年，工资涨得慢，级别上不去，他要么跳槽，要么舞弊，你设什么条款都不好使。你还指望找一帮外人给他框住了，他太清楚业务了，好啊，有的是办法弄钱。实在不行是吧，我给你搅和搅和，把事情给你搅和黄了，我不拿钱，你企业可是损失大了，那这叫什么，渎职啊。渎职带来的问题是不是一样非常严重啊，甚至可能更严重。什么叫好的公司文化，是员工在公司里有希望，和公司一起成长。他们为了公司，想要公司好好地发展，积极配合制度，好好执行制度，那么人和制度达到一个有机的融合。"诚然，在一个人与制度彼此对立甚至矛盾的企业内，规则本身已经作为阻碍员工获得利益的存在，如果员工既不打算离职也不甘愿忍受，合乎逻辑的行为自然是在形式合理的框架内为自己牟利。那样无论反腐败合规机制如何设计运行，腐败的潜规则恐怕都无法杜绝。

另一个基本思路则是化潜为显，尽可能使程序与价值观统一。习近平总书记在解决潜规则问题时表示："立明规则，破潜规则，必须在党内形成弘扬正气的大气候。大气候不形成，小气候自然就会成气候。"[1]对于企业来说，弘扬正气不是单靠口号标语能体现出来的，尤其是在涉及员工薪酬、升迁等问题时，采取什么价值导向的标准是塑造文化的关键。例如，任正非在对解决 IT 流程的风控问题中曾有这样的内部发言："有人在命令高级干部看无效视频，以撑大流量，这种人就是拍马屁的，一律免职。"[2]如果华为贯彻了这种选拔的标准，那对内部可能存在的唯上是从的潜规则就是明显的打击。潜规则的生命力与背离显规则获得的利益呈正相关，当企业能把这种利益控制在较低的范畴之内时，潜规则文化的泛滥也将很难出现。

---

〔1〕《习近平从严治党：明规则替换潜规则 青年党员有干劲》，载人民网：http://politics. people. com. cn/n1/2016/0522/c1001-28369287. html，访问日期：2022 年 4 月 20 日。
〔2〕《任正非：金融危机可能即将到来 IT 不能遍地开花》，载蓝鲸财经：https://www. lanjinger. com/d/25915，访问日期：2022 年 4 月 20 日。

一、中文参考文献

（一）书籍

[1] 陈瑞华：《企业合规基本理论》，法律出版社 2020 年版。

[2]〔日〕大谷实：《刑事政策学》，黎宏译，法律出版社 2000 年版。

[3]〔美〕戴维·瓦尔德纳：《国家构建与后发展》，刘娟凤、包刚升译，吉林出版集团有限责任公司 2011 年版。

[4]〔意〕恩里科·菲利：《犯罪社会学》，郭建安译，中国人民公安大学出版社 1990 年版。

[5]〔德〕弗兰茨·冯·李斯特：《德国刑法教科书》，徐久生译，法律出版社 2000 年版。

[6] 费孝通：《乡土中国》，人民出版社 2008 年版。

[7] 何秉松：《刑事政策学》，群众出版社 2002 年版。

[8]〔德〕克劳斯·罗克辛：《刑事政策与刑法体系》，蔡桂生译，中国人民大学出版社 2011 年版。

[9] 李淑梅：《中西文化比较》，苏州大学出版社 2016 年版。

[10]〔美〕默顿：《社会理论和社会结构》，唐少杰、齐心译，译林出版社 2006 年版。

[11]〔法〕米海依尔·戴尔玛斯·马蒂：《刑事政策的主要体系》，卢建平译，法律出版社 2000 年版。

[12]〔德〕马克思、恩格斯：《马克思恩格斯选集》（第 4 卷），人民出版社 1995 年版。

[13]〔德〕马克斯·韦伯：《经济与社会》（上卷），林荣远译，商务印书馆 1997 年版。

[14] 钱穆：《中国历代政治得失》，生活·读书·新知三联书店 2001 年版。

[15]〔意〕切萨雷·龙勃罗梭：《犯罪人论》，黄风译，中国法制出版社 2000 年版。

[16]〔瑞〕冈纳·缪尔达尔：《亚洲的戏剧——南亚国家贫困问题研究》，商务印书馆 2015 年版。

［17］［美］莎拉·弗莱尔：《解密 Instagram：一款拍照软件如何改变社交》，中信出版社 2020 年版。

［18］《深入学习十九届中央纪委三次全会精神》，人民出版社 2019 年版。

［19］［意］萨托利：《政党与政党体制》，住明进译，商务印书馆 2006 年版。

［20］［美］塞缪尔·亨廷顿：《变化社会中的政治秩序》，上海世纪出版集团 2016 年版。

［21］《十八大以来重要文献选编》（上），中央文献出版社 2014 年版。

［22］吴晗：《论说谎政治》，知识出版社 1999 年版。

［23］吴思：《潜规则》，云南人民出版社 2001 年版。

［24］习近平：《之江新语》，浙江人民出版社 2007 年版。

［25］习近平：《在庆祝全国人民代表大会成立 60 周年大会上的讲话》，人民出版社 2014 年版。

［26］习近平：《习近平谈治国理政》（第 3 卷），外文出版社 2020 年版。

［27］［美］约翰·卡雷鲁：《坏血》，北京联合出版公司 2019 年年版。

［28］《中共中央关于全面推进依法治国若干重大问题的决定》，人民出版社 2014 年版。

［29］《中共中央关于坚持和完善中国特色社会主义制度、推进国家治理体系和治理能力现代化若干重大问题的决定》，人民出版社 2019 年版。

［30］周家明：《乡村治理中村规民约的作用机制研究——基于非正式制度的视角》，重庆大学出版社 2016 年版。

［31］周雪光：《规则的动态演变》，上海人民出版社 2005 年版。

［32］赵义：《枫桥经验——中国农村治理样板》，浙江人民出版社 2008 年版。

［33］张远煌：《犯罪学》（第 4 版），中国人民大学出版社 2020 年版。

［34］张远煌、吴宗宪：《犯罪学专题研究》，北京师范大学出版社 2011 年版。

（二）期刊论文

［1］陈瑞华：《安然和安达信事件》，载《中国律师》2020 年第 4 期。

［2］冯宗智：《狼性文化是柄"双刃剑"》，载《企业文化》2007 年第 7 期。

［3］季天琴：《广东振戎黑洞》，载《财新周刊》2018 年第 42 期。

［4］李本灿：《企业视角下的合规计划建构方法》，载《法学杂志》2020 年第 7 期。

［5］李燕凌、吴松江、胡扬名：《我国近年来反腐败问题研究综述》，载《中国行政管理》2011 年第 11 期。

［6］任建明：《监督执纪"四种形态"：内涵实质、关键要素及运用指南》，载《理论视野》2016 年第 6 期。

［7］吴红毓然：《包商、锦州与恒丰：处置问题银行探路》，载《财新周刊》2019 年第 32 期。

［8］吴锦良：《'枫桥经验'演进与基层治理创新》，载《浙江社会科学》2010 年第 7 期。

［9］王若磊：《论监察体制的制度逻辑》，载《法学评论》2021 年第 4 期。

［10］谢海涛：《赵衡内的房产帝国》，载《财新周刊》2015 年第 20 期。

［11］习近平：《毫不动摇坚持和加强党的全面领导》，载《求是》2021 年第 18 期。

［12］俞可平：《衡量国家治理体系现代化的基本标准——关于推进"国家治理体系和治理能力的现代化"的思考》，载《党政干部参考》2014 年第 1 期。

［13］阎云翔：《差序格局与中国文化的等级观》，载《社会学研究》2006 年第 4 期。

［14］泽登俊雄、冯筠：《新社会防卫论》，载《环球法律评论》1987 年第 3 期。

［15］周光辉、陈玲玲：《巡视巡察：应对规模治理"失察难题"的长效机制》，载《行政论坛》2022 年第 1 期。

（三）中文研究报告

［1］北京师范大学中国企业家犯罪预防研究中心：《企业家腐败犯罪报告》。

［2］北京师范大学中国企业家犯罪预防研究中心：《2017 年中国企业家犯罪分析报告》。

［3］北京师范大学中国企业家犯罪预防研究中心：《2016 年中国企业家犯罪分析报告》。

［4］北京师范大学中国企业家犯罪预防研究中心：《2015 年中国企业家犯罪分析报告》。

（四）学位论文

［1］龚红卫：《民营企业腐败犯罪合作预防模式研究》，北京师范大学 2019 年博士学位论文。

［2］李本灿：《企业犯罪预防中的合规计划研究》，南京大学 2015 年博士学位论文。

［3］吕小康：《社会转型与秩序变革：潜规则盛行的社会学阐释》，南开大学 2009 年博士学位论文。

［4］万方：《非公企业反腐败合规问题研究》，北京师范大学 2018 年博士学位论文。

［5］张冠军：《国有企业集团发展中大企业病的管控模式研究》，对外经济贸易大学 2017 年博士学位论文。

（五）其他论文

［1］杜洋：《检察机关联合多部门引导企业完善合规机制》，载《法治日报》2021 年 1 月 28 日。

［2］习近平：《在民营企业座谈会上的讲话》，载《人民日报》2020 年 7 月 21 日。

［3］习近平：《在民营企业座谈会上的讲话》，载《人民日报》2020 年 7 月 21 日。

［4］习近平：《在第十八届中央纪律检查委员会第六次全体会议上的讲话》，载《人民日报》2016 年 5 月 3 日。

［5］《药企商业贿赂违法成本大增》，载《经济参考报》2020 年 7 月 1 日。

（六）网络文献

［1］《阿里巴巴：坚持公司诚信文化 打造廉正合规体系》，载浙江省纪委监委官网：

http://www.zjsjw.gov.cn/yixiankuaixun/201811/t20181114_2609744.shtml.

[2]《步长制药再涉行贿案，5年来第8起，销售费用上半年超35亿》，载新京报网站：https://baijiahao.baidu.com/s？id=1677984499650481741&wfr=spider&for=pc.

[3]《包远忠：赤胆忠心唱黑脸》，载中央纪委国家监委网站：https://www.ccdi.gov.cn/special/jjjc_yxgb/ttxw_yxgb/201805/t20180510_171674.html.

[4]《郝存喜：善啃"硬骨头"会做"柔文章"》，载中央纪委国家监委网站：https://www.ccdi.gov.cn/special/jjjc_yxgb/ttxw_yxgb/201805/t20180528_172671.html.

[5]《华为的第三道防线：公司如何通过内审建立冷威慑？》，载搜狐网：https://www.sohu.com/a/503273548_121123736.

[6]《互联网反腐，愈演愈烈》，载虎嗅网：https://www.huxiu.com/article/411608html。

[7]《康美药业原董事长马兴田被判处有期徒刑12年》，载澎湃新闻：https://m.thepaper.cn/baijiahao_15442969.

[8]《康美药业四年五次行贿官员，行贿金超700万》，载凤凰网：https://finance.ifeng.com/c/7lba4lN0H6M.

[9]《内部举报制度 规章｜日本贵弥功株式会社》，载企业官网：https://www.chemi-con.co.jp/cn/company/sustainability/governance/compliance/whistleblowinghtml.

[10]《让监督执纪"四种形态"成为全面从严治党常态》，载新华：http://www.xinhuanet.com/politics/2016-04/20/c_128914431htm.

[11]《任正非曾因洗衣报销写检讨！坐头等舱得自己掏钱，吃饭喜欢给小费》，载新浪财经：https://baijiahao.baidu.com/s？id=1646930314284819338&wfr=spider&for=pc.

[12]《任正非：金融危机可能即将到来 IT 不能遍地开花》，载蓝鲸财经：https://www.lanjinger.com/d/25915.

[13]《失去合伙人身份，职务未变，蒋凡在阿里地位会动摇吗？》，载新京报网站：https://www.bjnews.com.cn/finance/2020/04/27/721791.html.

[14]《习近平希望国有企业这样做》，载新华网：http://news.cri.cn/uc-eco/20170324/2deffd14-18df-20af-4aaa-20b733061f5f.html.

[15]《习近平反腐论述：有干部信奉拉帮结派"圈子文化"》，载中新网：https://www.chinanews.com.cn/gn/2014/09-29/6640413.shtml.

[16]《习近平：潜规则是腐蚀党员干部、败坏党风的沉疴毒瘤》，载人民网：http://cpc.people.com.cn/xuexi/n/2015/0120/c385475-26414068.html.

[17]《习近平从严治党：明规则替换潜规则 青年党员有干劲》，载人民网：http://politics.people.com.cn/n1/2016/0522/c1001-28369287.html.

[18]《习近平主持召开民营企业座谈会》，载中国政府网：http://www.gov.cn/xinwen/2018-11/01/content_5336540.htm.

［19］《英国调查"黑金"，沙特威胁断交》，载央视网：http://news. cctv. com/world/2006
1120/100181. shtml.

［20］《最高检发布企业合规改革试点典型案例》，载中华人民共和国最高人民检察院官
网：https://www. spp. gov. cn/spp/xwfbh/wsfbh/202106/t20210603_ 520232. shtml.

［21］《最高检将推动反腐败国家立法，形成不敢腐不能腐不想腐机制》，载澎湃新闻网：
https://www. thepaper. cn/newsDetail_ forward_ 1304959.

［22］《证监会要闻证监会对康美药业作出处罚及禁入决定》，载中国证监会官网：https://
www. csrc. gov. cn/csrc/c100028/c1000782/content. shtml.

［23］《准确把握纪检监察机关职责定位》，载中国纪检监察杂志网站：http://zgjjjc. ccdi.
gov. cn/bqml/bqxx/201907/t20190730_ 198031. html.

［24］《中国商飞公司：整改大量拆分合同，规避"三重一大"审批程序问题》，载中央纪
委监察部网站：http://m. ccdi. gov. cn/content/65/f4/8079. html.

［25］《中央纪委国家监委会同有关单位联合印发〈关于进一步推进受贿行贿一起查的意
见〉》，载新华网：https://www. ccdi. gov. cn/toutiao/202109/t20210908_ 249687_
m. html.

［26］《中纪委网站完整披露 22 名违纪违法者忏悔录》，载人民网：http://fanfu. people. com.
cn/n1/2017/0405/c64371-29188402. html.

二、外文参考文献

（一）书籍

［1］Ancel，Marc，*Social defense：A modern approach to criminal problems. Vol.* 199，Psychology
Press，1998.

［2］Brodowski，Dominik，Klaus Tiedemann，and Joachim Vogel，eds，*Regulating corpo-rate*
criminal liability，Springer International Publishing，2014.

［3］Bullock，Karen，Ronald Victor Germuseus Clarke and Nick Tilley，eds，. *Situational preven-*
tion of organised crimes，Taylor & Francis，2010.

［4］Bussell & J，. *Greed，Corruption，and the Modern State Essays in Political Economy*，London：
Edward Elgar，2015.

［5］Esbenshade，Jill Louise，*Monitoring sweatshops：Workers，consumers，and the global apparel*
industry，Temple University Press，2004.

［6］Ewing，Jack，*Faster，higher，farther：The inside story of the Volkswagen scandal*，. Random
House，2017.

［7］Felson，Marcus，and Rachel L. Boba，eds，*Crime and everyday life*，Sage，2010.

［8］Friedrich, Carl Joachim, *The Pathology of Politics*: *violence*, *betrayal*, *corruption*, *secrecy*, *and propaganda*, New York: Harper & Row, 1972.

［9］Fountain, Lynn, *Ethics and the Internal Auditor's Political Dilemma*: *Tools and Techniques to Evaluate a Company's Ethical Culture*, Auerbach Publications, 2016. .

［10］Geertz, Clifford, *The interpretation of cultures. Vol.* 5019, Basic books, 1973.

［11］Gottschalk, Petter, and Lars Gunnesdal, *White-collar crime in the shadow economy*: *Lack of detection*, *investigation and conviction compared to social security fraud*, Springer Nature, 2018.

［12］Graycar, Adam, and Tim Prenzler, *Understanding and preventing corruption*, Springer, 2013.

［13］Heidenheimer, Arnold J. , and Michael Johnston, eds, . *Political corruption*: *Concepts and contexts. Vol.* 1, . Transaction Publishers, 2011.

［14］Katharina Wulf, *Ethics and Compliance Programs in Multinational Organizations*, Gabler Verlag, 2012.

［15］Labaton, Stephen, *SEC concedes oversight flaws fueled collapse*, The New York Times 26 (2008).

［16］Lustgarten, Abrahm, *Run to failure*: *BP and the making of the Deepwater Horizon disaster* WW Norton & Company, 2012.

［17］Root, Veronica, *The compliance process*, Ind. LJ 94 (2019): 203.

［18］Schein, Edgar H. , *Organizational culture and leadership. Vol.* 2, . John Wiley & Sons, 2010.

［19］Smelser, Neil J. , and Paul B. Baltes, eds, *International encyclopedia of the social & behavioral sciences. Vol.* 11: . Amsterdam: Elsevier, 2001.

［20］Steffy, Loren C. , *Drowning in oil*: *BP & the reckless pursuit of profit*, McGraw Hill Professional, 2010.

［21］Terry L. Leap. Ithaca, *Dishonest Dollars*: *The Dynamics of White-Collar Crime*, NY: Cornell University Press, 2007.

［22］Trevino, L. & K. A. Nelson, *Managing Business Ethics*, New York: Wiley, 1995.

［23］Tunley, Martin, *Mandating the measurement of fraud*: *legislating against loss*, Springer, 2014.

［24］Victoria Luxford, Global corruption: Law, theory & practice, 3nd ed, University of Victoria, 2018.

（二）期刊论文

［1］Adobor, Henry. , "Exploring the role performance of corporate ethics officers", *Journal of Business Ethics*, 69, 1 (2006).

［2］Aguilera, Ruth V. , and Abhijeet K. Vadera, "The dark side of authority: Antecedents, mechanisms, and outcomes of organizational corruption", *Journal of Business Ethics*, 77, 4 (2008).

［3］Ashkanasy, Neal M. "Why we need theory in the organization sciences", *Journal of Organi-*

zational Behavior, 37, 8 (2016).

[4] Al-Haddad, Serina, and Timothy Kotnour, "Integrating the organizational change literature: a model for successful change", *Journal of organizational change management* (2015).

[5] BarNir, Anat, "Promoting ethics through ethics officers: A proposed profile and an application", *Journal of Business Ethics*, 17, 11 (1998).

[6] Becker, Katharina, Christian Hauser, and Franz Kronthaler, "Fostering management education to deter corruption: what do students know about corruption and its legal consequences?", *Crime, law and social change*, 60, 2 (2013).

[7] Beenen, Gerard, and Jonathan Pinto, "Resisting organizational-level corruption: An interview with Sherron Watkins", *Academy of Management Learning & Education*, 8, 2 (2009).

[8] Blickle, Gerhard, et al., "Some personality correlates of business white-collar crime", *Applied Psychology*, 55, 2 (2006).

[9] Boles, Jeffrey R., "The Contract as Anti-Corruption Platform for the Global Corporate Sector", *University of Pennsylvania Journal of Business Law*, 21, 4 (2019).

[10] Bowie, Norman, "The role of business ethics: where next? Is there a role for academics?", *Business Ethics: A European Review*, 10, 4 (2001).

[11] Brown, H. Lowell, "Corporate Director's Compliance Oversight Responsibility in the Post Caremark Era", Del. J. Corp. L., 26 (2001).

[12] Campbell, Jamie-Lee, and Anja S. Göritz, "Culture corrupts! A qualitative study of organizational culture in corrupt organizations", *Journal of business ethics*, 120, 3 (2014).

[13] Chalfin, Aaron, and Justin McCrary, "Criminal deterrence: A review of the literature", *Journal of Economic Literature*, 55, 1 (2017).

[14] Chamorro-Courtland, Christian, and Marc Cohen, "Whistleblower laws in the financial markets: Lessons for emerging markets", *Arizona Journal of International & Comparative Law*, 34, 2 (2017).

[15] Chattopadhyay, Prithviraj, William H. Glick, and George P. Huber, "Organizational actions in response to threats and opportunities", *Academy of Management Journal*, 44, 5 (2001).

[16] Chen, Hui, and Eugene Soltes, "Why compliance programs fail and how to fix them", *Harvard Business Review*, 96, 2 (2018).

[17] Dorminey, Jack, et al., "The evolution of fraud theory", *Issues in accounting education*, 27, 2 (2012).

[18] Feldman, Steven P., "The culture of objectivity: Quantification, uncertainty, and the evaluation of risk at NASA", *Human Relations*, 57, 6 (2004).

[19] Gatti, Lucia, Albert Caruana, and Ivan Snehota., "The role of corporate social responsibili-

ty, perceived quality and corporate reputation on purchase intention: Implications for brand management", *Journal of Brand Management*, 20, 1 (2012).

[20] Gino, Francesca, and Dan ARIELY, "The Dark Side of Creativity: Original Thinkers Can Be More Dishonest", *Journal of personality and social psychology*, 102, 3 (2012).

[21] Glynn, Mary Ann, and Rikki Abzug., "Institutionalizing identity: Symbolic isomorphism and organizational names", *Academy of Management journal*, 45, 1 (2002).

[22] Graycar, Adam, and Aiden Sidebottom., "Corruption and control: a corruption reduction approach", *Journal of Financial Crime*, 2012.

[23] Griffith-Cooper, Barber, and Karyl King, "The partnership between project management and organizational change: Integrating change management with change leadership", *Performance Improvement*, 46, 1 (2007).

[24] Harrington Jr, Joseph E., "Corporate leniency programs when firms have private information: the push of prosecution and the pull of pre-emption", *The Journal of Industrial Economics*, 61, 1 (2013).

[25] Hauser, Christian, "Fighting against corruption: does anti-corruption training make any difference?", *Journal of Business Ethics*, 159, 1 (2019).

[26] Hoffman, W. Michael, and Mark Rowe, "The ethics officer as agent of the board: Leveraging ethical governance capability in the post-Enron corporation", *Business And Society Review-Boston And New York*, 112, 4 (2007).

[27] Holcomb, John M., "Ethics and compliance committees of corporate boards: Rationale, domain, and skill sets of members", *Corporate Ownership & Control*, 14, 4 (2017).

[28] Hogenbirk, Sjoerd, and Desirée H. Van Dun, "Innovative ethics officers as drivers of effective ethics programs: An empirical study in the Netherlands", *Business Ethics, the Environment & Responsibility*, 30, 1 (2021).

[29] Hooker, John, "Corruption from a cross-cultural perspective", *Cross Cultural Management: An International Journal*, 2009.

[30] Huisman, Wim, and Judith Van Erp, "Opportunities for environmental crime: A test of situational crime prevention theory", *British journal of criminology*, 53, 6 (2013).

[31] Interligi, Lisa, "Compliance culture: A conceptual framework", *Journal of Management & Organization*, 16, 2 (2010).

[32] Iwasaki, Masaki, "A model of corporate self-policing and self-reporting", *International Review of Law and Economics*, 63 (2020).

[33] Johnson, Zachary, Minoo Talebi Ashoori, and Yun Jung Lee, "Self-reporting CSR activities: when your company harms, do you self-disclose?", *Corporate Reputation Review*, 21, 4

（2018）.

［34］Joseph, Joshua, "Integrating business ethics and compliance programs: A study of ethics officers in leading organizations", *Business and Society Review*, 107, 3（2002）.

［35］Julia Black, "Legal and Compliance Risk in Financial Institutions", *Law and Financial Markets Review*, 2, 6（2008）.

［36］Kamoche, Ken, and Michael Harvey, "Knowledge diffusion in the African context: An institutional theory perspective", Thunderbird International business review, 48, 2（2006）.

［37］Kaptein, Muel, "The effectiveness of ethics programs: The role of scope, composition, and sequence", *Journal of Business Ethics*, 132, 2（2015）.

［38］Kaptein, Muel, "Ethics programs and ethical culture: A next step in unraveling their multifaceted relationship", *Journal of Business Ethics*, 89, 2（2009）.

［39］Kassem, Rasha, and Andrew Higson, "The new fraud triangle model", Journal of emerging trends in economics and management sciences, 3, 3（2012）.

［40］Kiazad, Kohyar, et al., "In pursuit of power: The role of authoritarian leadership in the relationship between supervisors' Machiavellianism and subordinates' perceptions of abusive supervisory behavior", *Journal of Research in Personality*, 44, 4（2010）.

［41］Kingsbury, Benedict, "The concept of compliance as a function of competing conceptions of international law", Mich. J. Int'L., 19（1997）.

［42］Kouchaki, Maryam, and Sreedhari D. Desai, "Anxious, threatened, and also unethical: how anxiety makes individuals feel threatened and commit unethical acts", *Journal of Applied Psychology*, 100, 2（2015）.

［43］La Duke, Phil, "How to evaluate training: using the kirkpatrick model", *Professional safety*, 62, 8（2017）.

［44］Latimer, Paul, and Alexander Jonathan Brown, "Whistleblower laws: international best practice", *University of New South Wales Law Journal*, 31, 3（2008）.

［45］Litov, Lubomir P., Simone M. Sepe, and Charles K. Whitehead, "Lawyers and fools: Lawyer-directors in public corporations", Geo. LJ, 102（2013）.

［46］Luo, Yadong, "An organizational perspective of corruption", *Management and Organization Review*, 1, 1（2005）.

［47］Mazar, Nina, On Amir, and Dan Ariely, "The dishonesty of honest people: A theory of self-concept maintenance", *Journal of marketing research*, 45, 6（2008）.

［48］McKinney, Joseph A., Tisha L. Emerson, and Mitchell J. Neubert, "The effects of ethical codes on ethical perceptions of actions toward stakeholders", *Journal of Business Ethics*, 97, 4（2010）.

[49] McLeod, Michael S. , G. Tyge Payne, and Robert E. Evert, "Organizational ethics research: A systematic review of methods and analytical techniques", *Journal of Business Ethics*, 134, 3 (2016).

[50] Mendelsohn, Jenny, "Calling the Boss or Calling the Press: A Comparison of British and American Responses to Internal and External Whistleblowing", Wash. U. Global Stud. L. Rev, 8 (2009).

[51] Misangyi, Vilmos F. , Gary R. Weaver, and Heather Elms, "Ending corruption: The interplay among institutional logics, resources, and institutional entrepreneurs", *Academy of Management Review*, 33, 3 (2008).

[52] Murphy, Patrick E. , "Corporate ethics statements: Current status and future prospects", *Journal of business ethics*, 14, 9 (1995).

[53] Near, Janet P. , and Marcia P. Miceli, "Organizational dissidence: The case of whistle-blowing", *Journal of business ethics*, 4, 1 (1985).

[54] Nye, Joseph S. , "Corruption and political development: A cost-benefit analysis", *American political science review*, 61, 2 (1967).

[55] Otusanya, Olatunde Julius, "Corruption as an obstacle to development in developing countries: a review of literature", *Journal of Money Laundering Control*, 2011.

[56] Pitt, Harvey L. , and Karl A. Groskaufmanis, "Minimizing corporate civil and criminal liability: A second look at corporate codes of conduct", Geo. LJ, 78 (1989).

[57] Raiborn, Cecily A. , and Dinah Payne, "Corporate codes of conduct: A collective conscience and continuum", *Journal of business Ethics*, 9, 11 (1990).

[58] Riley, Stephen P. , "The political economy of anti-corruption strategies in Africa", *The European Journal of Development Research*, 10, 1 (1998).

[59] Root, Veronica, "Coordinating compliance incentives", Cornell L. Rev, 102 (2016).

[60] Root, Veronica, "The compliance process", Ind. LJ, 94 (2019).

[61] Said, Jamaliah, et al. , "Integrating religiosity into fraud triangle theory: findings on Malaysian police officers", *Journal of Criminological Research*, *Policy and Practice*, 4, 2 (2018).

[62] Scholten, Wieke, and Naomi Ellemers, "Bad apples or corrupting barrels? Preventing traders' misconduct", *Journal of Financial Regulation and Compliance*, 24, .4 (2016).

[63] Schuchter, Alexander, and Michael Levi, "The Fraud Triangle revisited", *Security Journal*, 2013.

[64] Schwartz, Mark S. , "Effective corporate codes of ethics: Perceptions of code users", *Journal of business ethics*, 55, 4 (2004).

[65] Shaw, David, "Managing people and learning in organisational change projects", *Journal of*

Organizational Change Management, 2017.

[66] Skivenes, Marit, and Sissel C. Trygstad, "When whistle – blowing works: The Norwegian case", *Human Relations*, 63, 7 (2010).

[67] Smith, Robert W., "Corporate ethics officers and government ethics administrators: comparing apples with oranges or a lesson to be learned?", *Administration & Society*, 34, 6 (2003).

[68] Stöber, Thomas, Peter Kotzian, and Barbara E. Weißenberger, "Design matters: on the impact of compliance program design on corporate ethics", *Business research*, 12, 2 (2019).

[69] Stöber, Thomas, Peter Kotzian, and Barbara E. Weißenberger, "Culture follows design: Code design as an antecedent of the ethical culture", *Business Ethics: A European Review*, 28, 1 (2019).

[70] Sundström, Malin, and Anita Radon, "Utilizing the concept of convenience as a business opportunity in emerging markets", *Organizations and Markets in Emerging Economies*, 6, 2 (2015).

[71] Tabuena, José A., "The Chief Compliance Officer vs the General Counsel: Friend or foe?", *Compliance & Ethics Magazine*, 2006.

[72] Tina Dacin, M., Jerry Goodstein, and W. Richard Scott, "Institutional theory and institutional change: Introduction to the special research forum", *Academy of management journal*, 45, 1 (2002).

[73] Treviño, Linda Klebe, et al., "Managing ethics and legal compliance: What works and what hurts", *California management review*, 41, 2 (1999).

[74] Tunley, Martin, et al., "Preventing occupational corruption: utilising situational crime prevention techniques and theory to enhance organisational resilience", *Security Journal*, 31, 1 (2018).

[75] Valentine, Sean, and Gary Fleischman, "Ethics training and businesspersons' perceptions of organizational ethics", *Journal of Business Ethics*, 52, 4 (2004).

[76] Warin, F. Joseph, Charles Falconer, and Michael S. Diamant, "The British are coming: Britain changes its law on foreign bribery and joins the international fight against corruption", Tex Int' l LJ 46 (2010).

[77] Watson, Douglas M., "Cultural dynamics of corporate fraud", *Cross Cultural Management: An International Journal*, 2003.

[78] Weston, Lori, and Jennifer Hoopes, "Best practices in compliance training", *Journal of Financial Compliance*, 4, 3 (2021).

[79] Zhao, Hao, and Scott E. Seibert, "The big five personality dimensions and entrepreneurial status: a meta–analytical review", *Journal of applied psychology*, 91, 2 (2006).

[80] Zyglidopoulos, Stelios, "Toward a theory of second-order corruption", *Journal of Management Inquiry*, 25, 1 (2016).

（三）其他论文

[1] Brantingham, Paul, and Patricia Brantingham, "5. Crime pattern theory", *Environmental Criminology and Crime Analysis*, 6 (2008).

[2] Brenkert, G., "Whistle-blowing, moral integrity, and organizational ethics", in G. G. Brenkert & T. L. Beauchamp (eds): Oxford handbook of business ethics, New York: Oxford University Press, 2010.

[3] Clarke, Ronald V., and Derek B. Cornish, "Modeling offenders′ decisions: A framework for research and policy", *Crime and justice*, 6 (1985).

[4] David Banisar, "Whistleblowing: International Standards and Developments" in Irma E Sandoval, (ed), Contemporary Debates on Corruption and Transparency: Rethinking State, Market, and Society, World Bank, Institute for Social Research, UNAM, 2011.

[5] Donkin, M., Smith, R.. & Brown, A. J., "How do officials report? Internal and external whistleblowing", in A. J. Brown (ed.), Whistleblowing in the Australian Public Sector: Enhancing the theory and practice of internal witness management in public sector organisations, ANU E Press: Canberra, 2008.

[6] Free, Clinton, and Norman B. Macintosh, "Management control practice and culture at Enron: The untold story", CAAA 2006 Annual Conference Paper, 2006.

[7] Kaptein, Muel, "Why Do Good People Sometimes Do Bad Things?: 52 Reflections on Ethics at Work", Available at SSRN 2117396 (2012).

[8] Landeo, Claudia M., and Kathryn E. Spier, Ordered leniency: An experimental study of law enforcement with self-reporting. No. w25094.. National Bureau of Economic Research, 2018.

[9] Moreland, R. L., & Levine, J. M., "Socialization in organizations and work group", In M. E. Turner (ed.), Groups at work: Advances in theory and research, England: Psychology Press, 2001.

[10] Peter Wilkinson, Anti-bribery due diligence for transactions: guidance for anti-bribery due diligence in mergers, acquisitions and investments, 2012.

[11] Strack, G., "Whistle-blowing in Germany", in M. Arszulowicz & W. W. Gasparski, (eds): Whistle-blowing: In defense of proper action, New Brunswick: Transaction Publishers, 2011.

[12] Tom Devine, "International Best Practices for Whistleblower Statutes", in David Lewis & Wim Vandekerckhove, (eds), Developments in Whistleblowing Research, International Whistleblowing Research Network, 2015.

（四）外文研究报告

［1］ACC & Corpedia, Benchmarking Survey on Compliance Programs and Risk Assessments, 2013.

［2］Arrangements for Workplace Whistleblowing in the UK, 2013.

［3］Breaking Report: President's Daughter, Defense Ministry, and Governor Linked to Mining Sector Corruption in South Sudan, 2020.

［4］Ethics Resource Center, Leading corporate integrity: Defining the role of the chief ethics and compliance officer, 2007.

［5］International Monetary Fund, Fiscal Affairs Dept, International Monetary Fund.

［6］Legal Dept, Corruption: Costs and Mitigating Strategies, May 11, 2016.

［7］Public Concern at Work, The Whistleblowing Commission: Report on the Effectiveness of Existing, 2013.

［8］WorldCom (Firm), Board of Directors, Special Investigative Committee, et al., Report of investigation Findlaw, 2003.

（五）网络文献

［1］ACC & Corpedia, Benchmarking Survey on Compliance Programs and Risk Assessments, http://d2f5upgbvkx8pz. cloudfront. net/sites/default/files/inline－files/ACC%20Corpedia%20 Benchmarking%20Survey%20on%20Compliance%20Programs%20and%20Risk%20 Assessments. pdf ［2021－10－13］.

［2］Airbus establishes new Independent Compliance Review Panel－Company, https://www. airbus. com/newsroom/press－releases/en/2017/05/Airbus－establishes－new－Independent－ Compliance－Review－Panel. html ［2021－12－9］.

［3］Americas Investigations Review 2022, https://globalinvestigationsreview. com/review/the－investigations－review－of－the－americas/2022/article/the－evolution－and－current－approach－corporate－cooperation－in－us－enforcement－investigations ［2021－11－20］.

［4］Anti－Bribery Policy ｜ The Coca－Cola Company, https://www. coca-colacompany. com/policies－and－practices/anti－bribery－policy ［2021－3－11 \ ］.

［5］Anti－bribery and corruption risks: more diligence is due, https://uk. practicallaw. thomsonreuters. com/w－010－4951? transitionType＝Default&contextData＝（sc. Default）&firstPage＝true ［2021－10－9］.

［6］Anti－corruption－policy. pdf, https://www. cigna. com/static/www－cigna－com/docs/about－us/corporate－responsibility/report/ungc－index/anti－corruption－policy. pdf ［2021－3－11］.

［7］Annual Compliance Training, 载凯撒医疗官网: https://www. eiseverywhere. com/file_ uploads/4edfecea1d6183dde84befa82f58d93d_ 2017_ AnnComplianceGuide. pdf ［2021－8－14］.

[8] Arrangements for Workplace Whistleblowing in the UK, 2013 - 11 - 14, http://www. . pcaw. org. uk/files/WBC Report Final. pdf〔2021-12-1〕.

[9] Australia takes major steps to combat foreign bribery, but OECD wants to see more enforcement, https://www. oecd. org/corruption/australia-takes-major-steps-to-combat-foreign-bribery-but-oecd-wants-to-see-more-enforcement. htm〔2021-12-21〕.

[10] A $30 Million Case of Corruption — FBI, https://www. fbi. gov/news/stories/30-million-dollar-case-of-corruption〔2021-8-30〕.

[11] Ben Allen, Contracting Out of Corruption, LINKEDIN, 2015-5-2, https://www. linkedin. com/pulse/contracting-out-corruption-can-done-ben-allen? trk = portfolio_articlecard_ title〔2021-8-30〕.

[12] Benchmarking Alert：Here's Walmart's full global anti-corruption policy, https://fcpablog. com/2021/05/12/benchmarking-alert-heres-walmarts-full-global-anti-corruption-policy/〔2021-12-9〕.

[13] Biden corruption strategy puts FCPA in spotlight overseas, https://www. complianceweek. com/anti-corruption/biden-corruption-strategy-puts-fcpa-in-spotlight-overseas/31169. article〔2021-1-21〕.

[14] Breaking Report：President's Daughter, Defense Ministry, and Governor Linked to Mining Sector Corruption in South Sudan, https://enoughproject. org/press-releases/breaking-report-presidents-daughter-defense-ministry-governor-linked-mining-sector-corruption-south-sudan〔2021-8-30 \ 〕.

[15] Chapter 1：What Is a Compliance Program | COSMOS Compliance Universe, https://compliancecosmos. org/chapter-1-what-compliance-program〔2020-10-11〕.

[16] Charter of the Compliance Committee, https://www. sec. gov/Archives/edgar/data/1077183/000119312514374601/d806160dex991. htm〔2020-9-12〕.

[17] Compliance definition and meaning | Collins English Dictionary, https://www. Collinsdictionary. com/dictionary/english/compliance〔2020-10-11〕.

[18] COMPLIANCE | meaning in the Cambridge English Dictionary, https://dictionary. Cambridge. org/dictionary/english/compliance〔2020-10-11〕.

[19] Cooperating with government investigations in USA, https://www. lexology. com/library/detail. aspx? g=b9044534-4c6a-4579-b806-2ced1fa66b75〔2021-11-20〕.

[20] Corruption：Costs and Mitigating Strategies；IMF Staff Discussion Note No. 16/05, 2016-5-11, https://www. imf. org/external/pubs/ft/sdn/2016/sdn1605. pdf〔2021-3-11〕.

[21] Corruption：Glossary of International Criminal Standards-OECD, https://www. oecd. org/corruption/corruptionglossaryofinternationalcriminalstandards. htm〔2021-2-7〕.

[22] Deloitte Development LLC, CLOs and CCOs: A New Era of Collaboration, http://www2. deloitte. com/us/en/pages/advisory/articles/clo-cco-new-era-of-collaboration [2021-11-7].

[23] Difference Between Bribery and Corruption | Compare the Difference Between Similar Terms, https://www. differencebetween. com/difference-between-bribery-and-corruption [2021-2-7].

[24] Deputy Attorney General Rosenstein Delivers Remarks at the 34th International Conference on the Foreign Corrupt Practices Act, https://www. justice. gov/opa/speech/deputy-attorney-general-rosenstein-delivers-remarks-34th-international-conference-foreign [2021-11-20].

[25] DOJ Issues New Policy Encouraging Self-Reporting FCPA Violations, https://bracewell. com/insights/doj-issues-new-policy-encouraging-self-reporting-fcpa-violations#1 [2021-11-20].

[26] Donna C. Boehme, Structuring the Chief Ethics and Compliance Officer and Compliance Function for Success: Six Essential Features of an Effective CECO Position and the Emergence of the Modern Compliance 2. 0 Model, https://compliancecosmos. org/structuring-chief-ethics-and-compliance-officer-and-compliance-functionsuccess-six-essential [2021-11-7].

[27] Enron Scandal: The Fall of a Wall Street Darling, https://www. investopedia. com/updates/enron-scandal-summary/ [2020-10-11].

[28] FBI — Former U. S. Army Corps of Engineers Manager Sentenced to Six Years in Prison in Bribery and Kickback Scheme, https://archives. fbi. gov/archives/washingtondc/press-releases/2012/former-u. s. -army-corps-of-engineers-manager-sentenced-to-six-years-in-prison-in-bribery-and-kickback-scheme [2021-8-30].

[29] Guide to SFO Self Reporting, http://thebriberyact. com/self-reporting-the-definitive-sfo-guide/ [2021-11-20].

[30] Integrating Remediation Management Into Your Operations, https://www. corporate. complianceinsights. com/integrating-remediation-management-into-your-operations/ [2021-11-20].

[31] ILO Thesaurus, http://ilo. multites. net [2021-11-11].

[32] Matthew Wagstaff, The role and remit of the SFO, 2016-5-18, http://www. sfo. . gov. uk/2016/05/18/role-remit-sfo/ [2021-11-20].

[33] Matos, K. , et al. , Practical guidance for health care governing boards on compliance oversight, http://oig. hhs. gov/compliance/complianceguidance/docs/Practical-Guidance-for-

Health-Care-Boards-on-Compliance-Oversight. pdf〔2021-11-7〕.

〔34〕Neil McInnes, Addressing the Bribery Act in Your Contracts: A Tiered Approach, http://constructionblog. practicallaw. com/addressing-the-bribery-act-in-your-contracts-a-tiered-approach/〔2021-10-9〕.

〔35〕Norman Hajjar & Lorraine Hajjar, The Lion's Mouth, http://veniceblog. typepad. com/veniceblog/2004/05/thelions-mouth. html〔2021-11-11〕.

〔36〕OIG Compliance Program for Individual and Small Group Physician Practices, https://www. govinfo. gov/app/details/FR-2000-10-05/00-25500/summary〔2021-11-7〕.

〔37〕Daniel, linija MOBiH: Me. u prijavljenim i general , Oslobodjenje, 2014-3-25, www. oslobodjenje. ba/vijesti/bih/eticka-linija-mobih-medju-prijavljenim-i-general-milojcic〔2021-12-1〕.

〔38〕Paul Stephenson & Michael Levi, The Protection of Whistleblowers: A Study on theFeasibility of a Legal Instrument on the Protection of Employees Who Make Disclosures in the Public Interest, 2012-12-20, http://rm. coe. int/doc/0900001680700282〔2021-12-1〕.

〔39〕Policy Ethics, https://www. coca-colacompany. com/policies-and-practices/anti-bribery-policy〔2021-3-11〕.

〔40〕Potential FCPA Liability for Third-Party Conduct, https://www. gibsondunn. com/wp-content/uploads/2017/12/Blume-Partridge-Tafari-Potential-FCPA-Liability-for-Third-Party-Conduct-Reuters. pdf〔2021-8-30〕.

〔41〕Public Ranking-Basel AML Index, https://index. baselgovernance. org/ranking〔2021-8-30〕.

〔42〕SEC Charges Former Financial Services Executive With FCPA Violations, https://www. sec. gov/news/press-release/2020-88〔2021-8-30〕.

〔43〕Simon Wolfe et al, Whistleblower Protection Laws in G20 Countries: Priorities for Action, 2014-9-20, https://www. transparency. de/fileadmin/pdfs/Themen/Hinweisgebersysteme/Whistleblower-Protection-Laws-in-G20-Countries-Priorities-for-Action. pdf〔2021-12-1〕.

〔44〕Sweett Group PLC sentenced and ordered to pay 2. 25 million after Bribery Act conviction, https://www. sfo. gov. uk/2016/02/19/sweett-group-plc-sentenced-and-ordered-to-pay-2-3-million-after-bribery-act-conviction/〔2021-12-9〕.

〔45〕Top Sectors for Regulatory Change, https://www. ibisworld. com/media/2013/09/17/10-increasingly-regulated-industries/〔2021-10-11〕.

〔46〕Trump called global anti-bribery law 'horrible' His administration is pursuing fewer new investigations, https://www. washingtonpost. com/business/2020/01/31/trump-fcpa/ [2021-1-21].

[47] Veolia, Anti-Corruption Clause § 1. 3, https://www. veolia. co. uk/sites/g/files/dvc1681/files/document/2019/04/Anti-Corruption%20and%20Bribery%20Policy%20%281%29. pdf [2021-10-9].

[48] Walmart Inc and Brazil-Based Subsidiary Agree to Pay ＄137 Million to Resolve Foreign Corrupt Practices Act Case, https://www. justice. gov/opa/pr/walmart-inc-and-brazil-based-subsidiary-agree-pay-137-million-resolve-foreign-corrupt [2021-12-9].

[49] Walmart FCPA Enforcement Action: Part 3-The Penalties and Remediation, https://www. jdsupra. com/legalnews/walmart-fcpa-enforcement-action-part-3-30655/ [2021-12-9].

[50] Whistleblower Policy, https://www2. deloitte. com/content/dam/Deloitte/au/Documents/about-deloitte/deloitte-au-about-whistleblower-policy-201219. pdf [2021-11-14].

[51] Whistleblower-Protection-Rules-in-G20-Countries-Action-Plan-June-2014, https://news. griffith. edu. au/wp-content/uploads/2014/06/Whistleblower-Protection-Rules-in-G20-Countries-Action-Plan-June-2014. pdf [2021-11-14].

[52] What is a Compliance Committee and Who Serves On It? ｜ GAN Integrity, https://www. ganintegrity. com/blog/what-is-a-compliance-committee/ [2021-9-12].

[53] Whistle Blowing Policy ｜ CIMB, https://www. cimb. com/en/who-we-are/corporate-governance/code-of-conduct/whistle-blowing. html [2021-12-1].

致 谢

　　全书至此，便终于要进入尾声。一晃四载，倏然而过，撰写时的诸多情绪，也难免"过去心不可得"了。本书能得以写作完毕，需要感谢很多人。首先要感谢的是我的博士论文指导老师张远煌教授。对于本书，张教授亲自定题，指明方向，对框架提出要求并就正文给出了若干重大修改意见。在张教授面前，我时时感到惭愧，因为自己才智有限，且不够用功，难以及时、全面、准确、深入地领会和表达他对于合规问题的独特洞见。作为中国企业合规理论的重要推动者之一，张教授多年来将巨大的热忱倾注到合规事业上，致力于带领团队构建庞大、完整的合规理论体系，本书应该也是这项浩大工程中的一个组成部分。

　　在北师大求学期间，我得到了许多老师的指导，感谢的高铭暄教授、储槐植教授、卢建平教授、吴宗宪教授、王秀梅教授、刘志伟教授、黄风教授、宋英辉教授、阴建峰教授、王志祥教授、王超教授、贾济东教授、郭理蓉教授、赵书鸿副教授、何挺副教授、劳佳琦副教授等老师。正是在你们身上，我深刻地感受到了当代刑法学人的治学态度和学术追求。感谢周振杰教授、彭新林教授、刘科教授、赵军教授等老师在论文开题和定稿过程中所给予的重大帮助。感谢刑科院2018博士十多位同班同学和同门兄弟姐妹在各方面对我的照顾，尤其是龚红卫师姐，万方师兄，刘思师姐，梁超师兄，董妍师姐，刘昊博士和赵炜佳博士。所谓四大铁之一起同窗，若非个中人，不知其中之难，亦不知其中之妙。

　　作为庞大学术共同体中的一个边缘小人物，我倒也有幸见证了合规研究逐步成为显学的过程。由此，我认为，托马斯·索维尔评价知识分子与知识分子群体的某些话语，在太平洋彼岸的中国同样适用。当然，如果可行且必要，我仍然真心希望，适合中国的企业合规理论体系终将得以被构建。而我个人想说的话，已在福柯视角的那篇拙劣文章中说尽了。如果将来还要在这个议题上置喙，大抵是为了稻粱。

四年以来，我远离家乡又不事生产，平时与父母亲人的沟通，大多只能依靠薄薄的一部手机，实在难言尽为人子的义务。多年以来，父母总是深爱着我，无条件地支持我，宽容我的任性。正是有了这样一份温暖保障，我才敢进行包括读博在内的一次次冒险，稍稍见识到了不一样的世界。幸运的是，毕业后我又回到故乡工作，与父母朝夕相伴，勉强算是补偿。

在此，我还要感谢生命中的两位恩师，我的硕士导师姜小川老师以及中国艺术研究院的谷泉老师。博士四年，姜老师总是想办法给予我各种教导和帮助。而他分析问题的独特视角与阐述的直白精辟，令我敬佩且喜爱。从北师大门口到新风街院的曲折小路，师生二人不知相伴而行多少次，有师如此，实为人生之幸。谷老师与我亦师亦友，他的心境如月光一样纯粹，而对艺术和学术的坚持如高山一般不可撼动。在我认识的人中，他或许是最有可能触碰永恒的一个。也不知是否累世行善，又积下何种功德，我竟有幸遇此高人指点，进而一窥艺术世界之玄妙。

相比于学术或者其他事，四年来让我感受最深的还是两位长辈的故去和汪森森的到来。人如果不经历亲人的死亡，恐怕永不会成熟，外祖父与祖父的离开应当是我迄今为止受过至为深沉的教育。成住坏空，和合无常，如有可能，人生还是尽量少留遗憾。而在汪森森之前，我从未想过要对其他生灵负责任，但世上有这么多城镇，城镇有这么多人家，她却偏偏闯进了我的屋里。自那一刻起，我们便彼此纠缠，难以分离。她有一种人类难以具备的、似乎永远看不厌的美。我唯愿她鲁且愚，一生悠游，最后无病无灾回喵星。

我虽不聪慧，但为人尚能算厚道，故而向来有一些好朋友。其中既有因事而聚的，也有无事而聚的，考虑到种种不确定因素，这里只能笼统、含糊地表达一下感谢。然而，我还是有必须要实名地感谢福女士。她颇具智慧，厨艺甚好，善于畜牧。由于我们的默契几乎接近于郢人和匠石，我很难再想象有更好的陪伴状态，也希望这种状态起码持续到下一个甲辰年。

此外，我还要感谢给我带来过震撼和感动的每一件杰作，你们是人世间真实存在的桃源，让疲惫或躁动的灵魂得以暂时栖息。古今中外的精英，生生地以"人"的智慧，在上帝创造的自然之外，构建了一个只有思想能达到的天堂。人之尊严，莫过于此。

　　本书的写作，恰似清季三流画匠法四王勉力而成一张中堂。期间多有坎坷，心态难免波折，不少写过博士论文的人应该都有近似体会。无论潜在读者（如果还有的话）怎样批评，我都诚恳接受。然而，经历韦伯所谓的"calling"的超验体验后，我亦不得不强作一句辩白。此生倘得在学术上还能有些微末贡献，大抵会在一些更永恒的议题上。

　　随着那段经历逐渐远去，在记忆中的面貌也一点点模糊。但有一事，至今记忆犹新。那段时间，我一度陷入严重的自我价值怀疑，踌躇不前，机缘之下读到毛主席的《贺新郎·读史》，抚掌击节，然后心澄如镜。特此摘录，作为全文收尾：

　　人猿相揖别。只几个石头磨过，小儿时节。铜铁炉中翻火焰，为问何时猜得？不过几千寒热。人世难逢开口笑，上疆场彼此弯弓月。流遍了，郊原血。

　　一篇读罢头飞雪，但记得斑斑点点，几行陈迹。五帝三皇神圣事，骗了无涯过客。有多少风流人物？盗跖庄蹻流誉后，更陈王奋起挥黄钺。歌未竟，东方白。

初稿作于壬寅清和，修订于甲辰二月三日